제2판

아동기 운동구어장애

Childhood Motor Speech Disability

Russell J. Love 지음 | 이옥분, 김선희, 김선우 옮김

박학사

Childhood Motor Speech Disability, Second Edition

Russell J. Love

Authorized translation from the English language edition, entitled CHILDHOOD MOTOR SPEECH DISABILITY, 2nd Edition, ISBN: 0205297811 by LOVE, RUSSELL J, published by Pearson Education, Inc, Copyright © 2000

KOREAN language edition published by PAK HAK SA, Copyright © 2014
KOREAN translation rights arranged with PEARSON EDUCATION, INC., publishing as Allyn & Bacon through AGENCY ONE, SEOUL KOREA

Printed in KOREA

ISBN: 978-89-98521-24-0

역자 서문

Childhood Motor Speech Disability

이 원서는 서사 Love 박사님에 의해 2000년에 편집되어 재출간되었다. 언어치료학에서 다양한 전공 서적들이 빠른 속도로 출간되는 이 시점에서 보면, 이 개정판은 다소 오래된 듯한 인상을 준다. 동시에 이 책을 번역하고 출간하는 것이 과연 언어치료 분야에 미력하나마 도움이 될 것인가를 재차 고민하게 된다. 그럼에도 불구하고 역자들은 이 책의 내용을 수차례 검토하고 고민한 끝에 분명 의미 있는 작업이 될 것이라는 기대로 번역의 첫발을 내딛었다.

역자는 개인적으로 원 저자 Love가 집필한 『아동기 운동구어장애(*childhood motor speech disability*)』를 좋아한다. 이 책의 내용이 운동구어장애가 있는 유아나 아동들을 이해하는 데 필요한 기본을 충실하게 다루고 있기 때문이다. 무엇보다 아동 중심의 운동구어장애와 관련된 전공 서적은 국내에서 찾아보기 매우 힘들다. 신경언어장애를 주제로 한 몇몇 안 되는 책들이 운동구어장애를 부분적으로 다루고 있기는 하지만 주로 초점이 성인에 맞춰져 있다. 뇌 손상으로 인해 발생하는 운동구어장애의 신경생리학적 특성은 성인이나 아동 대상자 모두에게 공통적으로 설명될 수 있는 요소가 존재함과 동시에 관점을 달리해야 하는 부분이 있음은 분명하다. “발달과정”에 있는 아동들의 뇌 손상과 그로 인해 발생하는 운동구어장애 양상은 후천적인 뇌 손상으로 인한 성인 운동구어장애와 차이가 있다. 뇌성마비 아동의 예가 그 적절한 설명이 될 것이다. 더군다나 발달성 말 실행증(developmental apraxia of speech)은 성인기 말 실행증과 관점을 달리해서 확인해야 할 다양한 징후들이 존재한다. 이러한 차이점들은 광범위한 의사소통장애 영역에서 작은 부분일 수도 있으나 운동구어장애 아동 개개인의 입장에서는 임상적으로 의미 있는 가치를 지닐 것이다. 이러한 연유로 언어치료를 전공하는 학생임상가나 현장에서 일하는 전문가에게 본서는 유용하게 사용될 것이다.

본서에 구성된 내용들을 장별로 소개하면 다음과 같다.

1장은 마비말장애와 말 실행증의 개념, 2장은 아동기 운동구어장애의 신경학적 특성(1장과 2장-이옥분 역), 3장은 뇌성마비 아동의 마비말장애 특성, 4장은 하위운동신경원 손상으로 인한 아동기 마비말장애 특성(3장과 4장-김선희 역), 5장은 발달성 구두 실행증(developmental verbal dyspraxia), 6장은 평가(김선희, 김선우 역), 7장은 아동기 마비말장애 구어치료에 관한 논쟁점(5장과 7장-김선우 역), 그리고 마지막 8장은 아동기 운동구어장애의 치료(이옥분 역)를 다루고 있다.

앞서 언급한 바와 같이, 현 출간 시점에서 보았을 때 원 저서의 발행 시점과는 다소 긴 시간 편차가 있다. 그로 인해 발달성 말 실행증의 정의나 치료접근법에 대한 내용들에서 시차에 따른 관점 변화를 느낄 수 있을 것이다. 그럼에도 불구하고 이 책의 상당 부분의 내용들이 아동기 마비말장애와 발달성 말 실행증을 이해하는 데 임상적으로 큰 도움을 줄 것으로 기대한다. 특히, 신경학적 질병에 의한 마비말장애 아동들의 증상들, 발달성 말 실행증의 선별 평가 기준들, 지금까지도 꾸준히 임상에서 적용되고 있는 아동 마비말장애와 말 실행증에 대한 치료 전략 등 매우 의미 있는 내용들을 만나게 될 것이다.

많은 분량의 내용은 아니었음에도 불구하고 번역을 시작한 시점에서 출간되기까지 예상 외로 상당한 시간이 소요되었다. 그 시간 동안 누구보다 이 책의 출간을 위해 기다려 주고 끝까지 격려해 주신 박학사 김민철 님께 진심으로 감사를 드린다. 더불어 빠듯한 시간 속에서 원고를 꼼꼼하게 체크해 주신 편집부 관계자 분들께도 감사의 마음을 전한다. 무엇보다도 다시 한번 새로운 마음가짐으로 말운동장애 아동을 이해하게 하고, 학문하는 사람으로서 잊지 말아야 할 초심을 일깨워 준 원 저자에게 깊은 감사를 표한다. 마지막으로 이 책을 통해 역자들이 서로 마음을 나눌 수 있었고, 이 귀한 만남을 예비해 주셨던 주님께 감사를 전하고 싶다.

2014년 3월

이옥분, 김선희, 김선우

저자 서문

Childhood Motor Speech Disability

이번 편저는 1992년부터 대두되기 시작한 아동기 운동구어장애(childhood motor speech disorder, CMSD)에 대해 균형 잡힌 동시에 객관적인 관점을 제시하고자 집필하였다. 대부분의 사례에서 근래에 새롭게 나온 자료들은 기존의 CMSD에 대해 수정 및 보완된 무언가를 요구하고 있다. 어떤 건강한 관점을 가진 전문가는 몇몇 보고된 사례 연구 결과들의 타당성에 관해 의견을 제시하였다. CMSD의 특정 영역에 관한 문헌연구에서는 현재 운동구어장애가 취하고 있는 연구 프로그램의 방향에 대해 의문점을 제기하였다. 우리는 이 영역을 연구 계획하는 전반적인 상황에서 강점과 약점을 분명하게 발견할 수 있다.

1장의 내용 구성에서 미약하지만 분명 중요한 변화가 있었는데, 아동기 마비말장애(childhood dysarthria)에 대한 일관되고 더욱 명료한 분류에 대해 이해를 돕고자 하였다. 저자는 본서에서 제시된 분류 체계가 가장 적절할 것으로 생각하는데 이는 기존의 분류 체계의 장점들을 모두 포함하고 있기 때문이다.

신경학적 운동신경계를 다룬 내용(2장)과 뇌성마비의 마비말장애의 임상적 특성(3장)에서는 특별히 변화된 사항은 없다. 하위운동신경원 마비말장애(4장)는 첫 번째 편집 이후의 내용 그대로이다.

뇌성마비 사례 중에서 심한 만성적인 침 흘리기를 조절하기 위한 수술적 적용에 대해 전문의들과 언어치료 전문가들의 논의가 상당히 분분하였다(7장). 귀밑샘(parotid glands)과 침 분비물 치료를 위한 위치복원(repositioning)은 최적의 구강 위생을 유지하는 데에 위험적일 수 있다. 따라서 대부분의 전문의는 수술적 처치 전에 약물치료 시도를 권하였다.

만일 약물치료 효과가 전혀 없다면 수술을 고려해 보도록 한다. 본서에서는 침 흘리기 수술적 처치와 관련된 여러 이슈들에 대해 Ronald Swang의 상당히 폭넓은 경험과 지식을 인용하였다. 그는 귀밑샘 위치복원의 찬반 논쟁들에 대한 감각적인 해결책을 신중하게 제시하였다. 이 점에 대해 Swang 박사에게 깊은 감사를 전하고 싶다.

저자 입장에서 발달성 구두 실행증(developmental verbal dyspraxia, DVD)의 주제는 이 책에서 다루고 있는 모든 내용 중에서 가장 논쟁이 될 만하다(5장). 발달성 구두 실행증은 설명하기 다소 곤란한 음운발달지체(phonologic delay)가 있는 수많은 아동들 중에서 발생률이 비교적 낮은 의사소통장애로 알려져 있다는 점을 감안해 보면, 이 책이 출간된 시점에 언어병리학 문헌에서 상당한 관심을 받고 있었다. 더불어 DVD를 조기 특발성(idiopathic) 음운지체의 한 부분으로 여기고 이에 집중한 몇몇 연구들이 있다. 이 연구들에서는 음운장애의 보편적이지 않은 면에 대해 다양한 논쟁들을 제시하였는데, 본서는 그러한 논쟁된 내용들을 기술함으로써 독자에게 나름 읽을 만한 흥미로운 내용들이 될 것으로 기대한다.

의사소통장애 분야에서 컴퓨터 체계의 발달은 중증장애가 있는 화자에게 비중 있는 역할을 담당하고 있다. 어떤 경우 말을 전혀 혹은 거의 못하는 화자에게 컴퓨터 자체가 기술적 만병통치약으로 여겨지는 듯하다. 실제 컴퓨터는 보완대체 의사소통 관점에서 도움이 될 만한 대상들에게 매우 이상적이라고 볼 수 있다. 그렇기에, 지난 수년 동안 중증 장애인들에게 컴퓨터의 잠재적인 활용 가치를 판단할 수 있는 폭넓은 연구들이 진행되어 왔다. 이와 관련한 몇몇 연구들을 7장에 소개하였는데, 컴퓨터 활용에 대한 이슈들은 다소 복잡한 것처럼 보인다. 아직 단정 짓기는 어렵지만, 의사소통 상황 속에서 효과적으로 컴퓨터를 활용하기 위해서는 연구되어야 할 많은 변수들이 존재한다. 하지만 그와 같은 연구적 노력들은 의사소통 장애가 매우 심한 화자들의 의사소통 기술을 급진적으로 변화시킬 수 있는 보다 효과적인 전략들을 제공하는 데 도움이 되는 듯하다.

그러나 위와 같은 우수한 연구들에서 약속하는 효과들은 발달성 말 실행증의 치료접근법에 대해서는 뭔가를 분명하게 제시하지 않는다. 소위 성공적이라고 간주되는 접근법들이 반복 실험을 통해 재검증된 연구보고가 제한적이기에 이를 DVD 중재 기법으로 효과가 있을 것으로 확실하게 장담하기는 어렵다. 다시 말해서, 임상 현장에서의 위 관련 치료접근법의 효과를 과학적 근거로 증명하기가 쉽지 않다. 희망하건대 세 번째 편저에서는 이 부분에 대해 보다 진전된 내용들을 소개하고 싶다. 이는 환자뿐만 아니라 언어치료 전문가들에게도 상당히 필요하기 때문이다.

이 책을 성공적으로 완성하기까지 특별히 마음의 빚을 지게 된 사람들이 있다. 나의 오래된 친구요 협력자인 Wanda G. Webb 박사(Vanderbilt 대학교)는 본 서에 필요한 문헌 조사와 원고 검토를 해 주었다. 나의 헌신적인 아내 Barbara는 워드 작업뿐만 아니라 원고의 전반적인 수정을 도와주었다. 그리고 학교 행정비서인 Judy Warren과 Kathy Rhody는 자신들의 업무 이상으로 지원해 주어, 나의 친절하고 격려자인 Stephen Dragin 편집장에게 원고를 전할 수 있었다. 마지막으로 나의 같은 대학교 학장인 Fred H. Bess 박사에게 감사의 마음을 표하고자 한다. 그는 나의 명예퇴직 시기 동안 책 작업을 전폭적으로 지지해 주었다.

차 례

Childhood Motor Speech Disability

6 평가 / 173

7 아동기 마비말장애의 구어 관리에 대한 쟁점 / 221

8 아동기 운동구어장애 치료 / 251

1

Childhood Motor Speech Disability

아동기 운동구어장애의 본질

발화 근육이 손상되면, 특정 음소를 정확하게 말하지 못하는 수준에서 조음 자체를 전혀 하지 못하는 정도에 이르기까지 다양하다. 때로는 조음이 단지 느리고 말하기 어려운 정도일 수 있다

—William John Little, 1861

서문: 아동기 운동구어장애와 발달성 구두 실행증

운동구어장애(motor speech disability)는 말초 신경계나 중추 신경계, 혹은 이 두 개의 체계 모두 손상이 있는 경우 발생하는 구어장애이다. 그 결과로 구어산출 근육들의 운동 조절에 문제가 발생하게 된다. 현대 임상적 관점에서 운동구어장애는 마비말장애(dysarthria)와 말 실행증(apraxia of speech)을 포함하고 있다. 이 두 개의 용어는 임상신경학 역사 초기에 Charcot(1877)과 Leipmann(1908)에 의해 소개되었다. 비록 이 용어들은 신경학과 언어병리학 분야에서 성인들의 주요 구어장애를 명명하기 위해 광범위하게 사용되었지만, 아동의 운동구어장애와는 구분할 필요성을 제시하고 있다. 본 서에서는 아동기 마비말장애와 발달성 말 실행증이라는 용어를 사용하여 아동기 운동구어장애의 하위 증상들을 설명하고자 한다. 이 용어들을 선택한 이유는 1장의 마지막 부분에서 토의할 것이다.

아동기의 운동구어장애 증상을 마비말장애와 발달성 말 실행증으로 구분한다는 것은 때로는 매우 어려운 일인데, 두 가지 구어장애 모두 조음기관 근육 움직임이 다소 어둔하여 정상구어와는 상이한 패턴을 보이기 때문이다. 양쪽 모두 일탈된 발화 양상을 야기하는 조음기관 근육 움직임이 비슷한 형태로 다소 어색하기 때문이다. 사례의 특성을 고려하여 증상에 대해 정의를 내리는 것이 적절한 진단을 위해서, 그리고 전체적인 질병의 임상적 이미지를 생각하는 데 부분적인 도움이 된다. 예를 들어, 급작스런 출생 사고(stormy birth history), 운동발달의 지연, 섭식 곤란, 전신마비 혹은 뇌성마비 아동의 비정상적 움직임 등은 아동의 어색한 발화 동작이 구두 실행증보다는 마비말장애를 의미한다는 사실을 뒷받침한다. 반대로 (아동에게서 확인되는) 정상적인 출생사, 구강 근육의 마비나 약화가 없는 상태에서의 어색한 조음동작, 불분명한 신경학적증후 등은 발달성 구두 실행증 진단을 충분히 확증할 만하다.

마비말장애와 발달성 말 실행증의 차이를 보다 분명히 이해하기 위해 다음의 언어치료 전문가에게 의뢰된 2명의 아동들의 평가 보고를 통해 주로 어떤 점이 다른지를 살펴보도록 하자.

사례 1: 아동기 마비말장애

Julie는 평가 당시 7세 5개월로 부모님에 의해 규모가 큰 대학병원 내 뇌성마비 클리닉에서 팀 평가의 한 부분으로 구어 평가를 받았다. 팀 평가 목적은 학교 배정을 위한 추천서를 작성하기 위함이었다. Julie는 2세 2개월부터 계속해서 뇌성마비 클리닉에서 치료를 받아왔다. 과거 병력을 살펴보면, 탯줄탈출증(prolapsed umbilical cord)으로 인해 대뇌 저산소증(cerebral hyproxia)을 겪었다. 볼기태위(breech presentation) 분만이 있었다. 그 즉시 발작증세가 나타났고 20분 정도 심폐소생술(resuscitation)이 시행되었다. 발작 조절을 위한 약물처치가 6개월 간 지속되었고 그 후 더 이상의 경련 유발 사건은 발생하지 않았다.

전반적으로 발달상태가 느린 편이었다. Julie는 13개월에 혼자 앉기가 가능하였고, 24개월에 기어다녔고, 대략 10개월이 지날 무렵에는 처음으로 말을 하기 시작했다. 첫 번째 평가에서 Julie 부모님은 어린 유아기 시절에 섭식에는 별다른 문제가 없었다고 했는데, 언어치료 전문가는 환자 차트(사례 기록지)에서 과도한 침흘리기와 더불어 구강 근육발달의 문제가 기록되었음을 확인하였다. 혀 내밀기(protrusion)와 오무리기(retraction)를 적절하게 수행함으로써 혀의 앞쪽-뒤쪽으로 움직임에는 큰 이상이 없었다. 약간의 혀 편측화(lateralization)와 혀끝 상승이 관찰되었다. 발성 시작에 어려움이 있었고 쉽게 발성을 연장하지 못했다. 조음은 양순음과 치조음이 두드러지게 왜곡되었다.

수용 및 표현 언어 수준은 20개월로 정상 범주에 속하는 것으로 보고되었다. 음장(sound field)에서 구어 수용 역치는 정상이었고, 임피던스

청력검사(impedance audiometry)는 정상 압력 순응(normal pressure compliance)을 보였다. 음향 반사에서는 양측성으로 부재반응이었고, 음향 반사(acoustic reflexes) 순음청력검사는 충분히 가능한 상황에서 실시하도록 하였다. 베일리 유아 발달 척도(the Bayley Scales of Infant Development, Bayley, 1969)에서는 실제 연령 26개월과 비교했을 때 22개월 수준의 수행력을 보였으나, 생활 연령대 수준의 수용언어 평가 항목들은 평가에 포함되지 않았다. 수정판 스탠포드-비네 지적 평가(the Revised Standford-Binet Intelligence Scale, Form L-M, Terman & Merrill, 1973)에서 Julie는 $2\frac{1}{2}$ 연령대 수준의 형태 식별과 신체 부위 인지과업을 완수하였다. Julie의 전체 정신적인 기능은 정상 범주 내에 있는 것으로 판단되었다.

신경학적 평가에서 뇌신경(cranial nerves)은 지극히 정상이었다. 사지에서 모두 근긴장이 증가되었고, 특히 다리에서 심했다. 심부건반사(deep tendon reflex), 깊은 힘줄반사는 양호하였고, 바빈스키 징후는 명확하지 않았다. 아킬레스건 단축(tight heel cords)은 양측성으로 나타났다. 검사를 진행하던 소아 신경학자는 심각한 마비말장애를 동반한 중등도(moderate)-심한 정도(severe)의 경직형으로 진단을 내렸다.

7세경에 Julie는 넓은 보폭의 걸음으로 균형감은 부족했지만 혼자서 실내를 걸어다닐 수 있었다. 보행 시 사지에서 부수적인 움직임이 나타났다. 집 밖에서 Julie는 목발을 사용한다. 양측 아킬레스근 신장(bilateral heel-cord lengthening)과 양측성 둔부 내전위(bilateral transfer of hip adductors)를 위해 정형외과 수술을 받았다. 그 후 신경학적 검사에서 기형(deformity)이나 경축(contractures) 없이 2+에서 3+로 심근 반사가 나타나면서 과긴장성(hypertonicity)이 약해졌다. Julie는 약간의 의도성 진전(tremor), 떨림과 손 동작으로 작은 물건을 잡을 수 있게 되었다. 가끔씩 무정위 형태의 불수의적 동작이 나타났다.

심리학자는 Julie가 자신에게 말하는 내용은 다 이해하는 것 같았고, 활달하고 협조적임을 보고하였다. Julie의 말소리는 문맥 내에는 이해할 수 있었지만 문맥 밖에서는 이해하기가 어려웠다. 그녀의 어머니는 심리검사 동안 아동의 말소리를 어느 정도 해석해 주었다. 아동용 웨슬러 지능검사-수정판(Wechsler, 1974)의 구두 평가영역에서 Julie가 받은 점수는 109였고, 정상 범주에 속했다.

Julie는 2세경부터 3세가 될 때까지 9개월 간 부모-유아 언어 발달 프로그램에서 구어와 언어 훈련을 받았다. 그런 다음 지역 내 Easter Seal Society nursery school program에 참여하였고 동시에 큰 규모의 커뮤니티 청각 및 언어 센터에서 언어자극, 조음치료, 구강훈련을 받았다. 이후 센터에서는 구문, 문장, 대화 수준에서의 조음개선에 초점을 둔 구어치료가 집중적으로 시행되었다.

현재 실시된 구어평가에서 Julie는 분명히 마비말장애가 있으며 전체적으로 말 명료도가 낮았다. 호흡 문제로 연속적인 발화의 흐름이 자주 깨어졌다. Julie는 한 호흡에 4개에서 5개 음절을 말할 수 있으며, 종종 자신의 잔여 호흡을 다 사용하여 발화를 끝까지 마무리하였다. 거친 음질이 두드러지고 간헐적인 과비성(hypernasality)이 종종 귀에 들렸다. 말소리는 지나치게 큰 편이었고, 종종 음도 파열(pitch break)이 나타날 정도로 음도 조절력이 부족했다. 음도는 전반적으로 단조로운 편이고 말 속도는 느렸다.

단단어 수준의 조음평가에서 발화한 음소들의 59%에서 조음 오류가 나타났다. 음소의 대치와 생략이 가장 빈번하게 발생한 오류였다. 발달 연령에 따른 음소 자극력은 낮았다.

혀 끝 상승의 정확도에는 일관성이 없었고, 조음근육의 움직임 속도는 느렸고 운동 범위가 제한되었다. 혀의 무정위적 움직임이 관찰되었고, (불수의적인) 얼굴 찡그림이 나타났다. 음절 교대 운동 속도는 동일 연령대 기대치에 비해서 대략 50% 정도가 부족했다. 구어 평가 결과 뇌성마비의 경직형과 무정위운동형이 혼합된 마비말장애로 진단되었다.

최종 권고사항으로는 언어치료를 계속 받도록 했으며, 무엇보다 구문 단위로 말하기(speech phrasing)(일정한 어절 단위로 말하기) 향상을 위해서 조음 개선과 호흡조절기술(breath-control drills)을 강조하였다. 지역 언어-청각 센터에서 뿐만 아니라 학교에서도 치료가 진행되었다. 그리고 교구 부속학교(a parochial academy)에서 등급분류가 없는 초등특수교육 프로그램에 참여하도록 권면하였다. 그리고 적절한 시기에 일반학교에서 통합교육(mainstreaming)을 받도록 촉구하였다. 신체 전반적인 문제를 도울 수 있는 전문가의 지원이 학교 세팅에서 제시되었다.

사례 2: 발달성 구두 실행증

Greg의 나이는 7세 9개월로 조심스럽게 발달성 구두 실행증으로 진단받았는데, 이전 공립학교에서 학습장애를 동반한 기능성 조음장애 진단에서 바뀐 것이다. Fisher-Logemann의 조음 수행력 평가(Fisher & Logemann, 1971) 결과 조음 연령은 4세에서 5세 사이에 해당하는 것으로 나타났다. 조음 오류 분석결과 조음 위치 면에서 혀-치간, 혀-치조, 그리고 혀-구개 위치에 해당하는 단어와 문장 목록에서 조음 오류가 빈번하게 발생했다. 조음 방법 면에서는 파찰음, 유음, 그리고 마찰음 순서대로 오류가 가장 빈번하게 발생하였다. 이 결과들은 혀 운동 조절에 뚜렷한 문제가 있음을 시사하였다. 더불어 운율장애가 두드러졌는데 느린 말 속도, 고르지 않는 강세가 특징적이었다. 전체적인 말 명료도는 낮았다.

구강 검사에서 Greg은 지시에 따라 조음기들을 수의적으로 움직일 수 있었는데, 이전 검사에서는 다소 부족했었다. 독립된 운동과업에서 조음 근육 운동의 힘, 정확도, 범위가 적절한 것으로 판단되었다. Greg은 구강 실행증과 함께 여전히 구두 실행증의 증상들이 나타났다. 음절 단위에서 혀 반복운동은 부정확하였고 말이 길어질수록 점차 더 나빠졌다. 구어를 위한 교대 운동 속도는 감소하였다. 세 번의 시도 모두 각각 5초가 소요되었고, /퍼터커/를 연속적으로 3번 반복할 때는 100% 정확했고, 4번째 반복에서는 50% 정확, 5번 반복 때에는 20% 정확률을 보였다. 이러한 점차 감소되는 조음산출 프로그래밍 능력은 발달성 구두 실행증의 가능성을 크게 뒷받침하였다.

아동기 마비말장애 가능성을 배제하기 위해서 과소 긴장성(hypotonus)과 과긴장성(hypertonus)에 대한 구강근육 평가를 실시하였다. 근육긴장 관련 문제 징후는 나타나지 않았다. 소뇌나 기저핵장애를 암시하는 구강 근육의 불수의적 그리고 불협응 문제는 관찰되지 않았다. 구토 반사와 턱 반사는 정상이었다. 마비말장애의 음성 문제도 들리지 않았다. 검사에 참여한 전문의는 미세한 대뇌 비기능을 확인할 만한 최소한 신경학적 징후도 없었음을 보고하였다. 소아 전문의에 의한 검사에서도 운동 신경계의 어떤 신경학적 문제도 관찰되지 않았다.

Greg은 2세 5개월경에 청각-언어 센터에 다녔다. 가족 사례사를 살펴보면 아버지 스스로가 말하는 것이 느리다는 점을 보고한 것을 제외하고는 근본적으로 부정적인 편이었다. Greg의 출생 시점에서는 특이한 이상이 없었다. 출생 전, 출생 전후, 출생 직후 과정에서 특별한 문제가 없었다. 의료 기록에서는 여러 차례 중이염을 앓았다는 점과 혀 소대가 짧다는 것 외에는 특이사항이 없었다.

Greg은 당시(7세 9개월) 실시된 초기 구어평가에서 12개 어휘 정도를 표현하였다. 주로 손짓과 알아듣기 힘든 자곤(웅얼거리는 말투)으로 의사소통하였다.

구강 검사에서 그는 지시에 따라 구강 동작들을 수행하는 데 어려움을 보였다. 테스트하는 동안 혀를 내밀거나 오무릴 수 있었으나 혀 끝을 올리거나 편측화하는 것을 특히 어려워했다. 가끔씩 침흘리기도 나타났다. 구어 활동이나 비구어 활동에서 모두 구강 운동에 문제가 있는 것으로 나타났다. 설소대 단축증(ankyloglossia)이 약한 수준으로 있었으나 초기 구어 평가 이후 1년 정도 지나서 수술로 해결되었다. 하지만, 수술 후 기대했던 정상적인 운동구어 유형(pattern)의 회복과 습득은 일어나지 않았고, 조음 기관의 부정확한 조음 탐색(groping) 동작이 계속적으로 나타났는데 대략 4년 반 정도 지속되었다.

Goldman-Fristoe-Woodcock 청지각 검사(1974)에 따른 결과, 음의 분석(sound analysis), 음의 혼합(sound blending), 읽기, 쓰기를 포함한 선택적 주의집중(도지배경 figure-background)의 문제, 음소-음절 지각에 어려움이 있었다. 더불어 Wiig와 Semmel's 언어기능평가(1980)에서 특별하게 언어적인 결함－어휘 처리과정, 문장구조, 언어학적 개념 이해, 대면 이름대기, 어휘 연상 영역들－이 확인되었다.

Greg은 3세경에 부모-유아 언어발달 프로그램에 참여하였고 지금까지 개인적으로 조음치료뿐만 아니라 공립학교에서 구어치료를 받았다. 보고에 의하면 Greg은 유치원과 1학년 과정에서 적절하게 잘 수행한다고 하였으나 학교 수업에서는 상당한 도움이 필요했다. 그의 성적은 중간 정도 수준이었다. 다음의 검사도구들을 통해 Greg의 학업수행력을 평가하였다: 아동용 웨슬러 지능 검사-수정판(Wechsler, 1974), 캘리포니아 수행력 평가(California Achievement Test, Tiegs & Clark, 1957), 종합 수행력 평가(Wide Range Achievement Test, Jastak, 1965), 그리고 어린 아동 중심의 벤더 게스탈트 평가(the Bender Gestalt Test for Young Children, Koppitz, 1964). 결과적으로 Greg의 수행력은 능력과 성취도 면에서 모두 평균 이하의 수준으로 나타났다. 구어능력에 대한 재평가 결과도 이전의 추정된 발달성 구두 실행증을 확증하였다.

Julie와 Greg은 출생사, 성장과정, 교육력, 그리고 임상 신경병리적 양상이 매우 다르다. 이와 같은 전반적인 차이점들은 마비말장애와 구두 실행증 증상을 감별할 수 있는 진단적 요소로서 매우 중요한 역할을 한다. 하지만, 개인 사례사나 사지의 운동검사를 통해 적절한 근거가 제시되지 않는다면, 마비말장애와 구두 실행증, 두 개의 동반 장애는 구어와 구강 운동 수행력을 근거로 구분해야 할지도 모른다. 사실상 Stark(1985)가 지적했던 것처럼, 성인의 경우에도 마비말장애와 구두 실행증을 구분하는 것이 여전히 어려운 점이 있는데, 특히 아동의 경우 그들의 신경 기제는 계속 성장해가고 있는 상황에서 그 두 개의 장애를 구분한다는 것은 매우 힘들다고 할 수 있다. 하지만 장애 자체를 분명하게 정의하고 운동구어장애의 주요 특징들을 이해하는 일정한 범주 내에서는 그러한 진단적 딜레마가 해결될 수 있다.

용어의 정의

아동기 마비말장애

아동기 마비말장애(childhood dysarthrias)는 신경학적 구어 손상으로써, 미성숙한 신경계 혹은 말초 신경계의 운동 조절 센터의 기능장애에 기인하며 그로 인해 발화 근육의 힘 조절, 속도, 안정성, 협응, 정교성, 긴장, 운동 범위의 문제로 발생한다. 마비말장애(dysarthria)는 보통 조음근육 운동 손상으로 인해 발생하는 부분적인 문제 증상을 일컫는 용어이며, 반면에 구어불능증(anarthria)은 심각한 운동장애로 인해 중증 구어산출 장애(거의 말할 수 없음)가 나타난다.

신경학적 관점에서 비정상적인 구어 운동양상에 대해 임상적으로 설명하고자 할 때 다음과 같은 표현들을 주로 사용한다: 약한 혹은 느린(마비를 설명할 때), 불안정한(unsteady(신체 떨림증상에서)), 불협응(uncoordinated(dysmetria 혹은 dysynergia)), 과소긴장성 혹은 과다긴장성(근육긴장도가 감소하거나 증가함), 그리고 제한된 운동범위.

언어치료 전문가들은 그러한 용어들이 신경의학 분야에서 사지와 몸통의 운동 결함을 설명하기 위해 오랫동안 사용되어 왔던 주관적인 용어이며 구강 근육의 문제를 설명하기에는 적합하지 않을 수도 있다는 점에서 종종 용어의 혼란을 겪는다. 사실상 Abbs, Hunker, 그리고 Barlow(1983)는 발화 움직임과 사지 운동을 지배하는 하위 체계의 생리학적 그리고 신경 생리학적 조절에서 많은 뚜렷한 차이점이 있음을 제시했다. 기술적 용어(descriptive terminology)는 구강운동 특이점을 설명하기에는 적절하지 않을 수 있기 때문에 사지 운동의 문제에 관해서만 사용되었다.

더군다나 운동구어 손상은 항상 마비말장애 환자의 사지 손상에 근거해서 예측할 수 있는 것은 아니다. 이러한 제한점에도 불구하고, 현재 운동장애 용어는 임상 신경학에서 널리 사용되는 것이며, 몇몇 용어는 구강 근육의 다소 독특한 비정상적 운동 패턴을 설명하기 위해 의사소통 측면에 일부 인용하고 있다. 구강 근육 운동의 편차(deviation)를 기술하기에 적합한 새로운 조작적 용어가 정립되기까지는 신경학 분야에서 이미 사용되고 있는 용어들을 활용해야 할 것 같다.

아동기 마비말장애 자체 용어는 어떤 한 집단에서 유사한 증상을 보이는 여러 특징의 장애를 의미하며, 구어 문제 신호나 증상들이 고정된 단일 장애를 의미하는 것은 아니다. 아동기 마비말장애 패턴은 발병 연령, 근원적인 주요 질병이나 신경학적 상태, 병소 부위, 구어산출 하위 체계의 손상된 영역들과 그 중등도에 따라 매우 다양하다.

아동기 마비말장애는 발달성 의사소통 장애들을 야기하는 다른 조건들과 분명히 구분되어야 한다. 구두 실행증과 구분하는 것과 더불어, 약한 정도의 마비말장애는 비기질적 발달성 음운론적 손상, 즉 소위 기능적 조음장애로 혼동될 수 있기 때문에 분명하게 감별 진단되어야 한다. 일반적으로 마비말장애는 발화 근육의 분명한 운동 손상, 신경학적 손상 근거, 그리고 구어산출 체계 관련 근육운동의 신경학적 문제 징후가 명백하기 때문에, 이 모두를 근거로 구조적 문제에 기인한 구어장애로 진단할 수 있다. 하지만 마비말장애 정도가 매우 경미하고 아동의 뇌 비기능 문제를 증명할 만한 결정적인 근거가 명확하지 않다면, 아동의 말장애는 발달성 음운장애의 하나로 쉽게 혼동될 수 있다(Stark, 1985).

덧붙여, 아동기 마비말장애는 언어지체 혹은 언어장애와 다름을 이해해야 한다. 다수의 마비말장애 사례에서, 운동구어장애가 있는 신경학적 손상은 지적문제를 동반할 수 있다. 따라서 언어지체 증상이 수반되어 나타날 수 있다는 점을 기억해야 한다.

언어발달지체를 넘어서서, 마비말장애가 있는 아동들에게서 특정 언어 결함이 함께 나타나는지에 대한 질문은 끊임없이 계속되고 있다(Bishop, 1988; Flower, Viebweg, & Ruzicka, 1966; Love, 1964; Myers, 1965). 답하기 어려운 또 다른 질문은 마비말장애와 구어불능증 중 어느 것이 더 정신작용(mental operations)에서 구두 처리과정을 잘 이해하고 사용하는 데 영향을 미치는가이다(Bishop, Brown, & Robson, 1990).

발달성 구두 실행증

발달성 구두 실행증(DVD)은 **발달성 말 실행증**(developmental apraxia of speech, DAS)으로도 잘 알려져 있는데, 이는 아동에게서 발화산출 기제의 근육문제가 분명히 없음에도 불구하고 발화를 위해 필요한 조음운동 제스처나 프로그래밍을 수의적으로 수행하는 능력에 문제가 있는 경우이다. DVD와 DAS의 현저히 두드러지는 특징은 의지적으로 말을 하려고 하면 적절한 발화 운동 제스처를 만들지 못하지만 동일한 조음동작은 자동적-비구두적 행위에서는 잘 표현할 수 있다는 점이다. 예를 들어, 치조음 음소를 발음하기 위해 잇몸에 혀 끝을 접촉시킬 수 없지만 음식물을

핥아먹기 위해서 그 부위에 혀를 쉽게 접촉시킬 수 있다는 점이다. 이와 같이 조음하기 위해 필요한 혀 끝 동작을 만들지 못하는 것은 아동기 마비말장애의 말장애와 저작(mastication) 기능장애 관찰되는 양상과는 다르다는 것을 의미한다. 다시 말해서, 발달성 구두 실행증은 수의적인 운동 프로그래밍과 발화 연속하기의 장애를 의미하며 아동기 마비말장애 사례에서 나타나는 구두 및 비구두적 산출을 위한 근육 힘과 조절의 장애는 아니다.

발달성 구강 실행증

때로는 **발달성 구강 실행증**(developmental oral apraxia)이라는 용어가 DVD와 DAS와 유사한 의미로 사용되기도 했지만, 대부분의 언어치료 전문가들은 용어 개념이 서로 관련되기는 하지만 분명하게 DOA 개념은 보다 구강-안면 근육운동 문제에 비중을 두고 있다. 특히 발달성 구강 실행증은 인두, 혀, 뺨, 그리고 입술의 근육을 자동적인 동작들을 수행할 때에는 괜찮지만 수의적으로는 움직일 수 없는 상태이다. 다시 말해서, 이는 비구두적 행위 실행증이다.

신경학자들은 이 증상을 성인의 경우 안면 실행증(buccofacial apraxia)이라고 부르는데, 브로카 실어증의 말 실행증의 주요 원인이 되는 것으로 여긴다(Hier, Gorelick, & Shindler, 1987). 하지만 구강 안면 실행증이 없이 말 실행증 증상만 있는 성인의 사례도 있다(DeRenzi, Pieczuro, & Vignolo, 1966; Wertz, La Pointe, & Rosenbek, 1984).이 경우 DVD가 의심되는 아동에게도 유사한 관련성이 있는지의 여부는 불분명하다. Aram과 Nation(1982)은 구강 실행증과 구두 실행증이 각각 독립적이거나 함께 동반되어 나타날 수 있다는 의견을 제시했다.

이론적 차이

아동기 마비말장애와 DVD를 구분하는 데 있어서의 이론적인 근거가 성인들의 언어와 구어산출에 관한 신경학적 모델에서 유래할 수 있으며(Buckingham, 1981; Darley, Aronson, & Brown, 1975), 성인이 구어산출과 구어 운동 조절에 관한 새로워진 심리 언어학적 모델에 기인할 수도 있다(Levett, 1989). 이러한 이론적 차이는 두 개의 장애를 이해하는 데 도움이 될 수 있다. 전통적으로 신경학에서는 구두와 구강 실행증 문제를 고위대뇌기능(higher cerebral functions)의 범주에 귀속시키는데, 이는 병인이 신경계의 최상위 운동통합 수준에 있음을 시사하고 있는 것이다(Kirshner, 1986). 성인의 경우 이 문제 증상과 관련한 실제 손상은 대개 좌반구의 피질 수준 혹은 피질하 영역에 있다(Kertesz, 1984; Tognola & Vignolo, 1980). 이러한 추측은 아동들의 문제증상들도 운동통합을 담당하는 최상위 수준에서 일어난다는 관점을 고수하고 있지만, 그러나 이를 충분히 지지할 만한 신경학적 근거가 극히 제한되어 있기에 지금까지도 많은 논란이 되고 있다(Darwish, Pearce, Gaines, & Harasym, 1982; Horwitz, 1984). 구두 및 구강 실행증과는 달리, 아동 및 성인 마비말장애에서의 손상은 대부분의 경우 신경계의 하위운동통합에서 문제와 관련된다(Darley, et al., 1975). 이 부분에 대해서 이미 수년 전 Lenneberg(1967, p.64)는 아동도 이 경우에 해당된다고 추측했었다.

운동구어 조절에 관한 심리언어학적 이론은 장애 그 자체나 병인 위치에 대해 집중하지 않고 운동구어 조절에 필요한 구어처리과정 모델을 제공한다. Levett's(1989)의 이론에 의하면 운동 계획과 프로그래밍은 구어산출의 운동구어 프로세스의 초기 단계에 해당하고 반면 운동실행(motor execution)은 후기 단계에 해당한다.

이 두 개의 이론 모형의 두드러진 특징들만 결합하여서 아동기 마비말장애와 DVD를 대조할 수 있는 유용한 정보를 이끌어낼 수 있다. 아동기 마비말장애는 일반적으로 신경계의 하위수준으로 인한 병변운동구어 처리과정의 마지막 단계에서 발생하는 운동실행장애일 수 있다. 반면에 발달성 구두 실행증은 운동구어 조절의 초기 단계에서 발생하는 정상적 처리과정의 운동 계획 및 프로그래밍의 장애일 수 있다. 추정되는 병변은 신경계의 상위 수준이다. 이러한 단순추론(heuristic)의 차이점을 타당하게 뒷받침하기 위해서는 계속적으로 연구가 진행되어야 한다. 그때까지 의사소통 전문가에게는 아동기 운동구어문제의 혼동스러운 특징들을 다루는 데 있어 그러한 이론들이 도움이 될 것이다.

아동기 마비말장애 특징

아동기 마비말장애에 대한 이해는 오랜 역사를 가지고 있다. William J. Little이 쓴 유명한 글에서 살펴본 바와 같이, 뇌성마비 장애 증상에 관한 기본적인 설명은 거의 150년 전부터 의학 문헌에서 세계적으로 널리 주목받아 왔다. 마비말장애 아동의 구어문제에 관한 보고들—우선적으로 뇌성마비에 집중되어 있는—은 반세기 이상 미국 언어병리학 문헌에 소개되었다.

대조적으로, 1950년대에 DVD라는 증후군을 처음으로 명명하면서 관심을 끌게 되었지만(Morley, 1957; Morley, Court, Miller, & Garside, 1955), 1970년대 이르러서야 미국 내에서 발달적 의사소통 장애에 대한 관심이 증대되었다(Chappell, 1973; Daly, Cantrell, Cantrell, & Aman, 1972; Darley & Spriestersbach, 1978; Edwards, 1973; Emerick & Hatten, 1979; Ferry, Hall, & Hicks, 1975; Kools, Williams, Vickers, & Caell, 1971; Malcaluso-Haynes, 1978; Pritchard, Tekieli, & Kozup, 1977; Rosenbek, Hansen, Baugham, & Lemme, 1974; Rosenbek & Wertz, 1972; Smartt, LaLance, Gray, & Hibbett, 1976; Yoss & Darley, 1974a, b).

당시 이 증후군의 특징들은 심각할 정도로 의문이 제기되었다(Guyette & Diedrich, 1981). 그리고 이 장애를 위해 실시된 유일했던 평가는 날카롭게 비판을 받았다(Guyette & Diedrich, 1983; Thompson, 1988). 그리고 진단의 타당성에도 문제가 제기되었다(Love & Fitzgerald, 1984; Thompson, 1988). 분명한 점은 대부분의 언어치료 전문가들이 이 장애가 여러 면에서 논쟁이 되고, 그 장애의 특징들이 거의 일치되지 않는 점에 동의했었다. 논의되는 특징들이 어느정도 논란의 여지가 있었다. 따라서 5장 전체가 그 특징들을 설명하는 데 집중하고 있다.

발병 연령

아동기 마비말장애는 선천적(congenital) 혹은 후천적(acquired) 장애로 구분되는데, 마비말장애 발생 기저 원인이 출생 시 어떤 질병에 의한 것인지 혹은 소아기(0세-1세)의 후반기에 발병하는 질병에 기인한 것인지에 따라 다르다. 선천적인 마비말장애의 보편적인 예가 뇌성마비와 뫼비우스 증후군(Moebius syndrome)이다. 이 마비말장애는 종종 발달성으로 분류되는데 이유는 아동이 성장해 가면서 점차 드러나기 때문이다(Ingram, 1969).

후천적 마비말장애는 소아기 동안에 발생하기도 하지만 정상적인 구어와 언어발달 그리고 정상적인 학습수행 상태에 따라서 선천성 그리고 발달성 문제로 구분된다. 아동들의 후천적 마비말장애를 이해하는 데 도움이 되는 보고들은 제한적이다. 몇 개의 보고 중에서 van Dongen, Arts 그리고 Yousef-Bak(1987)는 병변 위치(중추 신경 vs 말초 신경)가 아동기의 후천적 마비말장애 심한 정도와 회복에 중요하다는 점을 제시하였다.

병인

Dworkin과 Hartman(1988)은 성인 신경학적 의사소통 장애 일반적 원인에 대해 유용한 분류기준을 제시하였다. 그 분류 체계는 아동기 마비말장애 몇몇 원인들을 분류하는 데에도 유용하다. 그 기준들에는 (1) 혈관성(vascular), (2) 감염성(infectious), (3) 외상 또는 유독성(traumatic/toxic), (4) 산소결핍(anoxic), (5) 신진대사(metabolic), (6) 특발성(idiopathic), (7) 종양성(neoplastic), (8) 퇴행성(degenerative/demyelinating)이 있다. Dworkin과 Hartman은 Vitamin-D식의 약어를 사용하여 분류 목록을 회상하는 데 도움이 될 수 있는 연상기호장치를 활용할 것을 제안하였다.

마비말장애 발생과 관련이 높은 아동기 질병(뇌성마비 포함)의 원인들에 대해 지금까지 광범위한 연구들이 진행되어 왔다. 기계적 인자(mechanical factors), 자궁내 감염(intrauterine infection) 그리고 핵황달(kernicterus)에 의한 미성숙(prematurity), 산소 부족(anoxia), 뇌 상해 등이 뇌성마비의 가장 보편적인 원인이다. 하지만 출산 전후의 뚜렷한 합병증 증세가 나타나지 않기 때문에 뇌성마비의 거의 50% 정도는 명확한 병인을 확인하기 힘들다(Erenberg, 1984). 어떤 사례의 경우 유전적 장애가 아동기 마비말장애의 원인이 될 수도 있는데, 예를 들면 뒤시엔느 근위축증(Duchenne muscular dystrophy), 헌팅톤씨 질병(Huntington's disease), 가족성 자율신경기능이상(familial dysautonomia), 뇌성마비 등이 있다. 폐쇄성 뇌 손상은 아동들에게서 발생할 수 있는 후천적 마비말장애의 보편적 원인 중 하나가 된다.

병인 위치

병소 위치는 아동이나 성인 모두의 마비말장애 특성을 이해하는 데 중요한데, 그 이유는 병소 위치에 따라 현재 마비말장애를 분류하는 데 있어 가장 기준이 되는 요소이기 때문이다. 마비말장애 병소 위치 분류에서 가장 폭넓게 사용되는 것은 메이요 클리닉(Mayo clinic) 분류 체계로 알려져 있다. 이 분류 체계는 임상적 경험에 의한 것이지만 임상 연구 대상은 주로 마비말장애 성인들이다(Darley, Aronson, & Brown, 1969a, b; 1975). 예를 들어, 다른 유형과는 다소 구분되는 독특한 마비말장애 패턴은 주로 파킨슨병(Parkinson's disease)과 다발성 경화증(Multiple sclerosis)이다 (Aronson, 1981). 사실상 이러한 질병은 아동에게서는 나타나지 않는다. 위 분류 체계는 크게 6개의 마비말장애로 구분하고 있다: 이완형(flaccid), 경직형(spastic), 실조형(ataxic), 과소운동형(hypokinetic), 과다운동형 (hyperkinetic), 그리고 혼합형(mixed)이다.

Espir와 Rose(1983)는 아동기 마비말장애를 병소 위치에 따라 분류하였는데, 이 분류된 병소 위치는 임상 신경학 문헌에 제시된 것을 토대로 하였다. 포함된 다섯 개의 병소 위치는 (1) 근육(muscle), (2) 하위운동신경원(lower motor neuron), (3) 상위운동신경원(upper motor neuron), (4) 추체로(extrapyramidal), 그리고 (5) 소뇌(cerebellar)이다.

근육위축증(muscle atrophy)과 같은 근육장애에서 나타나는 마비말장애는 이완형 마비말장애(flaccid dysarthria) 형태의 조음문제가 두드러지게 나타난다. 하위운동신경원장애는 아동기 연수마비(bulbar palsy)와 연관되는데, 벨 마비(Bell palsy), 특발성 안면신경마비, 뫼비우스 증후군, 전연수 회색질척수염(anterior bulbar poliomyelitis) 등과 같은 질병이 포함된다. 이완형 마비말장애는 조음 오류와 과다비성(hypernasality)이 발생한다. 상위운동신경원장애는 선천성 상연수마비(congenital suprabulbar paresis)이다. 이는 뇌신경 5번(V), 7번(VII), 9번(IX), 10번(X), 11번(XI), 12번(XII)이 다양한 수준으로 영향을 받는다. 경직형 마비말장애는 심할 정도로 비정상적인 조음과 음성 특징을 보인다. 이 증상은 뇌성마비의 경직형 양측 마비 혹은 사지 마비에 포함된다.

추체외로에 병소가 있는 경우 아동들의 운동장애 스펙트럼에 포함되는 질병은 무도병(chorea), 무정위운동형(athetosis), 무도-무정위운동형 (choreoathetosis), 근육이상증(dystonia), 그리고 진전(tremor)이다. 이러한 질병들은 대체로 증상들이 모두 복잡하고 마비말장애 증상들이 심한 편이다. Espir와 Rose가 추체외로 병소와 연관된 마비말장애를 모두 기술할 만한 용어를 제시하지는 않았지만, 다른 이들은 그러한 운동장애를 설명하기 위해 신경학 분야의 용어들을 활용해 왔다. Darley 외(1975) 연구자들은 추체외로 손상으로 인한 마비말장애를 과다운동형(hyperkinetic)으로 이름을 붙였다. Canter(1967) 그리고 Love와 Webb(1996)은 이 증상에 대해 이상운동형 마비말장애(dyskinetic dysarthria)라는 용어를 사용하였다. 그리고 소뇌장애는 실조형 마비말장애(ataxic dysarthria)라고 칭하였다. Espir와 Rose는 혼합형 마비말장애 개념을 사용하지 않는다. 이것은 아동기 신경학적 손상에서 보면 운동 체계의 다양한 곳이 손상되었다는 것이기 때문에 혼합형으로 지칭하는 것은 매우 심각한 실수가 될 수 있다.

비록 Espir와 Rose의 분류 체계가 널리 사용되고 있는 메이요 클리닉(Mayo Clinic) 분류 체계와 유사하다 할지라도, 몇몇 언어치료 전문가들(Stark, 1985)은 그 분류된 용어들을 아동에게 사용하는 데에는 아직 의구심을 제시하고 있다.

첫째, 경험적인 연구는 아직도 모든 발달성 마비말장애로 구분되는 구어 패턴들을 완전하게 설명하지는 못한다.

둘째, 경직형 마비말장애, 이완형 마비말장애, 운동이상형 마비말장애, 추체외로 마비말장애, 실조형 마비말장애 등과 같은 용어들을 사용하는 데 어느 정도 문제가 있다고 본다.

앞서 언급한 바와 같이 이러한 표기들은 신경학적인 손상이 있는 아동들의 구강 운동장애 증상들을 기술하기보다는 신경학적 검사에서 사지와 몸통의 움직임 문제증상에 대한 기존의 설명들에 기초하고 있기 때문이다. 그러한 용어들은 아동기 운동장애의 구강운동 문제 증상들을 묘사하는 데 다소 부족할 수도 있다.

병소 위치에 따른 분류 체계의 또 다른 방식에서는 Espir와 Rose(1983)가 제안했던 임상분류 체계에 비해 보다 신경 해부학적인 접근(neuroanatomic approach)을 사용하고 있는데, 이는 신경 해부학과 신경 생리학을 결합해서 사용한 것이다. 이 분류 체계에서는 신경계를 중추 신경계, 말초 신경계 더불어 구조적인 영역으로 구분하고 있다: (1) 대뇌피질, (2) 소뇌 , (3) 기저핵, (4) 뇌간, (5) 뇌신경, (6) 척수. 이 분류 체계가 아동기 마비말장애를 이해하는 데에 도움이 될 수 있는 특징들이 있지만, 메이요 클리닉(Mayo Clinic)이나 Espir와 Rose 분류 체계처럼 유용하지 않을 수 있다. 다음에 제시되는 리스트는 아동기 마비말장애를 위한 임상적인 분류의 윤곽을 그리는 데 매우 유용할 것이다:

(1) 경직형, (2) 운동이상형(dyskinetic), (3) 실조형, (4) 이완형, (5) 혼합형.

주요 신경학적 질병

모든 아동기 마비말장애는 의학적인 관점에서 주요 신경학적 질병이나 사건으로 인해 부차적으로 나타나는 증상으로 이해된다. 주요 뇌 손상 질병과 상태들은 중추 신경계와 말초 신경계 중심으로 광범위하게 분류될 수 있나(3장과 4장 참조). 뇌성마비는 중추 신경계 장애에 속하는 주요 질병 중 하나이다. 말초 신경계 장애들은 광범위한 질병 스펙트럼과 신경학적 질환을 포함하고 있다. 이에 베르드니히-호프만병(Werdnig-Hoffmann disease), 영아 형근위축증, 진행성 핵상마비(progressive bulbar palsy), 뫼비우스 증후군, 벨 마비, 성대 마비, 가족성 자율신경 기능이상, 근긴장성 이영양증(myotonic dystrophy), 근육병증(myopatheis) 등이 포함된다.

가끔씩 언어치료 전문가와 물리치료사는 마비말장애를 주요 질병의 부분적인 증후로 분류하였다. 뫼비우스 증후군에 관한 언어치료 전문가 보고들과 관련 구어 및 청력 특징들은 질병에 의한 아동기 마비말장애의 전형적인 분류 기준이 되었다(Kahane, 1979; Meyerson & Fourshee, 1978). 소아 신경학자인 Fenichel(1997)은 소아 신경학적 문제들을 광범위하게 다룬 그의 교재에서 아동기 마비말장애 발생과 관련된 질병들에 대해 설명했지만 메이요 클리닉과 Espir와 Rose, 혹은 신경 해부학적 체계들이 분류하는 방식을 따르지는 않았다. 대신, Fenichel은 마비말장애를 주요 질병의 한 증상으로만 분류하였다.

정리하자면, 신경학적 질병의 근원적인 특성 자체를 이해하는 것이 그 질병과 연관된 아동의 마비말장애를 보다 잘 이해하는 데 도움이 되며, 그러기 위해서는 전문 의사들로부터 충분한 정보를 수집해야 한다.

뇌신경

아동기 마비말장애의 두드러진 특징은 뇌신경들(cranial nerve)이 손상을 받는다는 점이다. 12개의 뇌신경 중 여섯 개가 운동구어에 영향을 미친다. 뇌신경들은 신경계에서 최종공통경로(final common pathway)의 하나로써 활동하며, 상위신경계 모든 수준에 해당하는 정상 그리고 비정상적 운동 통합을 반영한다. 언어치료 전문가들이 임상에서 자주 실시하는 말초 구강 검사는 구어 관련 6개 뇌신경검사에 해당한다. 이 6개의 뇌신경은 삼차신경(V), 안면신경(Ⅶ), 설인신경(Ⅸ), 미주신경(Ⅹ), 부신경(Ⅺ), 그리고 설하신경(Ⅻ)이다. 구체적인 평가과정은 7장에 소개되어 있다.

운동구어 처리과정

아동기 마비말장애는 운동구어산출 과정에 속하는 여러 수준이 손상되어 나타날 수 있다. 구어산출 과정에는 호흡, 발성, 연인두 기능, 그리고 조음 근육 체계가 포함된다. 이 프로세스 단계들에 대한 체계적인 평가 가이드라인은 7장에 소개되어 있다. 현대 발달된 구어 분석 기술력에 따라 운동 처리과정의 상호작용에 대한 정밀 평가분석이 가능하다(Netsell, Lotz, &

Barlow, 1989).

자연적 회복과정

아동기 마비말장애의 증상변화는 대개 예측가능한 편이다. 뇌성마비의 발달성 마비말장애는 발화 패턴이 일정하게 안정되는 성인 시점까지 진전된다(Platt, Andrews, Young, & Quinn, 1980). 이에 반해, 뒤시엔느(Duchenne) 근위축증에 의한 퇴행성 마비말장애는 일정한 기간 동안 정상적 구어발달을 보인 다음, 질병의 말기 단계(terminal stage)에 이르면 말 명료도가 급격히 저하된다(Sanders & Perlstein, 1965). 마비말장애 증상을 동반한 폐쇄성 뇌 손상이 지속된 아동들은 대개 뇌 손상 직후 적어도 2년 동안에 회복을 보인다(Stark, 1985). 하지만, 자연적 회복력은 경우에 따라 차이가 있다. Nelson과 Ellenberg(1982)에 의하면 출생 당시 비정상적인 신경학적 징후를 보였던 몇몇 뇌성마비 아동들이 7세경에 그러한 이상 증후들이 개선되었다고 한다. 하지만 그렇게 증상이 변화한 마비말장애 그룹에서 입술, 혀, 인두 등의 조음기를 검사했을 때 특이한 운동 문제증상이 없음에도 불구하고 비정상적인 조음 양상이 지속적으로 나타나기도 하였다. 후천적인 마비말장애 아동들은 중추 신경계 손상에 의한 마비말장애에 비해 말초 신경계 손상의 경우, 보다 더 빠른 자연적 회복력을 보이기도 하였다(van Dongen, Arts, & Yousef-Bak, 1987).

예측 요인들

중추 신경계 혹은 말초 신경계의 선천적인 손상에 의한 마비말장애 아동들은 종종 유아기 섭식장애(infantile dysphagia)와 비정상적인 구강반사(oral reflexes) 사례력을 가지고 있다. 뇌성마비 사례에서 섭식문제의 심각성은 비정상적인 구강 반사에 비해 마비말장애의 높은 발생률과 관련이 깊은 편이다(Love, Hagerman, & Tiami, 1980; Neilson & O'Dwyer,

1981).

심한 정도

아동기 마비말장애의 심한 정도는 말소리 자체가 완전히 심각한 수준 혹은 아예 말하기가 힘든 수준에서부터 해결 가능한 발달성 음운 장애 혹은 발달성 구두 실행증 중의 하나로 혼동될 수 있는 경미한 수준에 이르기까지 그 범위가 넓다. 다소 증상을 구분하기 혼동스러운 상황에서도 저산소증, 뇌실 주변(periventricular) 출혈, 혹은 황달(jaundice)의 출생사례력이 있는 경우 발달성 음운 장애나 구두 실행증이기보다는 중추 신경계 손상에 의한 마비말장애일 가능성이 더 높다.

요약 Summary

아동기 운동구어장애는 아동기 마비말장애와 발달성 구두 실행증을 포함한다. 아동기 마비말장애는 미성숙한 뇌의 운동 조절센터 기능장애에 의한 신경학적 구어 손상이며, 발화근육의 속도, 힘, 안정성, 협응, 정교성, 긴장도 그리고 운동 범위에서 문제증상이 두드러진다. 이에 반해, 발달성 구두 실행증(developmental verbal dyspraxia, DVD)은 발화산출 기제의 뚜렷한 근육문제가 없음에도 불구하고 조음운동 프로그램을 수의적으로 실행하는 것이 어렵다. 일반적으로 DVD 경우, 구어산출 동작을 수의적으로 표현하기 힘들지만, 비구두적인 동작들은 자동적으로 표현할 수 있다. 발달성 구강 실행증이라 불리는 이 증상은 DVD를 동반할 수도 혹은 그렇지 않을 수도 있다. 이는 인두, 혀, 입술의 비구두적 동작들을 수의적으로 수행할 수 없는 상태이며, 혹은 씹기나 삼키기와 같은 보다 자동적인 동작을 아무런 문제없이 실행할 수 있다 하더라도 명령에 따라 정확하게 수행하지 못할 수도 있다.

아동기 마비말장애는 긴 역사를 가지고 있으며, 마비말장애 본질과 두드러진 특징들에 대해 일반적으로 의견이 일치하고 있다.

DVD 연구는 그에 반해 비교적 짧은 역사를 가지고 있으며, 발달성 구두 실행증의 말장애 본질과 그 특징을 정의하는 데 있어서도 의견이 분분하다. 그리고 진단과정과 범위에 대해서도 여전히 논의되고 있다.

아동기 마비말장애는 선천적 혹은 후천적으로 분류된다. 심한 정도와 회복 속도에 대한 차이는 잠재된 질병과 마비말장애 발병 연령대에 따라 다양하게 변화한다. 마비말장애 아동들의 일반적인 유형분류는 주요 신경학적 질병, 원인, 그리고 뇌 병변 위치에 따른다. 뇌 병변과 관련된 운동 증후군들과 함께 병변 위치에 따라 분류하는 방식은 언어치료 전문가들이 성인 마비말장애를 분류하기 위해 많이 선호하는 방식이지만, 아동기 마비말장애 분류에서는 그다지 폭넓게 사용되지 않는 편이다. 하지만 경직형(상위운동 신경원장애), 운동이상형(기저핵장애), 실조형(소뇌 손상 장애), 이완형(하위운동 신경원장애), 그리고 혼합형 마비말장애(다발성 운동 체계장애) 등의 분류들은 아동들을 대상으로 한 보다 적합한 분류 체계가 수정보완될 때까지는 그 나름대로 활용가능할 것이다.

아동기 마비말장애에서 뇌신경 손상이 다양하게 변화하는데, 5번, 7번, 9번, 10번, 11번, 12번 뇌신경들이 결정적인 영향을 미친다. 마비말장애에 의한 운동구어장애는 발화산출 관련 하위 체계의 근육운동력을 평가함으로써 그 정도와 유형을 이해할 수 있다. 발화산출 과정에 호흡, 발성, 연인두, 그리고 조음 근육들이 주요 체계로 포함된다. 다양한 아동기 마비말장애의 본질적 특성과 구어장애 심한 정도는 치료와 회복에 영향을 미치는 중요한 고려사항들이다.

추천 도서 Suggested Reading

Darley, F. L., Aronson, A. E., & Brown, J. R. (1975). Motor speech disorders. Philadelphia: W. B. Sanders.

Duffy, J. R. (1995). Motor speech disorder. St. Louis, MO: Mosby-Yearbook.

Jaffe, M. B. (1986). Neurologic impairment of speech production: Assessment and treatment. In J. M. Costello, & A. L. Holland(Eds.), Handbook of speech and language disorders (pp. 157-186). San Diego: College Hill Press.

Stark, R. E.(1985). Dysarthria in children. In J. B. Darby (Ed.), Speech and language evaluation in neurology: Childhood disorders (pp. 185-217). New York: Grune & Stratton.

Yorkston, K. M., Beukelman, D. R., Strand, E. A., & Bell, K. R. (1999). Management of motor speech disorders in children and adults(2nd ed.). Austin, TX: Pro-ed.

참고 문헌 References

Abbs, J. H., Hunker, J. C., & Barlow, S. M. (1983). Differential speech motor subsystem impairments with suprabulbar lesions: Neurophysiological framework and supporting data. In W. Berry (Ed.), Clinical dysarthria. San Diego, CA: College Hill Press.

Aram, D. M., & Nation, J. E. (1982). Child language disorders. St. Louis, MO: C. V. Mosby.

Aronson, A. E. (1981). Motor speech signs of neurologic disease. In I. K. Darby, Jr. (Ed.), Speech evaluation in medicine. New York: Grune & Stratton.

Bayley, N. (1969). Bayley Scales of Infant Development. New York: Psychological Corp.

Bishop, D. V. M. (1988). Language development in children with abnormal structure or function of the speech apparatus. In D. V. M. Bishop & K. Mogford (Eds.), Language development in exceptional circumstances (pp. 220-238). Edinburgh, Great Britain: Churchill Livingstone.

Bishop, D. V. M., Brown, B. B., & Robson, J. (1990). The relationship between phoneme discrimination, speech production and language comprehension in cerebral-palsied individuals. Journal of Speech and Hearing Research, 33, 210-219.

Buckingham, H. W., Jr. (1981). Explanations for the concept of apraxia of speech. In M. T. Sarno (Ed.), Acquired aphasia (pp. 271-301). New York: Academic Press.

Canter, C. J. (1967). Neuromotor pathologies of speech. American Journal of Physical Medicine, 46, 659-666.

Chappell, C. (1973). Childhood verbal apraxia and its treatment. Journal of Speech and Hearing Disorders, 38, 362-368.

Charcot, J. M. (1877). Lectures on the diseases of the nervous system (Vol. 1). London: The New Sydenham Society.

Daly, D. A., Cantrell, R. P., Cantrell, M. L., & Aman, L. A. (1972). Structuring speech therapy contingencies with an oral apraxic child. Journal of Speech and Hearing Disorders, 37, 22-32.

Darley, F. L., Aronson, A. F., & Brown, J. R. (1969a). Differential diagnostic patterns of dysarthria. Journal of Speech & Hearing Research, 12, 246-

269.

Darley, F. L., Aronson, A. F., & Brown, J. R. (1969b). Clusters of deviant speech dimensions in the dysarthrias. Journal of Speech & Hearing Research, 12, 462-496.

Darley, F. L., Aronson, A. E., & Brown, J. E. (1975). Motor speech disorders. Philadelphia: W. B. Saunders.

Darley, F. L., & Spriestersbach, D. C. (1978). Diagnostic methods in speech pathology (2nd ed.). New York: Harper.

Darwish, H., Pearce, P. S., Gaines, R., & Harasym, P. (1982). The speech programming deficit syndrome. Annals of Neurology, 12, 21.

DeRenzi, F., Pieczuro, A., & Vignolo, L. A. (1966). Oral apraxia and aphasia. Cortex, 2, 749-756.

Duffy, I. R. (1995). Motor speech disorders. St. Louis, MO: Mosby-Yearbook.

Dworkin, J. P., & Hartman, D. E. (1988). Cases in neurogenic communicative disorders. Boston: Little, Brown.

Edwards, M. (1973). Developmental verbal dyspraxia. British Journal of Communication Disorders, 8, 64-70.

Emerick, L. L., & Hatten, J. T. (1979). Diagnosis and evaluation in speech pathology (2nd ed.). Englewood Cliffs, NJ: Prentice Hall.

Erenberg, C. (1984). Cerebral palsy. Postgraduate Medicine, 75, 87-93.

Espir, M. L. E., & Rose, F. C. (1983). The basic neurology of speech (3rd ed.). Philadelphia: F. A. Davis.

Fenichel, C. M. (1997). Clinical pediatric neurology (3rd ed.). Philadelphia: W. B. Saunders.

Ferry, P. C., Hall, S. M., & Hicks, J. L. (1975). 'Dilapidated' speech: Developmental verbal apraxia. Developmental Medicine and Child Neurology, 17, 749-756.

Fisher, H. B., & Logemann, J. A. (1971). Fisher-Logemann Test of Articulation Competence. Boston: Houghton Mifflin.

Flower, R. M., Viehweg, R., & Ruzicka, W. R. (1966). The communicative disorders of children with Kernicteric athetosis: Problems in language comprehension and use. Journal of Speech and Hearing Disorders, 31, 60-68.

Goldman, R., Fristoe, M., & Woodcock, R. A. (1974). Goldman-Fristoe-Woodcock Auditory Skills Battery. Circle Pines, MN: American Guidance Service.

Guyette, T. W., & Diedrich, W. R. (1981). A critical review of developmental apraxia of speech. In N. Lass (Ed.), Speech and language: Advances in basic research and practice (Vol. 1, pp. 1-49). New York: Academic Press.

Guyette, T. W., & Diedrich, W. A. (1983). A review of the Screening Test for Developmental Apraxia of Speech. Language, Speech, and Services in Schools, 14, 202-209.

Hier, D. B., Gorelick, P. D., & Shindler, A. C. (1987). Topics in behavioral neurology and neuropsychology. Boston: Butterworth.

Horwitz, S. J. (1984). Neurological findings in developmental verbal apraxia. Seminars in Speech and Language, 5, 111-118.

Ingram, T. T. S. (1969). Developmental disorders of speech. In P. J. Vinken & C. W. Bruyn (Eds.), Handbook of clinical neurology (Vol. 4). Amsterdam: North Holland.

Jastak, J. F. (1965). Wide Range Achievement Test. Wilmington, VA: Guidance Associates.

Kahane, J. (1979). Pathophysiological effect of Moebius syndrome on speech and hearing. Archives of Otolaryngology, 105, 29-34.

Kertesz, A. (1984). Subcortical lesions and verbal apraxia. In J. C. Rosenbek, M. R. McNeil, & A. F. Aronson (Eds.), Apraxia of speech: Physiology-acoustics -linguistics-management. San Diego, CA: College Hill Press.

Kirshner, H. S. (1986). Behavioral neurology: A practical approach. Edinburgh: Churchill Livingstone.

Kools, J. A., Williams, A. F., Vickers, M. J., & Caell, A. (1971). Oral and limb apraxia in mentally retarded children with defective articulation. Cortex, 7, 387-400.

Koppitz, F. M. (1964). The Bender Gestalt Test for Children. New York: Psychological Corp.

Leipmann, H. (1908). Drei Aufsatze dem Apraxiegebeit (Vol. 1). Berlin: Krager.

Lenneberg, F. (1967). Biological foundations of language. New York: John Wiley.

Levett, W. I. M. (1989). Speaking: From intention to articulation. Cambridge, MA: MIT Press.

Little, W. J. (1861). On the influence of abnormal parturition, difficult labour, premature birth, and asphyxia neonatorum on the mental and physical condition of the child, especially in relation to deformities. Lancet, 2, 378-380.

Love, R. J. (1964). Oral language behavior of older cerebral palsied children. Journal of Speech and Hearing Research, 7, 349-359.

Love, R. J., & Fitzgerald, M. (1984). Is the diagnosis of developmental apraxia of speech valid? Australian Journal of Human Communication Disorders, 12, 71-82.

Love, R. J., Hagerman, F. L., & Tiami, F. C. (1980). Speech performance, dysphagia and oral reflexes in cerebral palsy. Journal of Speech and Hearing Disorders, 45, 59-75.

Love, R. J., & Webb, W. C. (1996). Neurology for the speech-language pathologist (3rd ed.). Boston: Butterworth.

Malcaluso-Haynes, S. (1978). Developmental apraxia of speech: Symptoms and treatment. In D. F. Johns (Ed.), Clinical management of neurogenic communicative disorders (pp. 243-250). Boston: Little, Brown.

Meyerson, M., & Fourchee, D. (1978). Speech, language and hearing in Moebius syndrome. Developmental Medicine and Child Neurology, 20, 357-365.

Morley, M. F. (1957). The development and disorders of speech in childhood (1st ed). London: Livingstone.

Morley, M., Court, D., Miller, H., & Carside, R. (1955). Delayed speech and developmental aphasia. British Medical Journal, 2, 463-467.

Myers, P. (1965). A study of language disabilities in cerebral palsied children. Journal of Speech and Hearing Research, 8, 129-136.

Neilson, P. D., & O'Dwyer, N. J. (1981). Pathophysiology of dysarthria in cerebral palsy. Journal of Neurology, Neurosurgery and Psychiatry, 44, 1013-1019.

Nelson, K. B., & Ellenberg, J. H. (1982). Children who "outgrew" cerebral palsy. Pediatrics, 69, 529-536.

Netsell, R., Lotz, W. K., & Barlow, S. M. (1989). A speech physiology examination for individuals with dysarthria. In K. M. Yorkston & D. R. Beukelman (Eds.), Recent advances in clinical dysarthria (pp. 3-37). Boston: Little, Brown.

Platt, L., Andrews, C., Young, M., & Quinn, P. T. (1980). Dysarthria of adult cerebral palsy: I. Intelligibility and articulatory impairment. Journal of

Speech and Hearing Research, 23, 22-40.

Pritchard, C. L., Tekieli, M. F., & Kozup, J. M. (1977). Developmental apraxia: Diagnostic considerations. Journal of Communication Disorders, 12, 337-348.

Rosenbek, J., Hansen, R., Baugham, C., & Lemme, M. (1974). Treatment of developmental apraxia of speech: A case study. Language, Speech and Hearing Services in Schools, 5, 13-22.

Rosenbek, J., & Wertz, R. (1972). A review of 50 cases of developmental apraxia of speech. Language, Speech, and Hearing Services in Schools, 3, 23-33.

Sanders, L. J., & Perlstein, M. A. (1965). Speech mechanism in pseudohyperthrophic muscular dystrophy. American Journal of Diseases of Children, 109, 538-543.

Smartt, J., LaLance, L., Cray, J., & Hibbett, P. (1976). Developmental apraxia: A Tennessee Speech and Hearing Association subcommittee report. Journal of the Tennessee Speech and Hearing Association, 20, 21-39.

Stark, R. F. (1985). Dysarthria in children. In J. K. Darby, Jr. (Ed.), Speech and language in neurology: Childhood disorders (pp. 185-217). New York: Crune & Stratton.

Terman, L. M., & Merrill, M. A. (1973). Manual for the third revision (Form L-M) of the Stanford-Binet Intelligence Scale. Boston: Houghton Mifflin.

Thompson, C. K.(1988). Articulation disorders in the child with neurogenic pathology. In N. J. Lass, L. V. McReynolds, J. L. Northern, & D. F. Yoder (Eds.), Handbook of speech-language pathology and audiology (pp. 548-591). Toronto: B. C. Decker.

Tiegs, E. W., & Clark, W. W. (1957). California Achievement Test. Los Angeles: California Test Bureau.

Tognola, C., & Vignolo, L. A. (1980). Brain lesions associated with oral apraxia in stroke patients: A cliniconeuroradiological investigation with CT scan. Neuropsychologica, 18, 257-262.

van Dongen, H. R., Arts, W. F. M., & Yousef-Bak, F. (1987). Acquired dysarthria in childhood: An analysis of dysarthric features in relation to neurologic deficits. Neurology, 37, 296-299.

Wechsler, D. (1974). Wechsler Intelligence Scale for Children-Revised. New York: Psychological Corp.

Wertz, R. T., LaPointe, L. L., & Rosenbek, J. C. (1984). Apraxia of speech in adults: The disorder and its management. New York: Crune & Stratton.

Wiig, F., & Semmel, F. (1980). Clinical Evaluation of Language Function. Columbus, OH: Merrill.

Yorkston, K. M., Beukelman, D. R., Strand, F. A., & Bell, K. R. (1999). Management of motor speech disorders in children and adults. Austin, TX: Pro-ed.

Yoss, K. A., & Darley, E L. (1974a). Developmental apraxia of speech in children with defective articulation. Journal of Speech and Hearing Research, 17, 339-416.

Yoss, K. A., & Darley, F. L. (1974b). Therapy in developmental apraxia of speech. Language, Speech and Hearing Services in Schools, 5, 23-31.

2

Childhood Motor Speech Disability

아동기 운동구어장애 신경학

운동구어장애의 말소리 음향학적 차이는 신경계 기능장애의 개별적인 특성을 반영한다. 이 사실은 임상적으로 유용한 정보가 되며, 또한 신경계 활동에 관한 중요한 정보를 제시한다.

—Darley, F. L., Aronson, A. E., & Brown, J. R., 1975

운동 체계

운동구어장애 아동을 연구하고 치료하는 역할을 담당하는 언어치료 전문가는 인간의 운동 체계에 대한 정상적 및 비정상적 기능에 대해 알고 있어야 한다. 운동구어의 통합(integration)은 신경계의 여러 수준에서 기능하는 세 개의 운동 하위 체계-추체로(pyramidal system), 기저핵 체계(basal ganglia system), 소뇌 체계(cerebellar system)의 상호작용에 의해 일어난다. 중추 신경계를 5개의 수준으로 구분할 수 있다:

(1) 피질 수준(cortical level), (2) 피질하 수준(subcortical level), (3) 뇌간 수준(brain-stem level), (4) 소뇌 수준(cerebellar level), (5) 척수 수준(spinal level).

피질 영역

운동기능

대뇌피질에는 운동영역과 감각영역이 있으며 이 영역들은 숙련된 수의적 동작을 정상적으로 수행하는 데 있어서 중요한 역할을 한다. 숙련된 동작의 운동 조절에서 세 개의 기능적인 단계들, 즉 운동 계획(motor planning), 운동 프로그래밍(motor programming), 그리고 운동 실행(motor execution)이 관여하고 있다고 본다(McClean, 1988). 이 단계들은 여러 운동 피질영역의 기능에서 나타난다. 일차(primary) 혹은 체성(somatic) 운동영역(4번 영역)은 운동 스트립(motor strip)으로 알려져 있으며 전두엽의 전중앙회(precentral gyrus)에 위치하고 있다(〈그림 2-1 참조〉). 이 영역은 다소 넓은 범위로 운동 수행의 실행 단계에 해당한다. 이 영역은 운동 신경원(motor neuron), 근육 수축(muscle contraction), 그리고 수의적인 운동을 활성화시키는 역할을 한다. 운동 피질영역은 좌우반구 모두

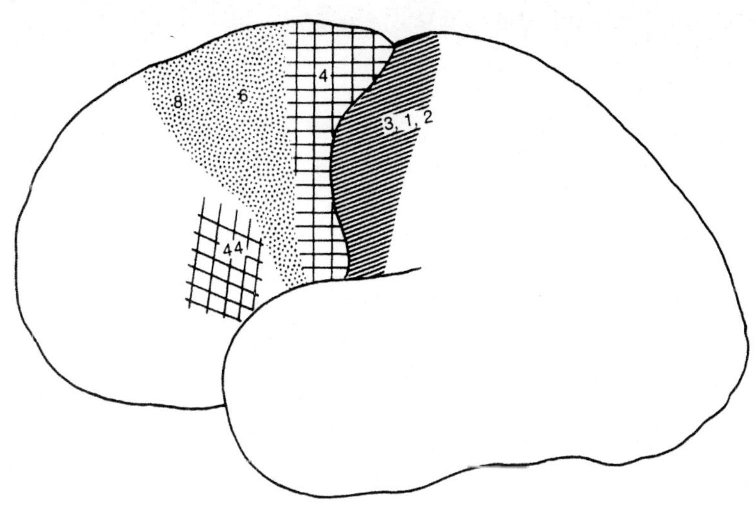

[그림 2-1] 구어 조절에 관련된 운동피질 영역

에 위치하고 있다. 우반구 운동 피질영역은 신체 좌측을 조정하고 좌반구 피질영역은 신체 우측을 조정한다. 혀와 후두는 이 중 운동피질(dual motor strips)의 가장 아래쪽에 있는 신경원에 의해 조정된다. 이 피질영역에는 얼굴, 손가락, 이마, 팔, 흉부, 복부, 허벅지, 다리, 그리고 발의 영역이 순서대로 위치하고 있다. 손뿐만 아니라 혀와 후두 영역은 불균형적으로 크다. 이 커다란 영역은 구강 기제의 운동 조절만을 주로 담당하는데, 말하거나 노래 부르기 활동에서 요구되는 빠르고 정교한 운동들을 촉진시킨다.

이차 운동 피질영역은 전운동영역(the premotor area, 측면 6번과 8번 영역)으로 알려져 있다. 이 영역은 일차 운동영역의 보충적인 역할을 한다. 6번 영역은 신체 근육운동을 통합하고, 8번 영역은 안구 운동에 관여한다. 특별히 6번 영역은 운동 조절 과정에서 운동 계획과 운동 프로그래밍 단계에 관여한다. 이 영역은 4번 영역과 상호밀접한 관계를 가지며, 대개는 6번 영역이 4번 영역의 운동 산출(motor output)을 형성하는 것으로 알고 있다.

또 다른 중요한 운동 피질영역은 보조운동영역(supplementary motor area, 6번 영역 안쪽)이다. 이것의 기능은 완전하게 이해되지는 않지만 대체로 신체 양쪽의 동시적 사지 운동과 같은 연속적이면서도 복잡한 운동을 계획하고 프로그래밍 하는 데 관여하는 것으로 알려져 있다. 보조운동영역은 또한 4번 영역과 광범위하게 연결되어 있다.

4번 영역의 손상은 근육약화(muscle weakness)가 발생하고 학습된 운동의 근육운동 변화와 관련이 있다. 만약 4번 영역과 6번 영역이 제거되면 사지에 경직(spasticity)이 발생한다.

발화 조절

구어산출 운동 계획과 프로그래밍을 담당하는 주요 영역은 브로카 영역(Broca's area, 44번 영역)이다. 브로카 영역은 전두엽의 운동 피질 아래쪽의 앞부분에 위치하며, 일차 운동영역에 대한 운동연합영역으로 고려된다. 44번 영역의 세포구조(cytoarchitecture)는 좌우반구 모두 유사하나, 기존의 신경학적 이론에 따르면 좌반구쪽이 운동구어 형성에 보다 주요하게 작용한다. 국소뇌혈류량(regional cerebral blood flow: CBF)과 대뇌신진대사율(cerebral metabolic rate: CMR) 연구를 통해 말하는 동안 좌우반구 관련 운동피질이 모두 활성화됨이 밝혀졌는데, 대부분의 사람들에게서 좌반구 피질영역이 더 크게 활성화되는 것으로 나타났다(Ingvar, 1983). 하지만, 구강운동에 대한 운동 계획과 프로그래밍은 전두엽의 운동 피질 영역에만 국한된 것은 아닐 것이다. Mateer과 Kimura(1977)는 실비안열 주변 피질 중 뒤쪽(posterior perisylvian cortex)에 손상이 있는 몇몇 실어증 성인들은 구강운동 연결장애(oral movement sequencing disorder)를 보였고 실비안열 주변 피질의 전두엽 앞쪽에 손상이 있는 경우 구강운동

문제가 있는 것으로 보고하였다. 이 연구는 적어도 성인들의 경우 발화 산출의 기저를 이루는 구강운동 계획과 프로그래밍을 담당하는 피질영역은 하나 이상일 수 있음을 시사하고 있다.

비록 좌반구의 브로카 영역 내, 영역 주변, 혹은 영역 깊숙한 곳에 발생하는 손상이 성인들의 경우 구강 및 구두 실행증 증상과 우세하게 관련성을 가진다는 점에 진지하게 동의한다 할지라도, 발달실행증 혹은 구강실행증을 진단 받은 아동들이 성인 환자에게서 나타나는 뇌 손상에 의한 측성화(lateralization)와 국소화(localization)의 동일한 특징을 가진다고 할 분명한 증거는 아직 없다. 더욱이 발달성 신경 해부학과 신경생리학 연구들은 발달성 실행증 증상을 이해할만한 의미있는 정보들을 충분하게 제시하지 못하고 있다. 이러한 이슈와 관련하여 추측해 볼 수 있는 유일한 근거는 삼각회(triangular gyrus)－성인이 되면 브로카 영역이 되는－는 임신 28주경에 처음으로 그 형태와 특징을 알아볼 수 있다는 것이다. 수초화(myelinate) 초기에 일차 운동피질 및 감각피질 영역과는 달리 브로카 영역의 주름(convolution, 일종의 회 gyrus)은 성장해가는 피질의 마지막 영역 중 하나이다(Bunger, 1989). 이 특정한 성장 발달 진행에 따른 수초형성(myelination) 과정에서의 장애나 지연이 아동들의 실행증에 영향을 미치는지의 여부는 분명하지 않다.

하강운동경로

직접 운동 체계

신경계의 하강운동경로(descending motor pathways)는 직접적인 그리고 간접적인 신경섬유통로로 구분되는데, 이 신경섬유통로들은 신경계의 다양한 영역에 투사된다. 직접 운동경로(direct motor system)는 종종 추체로(pyramidal tract) 혹은 추체계(pyramidal system)로 불린다. 한때 추체로는 모든 수의적인(voluntary) 운동을 개시하는 통로로 여겼으나, 지금은 사지의 숙련된 동작들의 조정에 일차적으로 관여하며 사지의 굴곡근을 조정하는 특별한 운동 신경원(alpha and gamma motor neuron)을 자극하는 것으로 생각되고 있다. 추체로는 직접 운동 체계로 운동피질에서 기시하는 운동신경섬유 통로로써 시냅스 작용(synapsing) 없이 직접적으로 뇌간(brain stem)이나 척수(spinal cord)에 명령이 전달되며, 필요한 경우 급하게 수의적 운동반응을 이끌어낸다.

피질척수로와 피질연수로 추체로는 피질척수로와 피질연수로로 나뉜다(〈그림 2-2 참조〉). 특히 피질연수로는 구어산출에 중요한 통로이다. 피질연수로는 뇌 피질 4번, 6번, 8번 영역의 배측면(ventral lateral)에 있는 신경원들에서 기시한다. 피질연수로는 피질척수로와 함께 뇌간의 중뇌(midbrain) 부위에 하강하며, 이 두 통로는 뇌신경(cranial nerves)의 운동핵(motor nuclei)의 뇌간 아래쪽에 종착하는 두 개의 분기점으로 나뉘어진다. 피질연수로는 연수(the medullar oblongata)의 아래 경계지점을 넘어서지 않는다. 이 체계는 운동구어 활성화에 매우 중요한데 이는 직접적으로 운동 뇌신경들의 움직임에 영향을 주기 때문이다; 5번 삼차신경(trigeminal), 7번 안면신경(facial), 9번 설인신경(glossopharyngeal), 10번 미주신경(vagus), 11번 부신경(accessory), 그리고 12번 설하신경(hypoglossal). 피질연수로의 손상은 경직형 마비말장애(spastic dysarthria) 발생을 일으킨다.

피질척수로는 대뇌피질의 여러 감각-운동 영역에서 기시한다. 신경섬유의 거의 1/3은 4번 영역에서 기시하며 이 신경섬유들 중 대략 3%만 피질의 5번째 층을 구성하는 베츠 세포(Betz cell)라 불리는 커다란 추체 체포에서 기시한다. 또 다른 1/3은 6번 영역에서 기시하며, 나머지 신경섬유들은 두정엽의 뒤쪽 중앙(postcentral) 체성감각영역(somatosensory area, 3번, 1번, 2번 영역)에서 기시한다. 이 신경섬유들은 방선관(corona radiata), 하강하는 운동신경섬유와 상승하는 감각신경섬유로 구성되어 있는 방대한

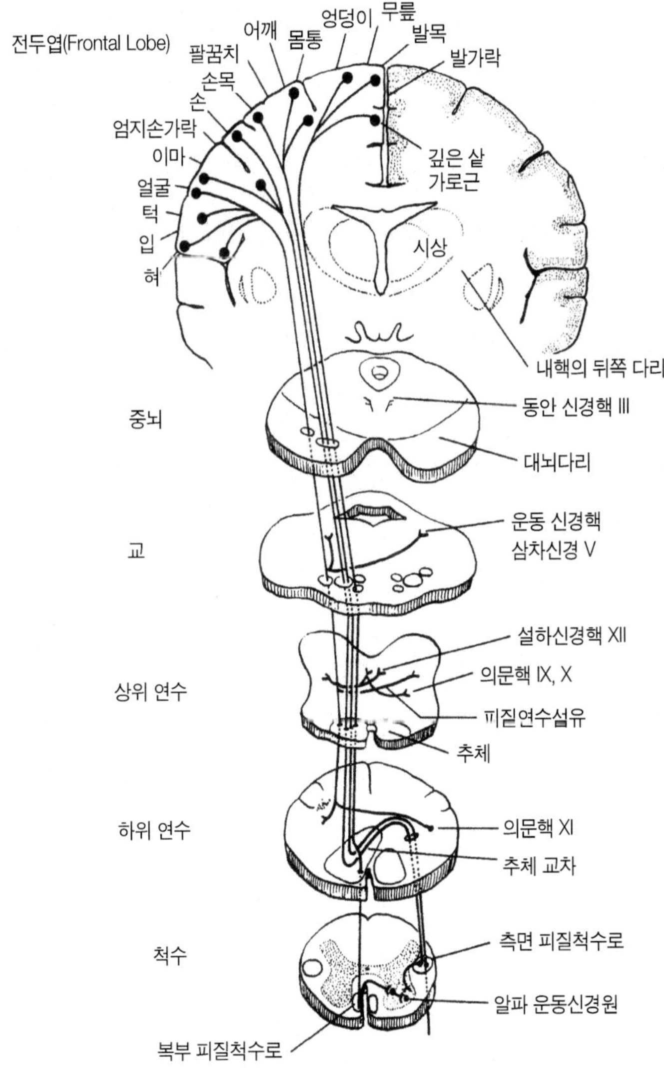

[그림 2-2] 중추 신경계의 피질척수로와 피질연수로

회백질(white matter) 신경섬유다발을 통해 내려가며, 그런 다음, 간뇌(diencephalon)의 내핵(internal capsule)으로 들어가는데, 이곳에서 피질척수로는 내핵의 작은 한 영역에 집중된다.

다음으로, 뇌간으로 들어가는 신경섬유들은 추체로라 불리는 통로에서 나와서 중뇌의 대뇌다리(cerebral peducules), 교뇌(pons)의 앞쪽 부분, 그리고 연수의 추체로를 통과해서 내려간다(〈그림 2-3 참조〉). 연수의 낮은 지점(margin)에서 대부분의 신경섬유들은 반대편으로 교차한다(decussate). 대략 90%의 신경섬유들이 이 지점에서 교차하며 측면 피질척수로를 따라서 척수를 통과해서 내려간다. 이 통로는 모든 지점의 척수로 통과되며 척수에서 나가는 척수신경들을 자극한다. 연수 하위지점에서 교차하지 않는 나머지 10%의 피질척수 신경섬유들은 (앞쪽 피질척수로를 따라) 목과 위쪽 가슴 척수의 앞쪽 섬유단(전삭, anterior funiculus)으로 하행한다. 피질척수로는 단순히 운동에만 관여하지는 않는다. 이 통로에

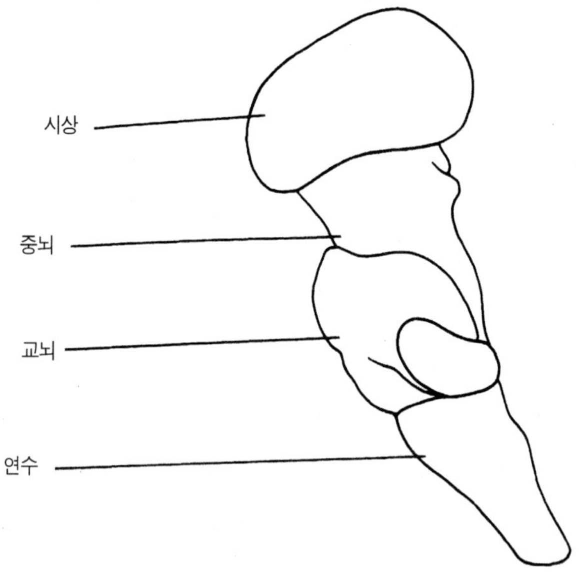

[그림 2-3] 좌-측면에서 본 뇌간의 4개의 횡단 하위부위

서는 척수의 중간 뉴런(interneurons)과 시냅스 작용하기 위해 신경정보를 전달하는데, 이 부위는 오름감각통로(ascending sensory pathway)가 기시하는 지점의 국소적인 반사궁(reflex arcs)과 세포들을 자극한다.

직접 운동전달 체계(direct motor system)의 손상은 뇌간과 척수의 **운동핵**(motor nuclei)에 운동정보 전달을 방해한다. 이 손상으로 인해 이 통로에서 자극을 받는 근육들의 약화(weakness)나 마비(paralysis)가 일어난다. 직접 운동전달 체계의 손상은 상위운동신경원장애(upper motor neuron disorders: UMN)라고 하며, 이 용어는 의사들이 주로 사용하는 것인데 피질척수로와 피질연수로에 관련되는 손상의 결과를 설명하기 위해 사용되었다. 이와 반대로 하위운동신경원장애(lower motor neuron disorder: LMN)는 뇌간, 척수, 뇌신경과 척수신경, 이들의 근육연접부위(신경근육접합부위, myoneural juncture), 그리고 근육 자체에 직접적인 영향을 미친다.

피질하 부위

간접 운동전달 체계

기저핵과 소뇌는 피질하운동전달 체계에 속하는 주요 부위로 수많은 복잡한 경로를 따라 신경정보가 전달되는데, 이들은 전운동피질과 운동피질에 자극을 줌으로써 운동 조절에 중요한 영향력을 미친다. 과거에는, 추체외로 체계(extrapyramidal system)란 용어가 연수-척수 연접부에서 추체로를 통과하지 않는 모든 운동전달 통로를 설명하는 데 사용되었다. 하지만, 추체외로(extrapyramidal)라는 단어가 부정확하고 부적절하다는 비평을 받았다. 많은 신경학자들은 피질하핵(subcortical nuclei) 관련 통로 체계를 설명할 때 **기저핵**(basal ganglia) 용어 사용을 더 선호하는 편인데, 이

〈표 2-1〉 기저핵 체계

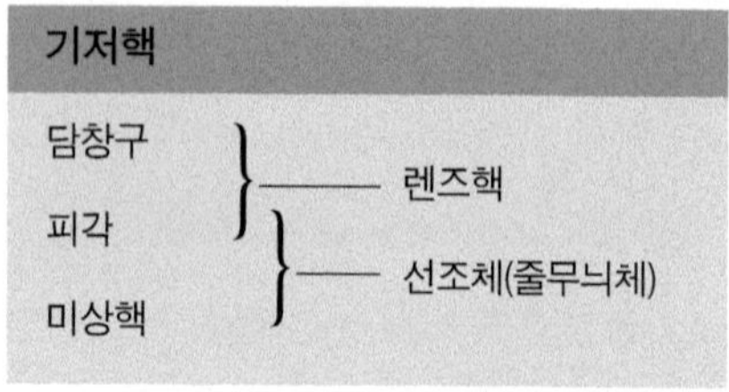

기저핵	
담창구 피각	렌즈핵
피각 미상핵	선조체(줄무늬체)

체계는 소뇌를 포함해서 추체로와 상호작용하며 직접 운동전달 체계의 하행통로(descending pathway)에 영향을 미친다(Brodal, 1981; Weiner & Lang, 1989).

기저핵 기저핵의 내부 구조들과 회로 간의 상호관계가 복잡하며, 기저핵을 설명할 때 사용되는 전문용어들이 다소 혼동스럽기도 하지만 각 내부 구조들은 저마다의 두드러진 특징이 있다(〈표 2-1〉). 기저핵은 시상에 근접한 큰 피질하핵의 집합체이며 뇌간의 중앙지점에 위치한다(〈그림 2-4〉). 몇몇 기저핵 장애가 마비말장애를 동반하는 점에서 기저핵은 운동구어에 특별한 영향을 미친다고 볼 수 있다. 기저핵의 주요 구조로는 **미상핵**(the

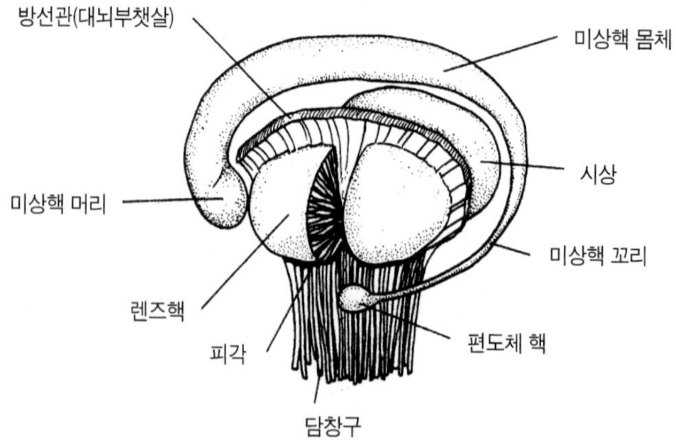

[그림 2-4] 기저핵과 인접 구조물

caudate nucleus), **피각**(the putamen), **담창구**(the globus pallidus)가 있다. 미상핵과 피각은 함께 **선조체**(the corpus striatum)라고 불린다. 피각과 담창구는 **렌즈핵**(lenticular nuclei)을 형성한다. 그 외 2개의 피질하핵인 흑질(substantia nigra)과 시상하핵(subthalamic nucleus)은 그 자체가 기저핵의 일부는 아니지만 기능적으로는 기저핵과 관련이 있다.

기저핵은 운동 체계의 다른 구조들과 복잡한 연결 관계를 형성하고 있다. 줄무늬체(striatum)은 기저핵에서 주요정보 수용기능을 한다. 기저핵에 전달되는 정보들은 주로 대뇌피질, 시상, 그리고 흑질로부터 오는 것이며, 기타 피질하핵들은 기저핵의 부분에 속하지 않는다.

일차 운동피질과 감각피질 영역은 특별히 피각(putamen)에 신경섬유를 투사한다. 이 섬유들은 전두엽, 두정엽, 후두엽, 그리고 측두엽으로부터 기시하여 미상핵(caudate nucleus)에 투사된다. 대뇌피질로부터 투사되는 신경원들은 흥분성(excitatory)이며 글루타민산염(glutamate)이라 불리는 신경전달물질을 발산한다. 흑질에 있는 신경원들은 담창구에 투사되고 이 신경원들은 본질적으로 억제성(inhibitory) 성분이며 감마아미노부티르산(gamma-aminobutyric acid, GABA) 신경전달물질이 활성화된다. 흑질의 수많은 신경섬유들은 흥분성이며 신경전달물질인 아세틸콜린을 활성화시킨다.

기저핵의 결과물은 주로 담창구에서 산출된다. 담창구에서 기시한 신경섬유들은 내핵 수준으로 상승하는데 이 곳에서 소뇌시상 섬유(cerebellothalamic fibers)와 결합하고 시상에서 시냅스 작용을 한다. 담창구에서 기시한 신경섬유들은 피질하핵과 시냅스 작용을 하며, 반면에 그 외 신경중뇌에 종결된다. 여기에는 선조체, 흑질, 시상과 대뇌피질 간의 상호 연결된 회로와 피드백 루프 뿐만 아니라 선조체, 담창구, 시상과 대뇌피질 간의 일련의 회로와 피드백 루프(feedback loop)가 있다. 이 두 개의 회로 체계는 기저핵이 모든 운동 행위에서 대뇌피질과 상호작용한다는 사실을 더욱 확증하는 것이다.

기저핵에 대한 기능은 아직까지도 연구중이며(Marsden, 1982), 손상 결과에 따라 그 증상을 유추하는 것은 다소 어려운 점이 있다. 대략 기저핵 손상에 기인한 주요 문제 행동 장애는 두 개의 양상으로 설명될 수 있다.

(1) 운동의 **빈약성**(무동증, akinesia) (2) 과도한 불수의적 운동(운동이상형, dyskinesia) (Weiner & Lang, 1989). 무동증은 주로 근육강직(muscular rigidity, 파킨슨병)에 동반된다. 이러한 운동장애 증상은 기저핵 질병이 운동시작 장애(무동증), 수행중인 동작을 지속하거나 멈추는 것이 어려움(운동이상형), 비정상적인 근육 긴장(강직성), 불수의적 움직임 발생(무도병: chorea, 근육 떨림: tremor, 무정위 운동증: athetosis, 근육 긴장이상: dystonia)과 관련있는 것으로 설명되어 왔다. 게다가 기저핵은 운동 조절에 깊이 관여하는 것으로 여겨지는데, 특히 움직임의 시작에 많이 관여하며 또한 진행중인 동작을 유지하는 데에도 관여한다. 기저핵은 자세 형성, 자동적인 동작, 숙련된 수의적 동작에 많은 영향을 미친다.

Marden(1982)는 기저핵이 학습된 운동 계획의 자동적 수행에 관여하고 있음을 주장했다. 악기를 연주하거나 손글씨를 쓰는 것과 같이 이미 학습되고 충분히 연습된 운동 전략들을 무의식적으로 인식하고, 이 동작들을 연결하고 실행하는 데 관여한다. 기저핵이 손상되면 운동 속도가 점차 느려지고, 덜 자동적이고 덜 정확하게 된다.

기저핵 손상의 결과는 분명하게 드러나는데, 특히 구어 기제에서 두드러진다. 기저핵 손상으로 인해 운동이상형적(dyskinetic) 마비말장애가 발생한다. 후두 체계의 장애로 인해 목쉰 소리(breathiness), 거친 소리(roughness), 떨림(tremor), 애성(hoarseness), 기본 주파수 조절력의 비정상적 변화(alteration), 성대의 급속한 내전이나 외전을 위한 조절력 부족이 나타난다(Barlow & Farley, 1989). 조음 근육 조절에서도 극심한 장애 증상들이 나타난다. 턱 운동 범위의 과도한 증가, 혀 운동 범위 감소, 연구

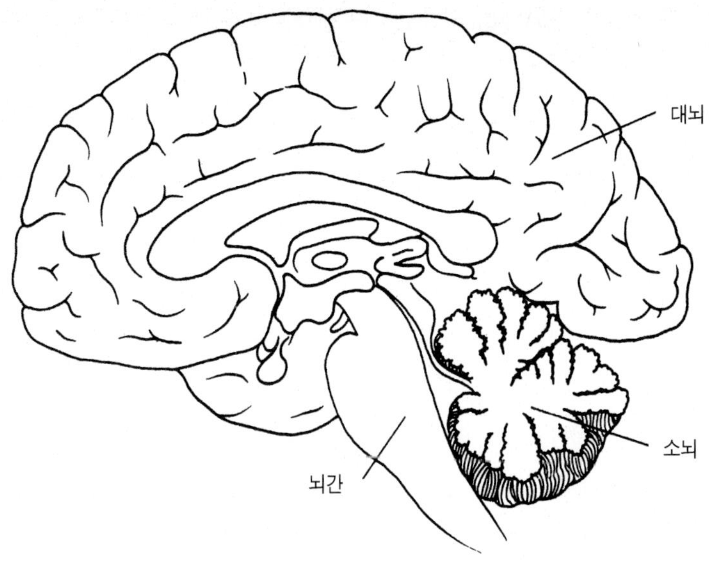

[그림 2-5] 대뇌, 뇌간, 소뇌의 안쪽 단면

개의 불완전한 거상력, 입술의 처짐(lip retrusion), 그리고 빈약한 조음기관의 연결운동 등이 무정위 운동증(athetosis)에서 출현하는 증상들이다(Kent & Netsell, 1978).

소뇌 소뇌는 기저핵처럼 일련의 복잡한 회로(intricate circuits)를 통해서 대뇌피질과 상호작용하는데, 이 회로는 궁극적으로 직접 운동전달 체계(direct motor system)의 하강경로에 영향을 미친다. 계속해서 이 통로는 하위운동신경원 활동에 영향을 미친다. 소뇌는 뇌간(brain stem)의 중뇌, 교, 연수의 등쪽 부위에 위치해 있다(〈그림 2-5 참조〉). 소뇌는 충부(vermis)라 불리는 중간 지점에 의해 연결되는 두 개의 반구로 이루어져 있다. 세 개의 소뇌엽(cerebellar lobes)이 있는데, 전엽, 후엽, 편소절엽(flocculonodular lobe)이 있다. 소뇌는 대뇌다리(cerebral peduncles)라 불리는 뿌리 모양의 세 구조로 뇌간에 연결되어 있다. 구심성(afferent)과 원심성

(efferent) 경로가 대뇌다리를 가로질러 신경정보를 중추 신경계의 나머지 부위에 전하게 된다.

소뇌 기능은 운동 조절 협응에 있어 중추적인 역할을 담당하며, 구어 산출의 모든 활동에 영향을 미친다. 대뇌피질은 혀, 입술, 턱, 후두, 그리고 청각 체계로부터 전해오는 감각정보들을 처리해서 그 정보들을 구어산출 프로세싱을 위해 소뇌에서 통합하는 역할을 한다. 피질소뇌 회로(corticocerebellar circuits)를 포함하는 2개의 주요 소뇌 통로가 발화를 위한 피질운동산출에 있어 중요하다(McClean, 1988). 한 개의 통로는 교뇌(pons)를 통하여 왼쪽 소뇌반구에 투사되는 6번 영역을 포함하며, 이는 깊은 소뇌핵과 배측시상핵(ventral thalamic nuclei)에 의해 피질 4번과 6번 영역으로 되돌아 가는 경로를 포함하고 있다. 이 회로는 학습된 동작의 계획과 프로그래밍을 담당한다. 두 번째 피질소뇌 경로는 소뇌반구의 중간층에 도달하는 피질척수로와 피질연수로 하상경로의 간접적인 투사(collateral projection)를 활용한다. 이 통로는 위에서 전달되는 피질운동(corticomotor) 산출물에 대한 처리중인 정보를 소뇌에 전달한다. 되돌이 경로(return path)는 심부소뇌핵(deep cerebellar nuclei)과 배측시상핵(ventral thalamic nuclei)을 통하여 소뇌반구 가운데에서부터 4번 영역(Area 4)에 이른다. 중간층 반구는 적핵(red nucleus)을 경유해서 뇌간과 척수에 투사된다. 중간층 소뇌반구는 피질운동산출의 급한 변화를 만들어내기 위해 감각정보를 활용하는 것처럼 나타난다. 이는 소뇌의 주요기능이 갑작스런 동작 변화에 대해서도 적절한 협응력을 제공하는 것인데, 이는 말을 할 때의 상황을 유추해 보면 도움이 될 것 같다.

소뇌 손상은 다양한 증후들로 표출되는데, 성인 환자에게서는 주로 동작 분리현상(decomposition), 측정장애(dysmetria), 협동장애(dyssynergia), 그리고 실조(ataxia)가 나타난다. **동작분리 증후**는 어떤 운동행위가 일련의 자연스런 연속동작으로 실행되지 못하고, 운동행위를 구성하는 다양한 요소에서 꺾임(jerky), 불규칙적 운동패턴이 나타나는 것을 의미한다.

측정장애는 운동 거리, 운동 속도, 운동의 힘을 측정할 수 없는 상태를 의미한다.

협동장애 증후는 협응력의 상실을 의미한다. 실조형은 다소 포괄적인 용어로써, 동작분리, 측정장애, 협동장애에 기인하는 결과로써 발생하는 운동문제로 설명할 수 있다. 개별 운동의 연속성과 속도의 오류는 실조형 문제 양상이다. 안구진탕증(nystagmus, eye oscillation)과 수의적 동작에서의 떨림 증상(의도성: intention 혹은 행위성: action 떨림)은 자주 출현하는 편이다.

소뇌 손상으로 인한 성인 말운동장애 특성은 오랫동안 실조형 증상으로 인지되고 있다. 성인 마비말장애에 관한 메이요 클리닉(Mayo Clinic) 연구(Darley, Aronson, & Brown, 1975)에서는 실조형 특징인 느린 운동 속도, 저긴장성(hypotonia), 반복동작의 부정확성으로 인해 발화시 과장되거나 동일한 크기의 강세, 느려지는 속도, 부정확한 자음, 모음의 왜곡, 단조로운 음도와 강도 등이 두드러지게 나타난다. 이러한 구어 문제증상들은 아동의 발화에서도 동일하다.

말초 운동 체계 경로

최종공통경로

최종공통경로(final common pathway)라는 용어는 말초 신경계의 하강 운동경로를 언급하는 것이다. 특별히, 이 경로는 뇌신경(cranial nerves)과 척수신경(spinal nerves)을 포함하고 있다. 하위운동신경원으로 알려져 있는 최종공통경로는 중추 신경계의 마지막 경로로써 직접 및 간접 운동경로의 상호작용에 관한 신경 정보를 말초 신경계를 통해 근육에 직접 전달하는 역할을 담당하고 있다. 다시 말해서, 이 하위운동 체계에서는 세 개의 주요 하위운동 체계-추체로 체계, 기저핵, 소뇌 체계-의 복잡한 통합 정보를 요약한 신경 메시지(neural messages)를 뇌신경과 척수신경을 통해서 신체 관련 부위 근육들에 전달하여 최종적으로 신체가 움직이도록 한다.

구어산출 관련 뇌신경들

앞서 언급한 바와 같이, 12개의 뇌신경 중에서 6개는 운동구어산출에 중요하다. 운동구어를 위한 최종공통경로에는 V, VII, IX, X, XI 그리고 XII 뇌신경들이 포함된다. 〈표 2-2〉에는 구어와 관련 주요 기능들에 대한 내용을 제시하고 있다. IX번 뇌신경(설인: glossopharyngeal), X번 신경(미

〈표 2-2〉 두개 신경과 각 기능

번호		신경 이름	기능 요약
I	1번	후각신경(olfactory)	냄새
II	2번	시신경(optic)	시각
III	3번	동안신경(oculomotor)	안구, 동공
IV	4번	활차신경(trochlear)	안구의 상위사근 신경지배
V	5번	삼차신경(trigeminal)	씹기와 안면 감각
VI	6번	외전신경(abducens)	눈의 내전
VII	7번	안면신경(facial)	안면근육의 움직임, 맛, 침샘
VIII	8번	전정음향(vestibular acoustic)	평형감각과 청각
IX	9번	설인신경(glossopharyngeal)	맛, 구개와 후두의 상승, 침샘 분비
X	10번	미주신경(vagus)	맛, 삼킴, 구개상승, 발성, 내장기관에 부교감신경 유출
XI	11번	척수-부신경(spinal-accessory)	머리회전과 어깨올림
XII	12번	설하신경(hypoglossal)	혀운동

주신경: vagus), XI번(척수-부신경: spinal-accessory)은 양측성으로 재현되며, 구어 기제의 동측성(ipsilateral) 및 반대측 근육까지 모두 중재한다. V번(삼차)과 XII번(설하) 신경은 주로 양측성으로 중재한다. 안면신경인 VII번 신경은 복합적으로 중재된다. 안면의 위쪽은 양측성 및 동측성에서 신경자극을 받는다. 반면 아래쪽 안면 부위는 완전히 양측성으로 신경자극이 일어난다. 이러한 뇌신경의 조정과 신경자극 중재는 상위운동손상 신경원의 손상으로 발생하는 결과들을 이해하는 데 도움이 된다. 일측성 UMN 손상이 있는 경우, IX, X, 그리고 XII번 뇌신경들은 양측성 신경자극을 받기 때문에 결과적으로 손상 정도는 그리 심하지 않다. 주로 약간의 간헐적인 저작근육(masticatory muscles: V)의 양측성 손상과 혀 근육(XII) 손상이 주로 발생한다. 이때 얼굴 아래 부위 근육에서는 마비가 일어나지만 얼굴 위쪽은 정상이다. 마비말장애 증상도 UMN 손상 증후를 보일 수 있으나 말장애 정도가 약하고 간헐적인 문제가 있을 뿐이다. 이에 반해 양측성 UMN 손상은 만성 경직형 마비말장애와 섭식장애(dysphagia)(혹은 삼킴장애: swallowing disorder)가 발생한다. LMN의 뇌신경 손상에서는 손상이 있는 부위와 동일한 측면에서 근육약화가 나타난다. 양측성 LMN 손상이 있는 아동의 경우 심각한 이완형 마비말장애 증상이 발생하며 유아성 섭식장애가 주로 동반되기도 한다.

아동기 마비말장애 임상 신경학

상위운동신경원 손상: 경직형

UMN과 LMN 장애의 임상적 개념을 이해하는 것은 언어치료 전문가 뿐만 아니라 신경의학 분야에도 특별히 도움이 된다. 이러한 여러 장애들과 연관된 임상적 증후들을 이해함으로써 언어치료 전문가들은 마비말장애가 있는 아동들의 신경학적 상태를 보다 분명하게 감지할 수 있게 된다. UMN과 LMN 증후군들은 신경학적 증상들에서 극적으로 대조된다. 두 개의 증후군을 구분할 수 있는 주된 특징들은 마비 유형, 근육의 긴장도, 그리고 반사 반응(reflex reaction)이 있다. 이 세 개의 주된 특징들은 사지와 몸통에서 분명한 차이를 보인다.

UMN 증후군은 과도한 반사(hyperactive reflex)(과잉반사증: hyperreflexia), 경직성(spasticity), 그리고 증가되는 근육긴장도(과긴장도, hypertonia)가 현저하게 나타난다. Gilman과 Newman(1987)은 과도한 반사를 보이는 근육들은 이 자체가 경직성을 의미하는 것으로 해석했다. 경직성은 팔의 굴곡근(flexor muscles)과 다리의 신장근(extensor muscles)의 수동적 움직임에 대해 증가된 저항상태의 결과이다. 전문의가 경직형 증상이 있는 아동의 사지를 움직임의 전체 동작에서 조정할 때, 처음 운동 시작점에서는 운동 자체에 대한 강한 저항이 일어나게 되는데, 운동이 마무리 되는 시점에서는 접칼방식(clasp-knife fashion)에서 저항이 점차 감소하게 된다. 비록 과긴장성(hypertonia)이 기타 운동장애(이긴장증: dystonia, 강직성: rigidity, 근육긴장증: myotonia)에서 출현할지라도, **접칼경직**(clasp-knife spasticity)은 경직형 과긴장성의 전형적 특징이다. 아동에게서 나타나는 기타 과긴장성 상태들은 이와 관련되는 독특하면서도 명확한 특징들에 의해 경직성과는 구분될 수 있다.

확증 징후 경직성과 과잉반사증 증상이 있는 아동들에게서 주로 출현하는 세 개의 확증 징후들이 있다. 그 징후들은 간대성 **경련**(clonus), 근육의 경직증적 약화(spastic weakness), 바빈스키 징후가 그 예들이다. 근육의 간대성 경련형태로 과잉활동 근육 신전반사(hyperactive muscle stretch reflexes)가 일어나는데, 이는 근육 수축과 이완이 급속하게 연속적으로 발생하는 것을 의미한다. 복사뼈 간대성 경련반응 유무를 주로 경직형 아동에게서 테스트한다. 간대성 움직임(clonic movement)은 의사가 근육반응 검사 시 힘줄(tendon)이 신전된 상태를 유지하도록 했을 때에 일련의 근육(관절) 경련이 지속적으로 일어나는 상태를 의미한다. 예를 들어, 마비말장애 아동의 턱의 간대성 움직임은 턱근육의 힘줄이 환경적 자극에 의한 비정상적인 뻗침상태에 있을 때 자동적으로 발생할 수 있는데, 이 증상은 가끔씩 경직형 아동에게서 발생한다.

경직성 근육 약화(spastic muscle weakness)는 감소된 힘과 근육 속도(muscle velocity)로 정의될 수 있는데, 이는 UMN 증후군으로 잘 알려져 있다(Landau, 1974; Travis, 1955). 이 증상은 구강 기제 관련 근육들 뿐만 아니라 사지나 손가락(발가락) 근육에서도 나타난다(Barlow & Abbs, 1984).

바빈스키 징후(Babinski sign)는 성인에게서 발바닥 신전 반사가 자극되었을 때 나타나는 비정상적인 뻗침 반사로써, 피질척수로의 비정상적 기능을 암시하는 매우 확실한 신호로 간주된다. 이 반사는 신경학적으로 아무런 손상이 없는 정상 성인에게서는 발생하지 않는다. 이 징후는 발바닥의 가장자리 부분을 무딘 물체로 살짝 긁듯이 자극했을 때 나타나는 반사적 반응이다. 정상적인 반응은 발 전체나 엄지발가락 부위 발바닥 굴곡근이 움추리게 된다. 또는 엄지발가락의 발바닥이 굴곡될 때 다른 발가락도 함께 움직일 수 있다. 바빈스키 징후가 있을 때에는 그 반대 반응이 나타나는데, 발등쪽으로 살짝 구부러지거나 엄지발가락이 위로 치켜 올라가는데 이때 다른 발가락이 부채꼴 모양으로 펴지는 현상이 함께 발생할 수 있다.

위 증상은 성인의 경우 피질척수로 손상을 결정짓는 대표적인 징후가 될 수 있지만 유아나 아동의 경우에는 다르다. 정상 유아의 경우 피질척수로 손상의 증거가 없다할지라도 바빈스키 징후는 가끔씩 출현할 수 있다. 이러한 역설적인 행위는 미성숙한 신경계와 손상된 신경계에서 나타날 수 있는 유사 징후일 수 있다는 사실을 이해해야 한다.

〈표 2-3〉 상위 및 하위운동신경원장애 징후

UMN	LMN
경직성 마비(spastic paralysis)	이완형 마비(flaccid paralysis)
과긴장성(hypertonia)	과소긴장성(hypotonia)
과잉반사증(hyperreflexia)	과소반사(hyporeflexia)
간대성 경련(clonus)	간대성 경련 없음(no clonus)
바빈스키 징후(babinski sign)	바빈스키 징후 없음(no babinski sign)
위축증 거의 혹은 전혀 없음	위축 현상 두드러짐
섬유속다발 증상 없음	섬유속다발(fasciculations)
복부와 거고근 반사 감소	복부 및 거고근 반사 정상

신경계 손상으로 인해 뇌 손상 전에 고위 중추에 의해 억제되어 온 원시 반사 행동이 나타날 수 있다. 이러한 행동들은 미성숙한 신경계에서도 관찰되는데 고위 중추 조절력이 원시 반사 행동을 억제할 수 있을 정도로 발달되지 않았기 때문이다. 경직형 사례에서 2세경에 바빈스키 징후가 나타나는 것은 뇌 손상이 있다는 것을 분명하게 암시하는 신호일 수 있지만, 어떤 사례에서는 10세가 되어도 진단시 확인이 어려울 수 있다. 그 밖의 반사 징후들도 아동들의 UMN 증상들을 확진하는 데 도움이 되는데, 본 장에서는 그 내용을 다루지는 않는다. 〈표 2-3〉은 UMN과 LMN 징후의 차이를 비교하고 있다.

하위운동신경원 손상 : 이완형

LMN 손상은 그 원인이 매우 다양하며 여러 질병에서 발생한다. LMN 손상 아동들은 종종 임상 신경학적으로 유사한 징후들을 보이는데, 그 발병 원인과 질병들이 각양각색일지라도 유사한 마비말장애가 나타난다. 이렇게 다양한 LMN 장애증상은 신경계의 운동단위의 각기 다른 위치에서 손상을 가지고 있고 여전히 동일한 전형적인 LMN 징후들을 표시하고 있다는 점을 제대로 인식하게 된다면 가장 잘 이해될 수 있을 것이다. 4장에서 LMN 징후들을 보이는 소아를 대상으로 한 포괄적인 설명이 관련 마비말장애 증상과 함께 설명되어 있다.

뇌간, 척수, 뇌신경, 척수신경에 있는 LMN 운동신경원 손상은 근육의 반사적 활동 뿐만 아니라 정상적 수의적 운동을 감소시키거나 파괴한다. 그 결과로 발생하는 마비는 근육 긴장의 감소, 즉 저긴장성과 근육뻗침반사 부재 즉, **무반사증**(areflexia)이 함께 나타난다. 대체로 근육이 약하고, 물렁하고, 이완된 편이나. 보통은 몇 주가 지나면 근육이 **위축**(atrophy)되기 시작하고, 근육 섬유 파괴가 일어나고 근육소실이 나타난다. 이 위축은 **LMN 위축**이라 부르는데, 이는 일정 기간 동안 근육을 사용하지 않았을 때 발생하는 위축보다 더 심하다.

초기 LMN 위축단계에서, 머리와 목을 포함한 대부분의 근육들에서 **섬유성 연축**(fibrillations)과 **섬유속다발**(fasciculations)이 나타난다. 섬유성 연축은 단일 근육 섬유의 소근육 꼬임(twitchings)을 의미한다. 비록 이 섬유성 연축을 육안으로 볼 수는 없지만 근전도(EMG)를 통해 감지할 수 있다. 반대로, 섬유속다발은 피부 조직 아래에서 관찰될 수 있는 운동 단위의 단순한 수축으로 설명된나(Gilman & Newman, 1987). 신경학자들은 관찰을 위해 가장 적절한 부위의 하나가 혀 근육이라는 점을 주장했는데 혀는 전체가 근육으로 이루어진 조직이기 때문에, 이러한 점을 감안한다면 언어치료 전문가는 특정한 위치에서 LMN 장애로 인한 위축을 관찰할 수 있다. 사실, 몇몇 LMN 질병에서 혀가 위축으로 오므라들 수 있으며 또한 섬유속다발이 나타날 수 있다. 섬유속다발은 구어산출에 직접적인 영향을 미치지는 않지만 LMN 질병의 확증 증거가 된다.

기저핵 손상: 운동이상형

아동들의 운동 장애는 대개 **무운동증**(akinetic, 운동 결함)보다는 **운동이상형**(dyskinetic, 과도한 동작)으로 분류된다. 언어치료 전문가들은 불수의적 운동장애에 매우 익숙한 편인데 이 운동장애는 뇌성마비 하위 유형의 증상으로 아동기에 가장 빈번하게 발생하는 신경학적으로 매우 손상된 장애이다. 하지만 한 가지 기억해야 할 점은 뇌성마비 아동에게서 나타나는 몇몇 특정 불수의적 운동증후들은 운동이상형과 마비말장애가 동반된다. 이 증상들을 동반하는 가장 일반적인 질병 중에는 약물중독-지발성 안면마비(drug-induced tardive dyskinesia), 변형근육이상증(dystonia musculorum deformans), 윌슨씨병(Wilson's disease, 간렌즈핵변성증: hepatolenticular degeneration), 그리고 뚜레 증후군(Tourette's syndrome)이 있다(Fenichel, 1997).

무정위운동형(athetoid) 뇌성마비는 아마도 아동기 마비말장애를 동반하는 가장 일반적인 운동이상형일 것이다. 무정위운동형은 대체로 느리고, 사지와 몸통에서 비틀리는(writhing) 것이 특징적인데 단독으로 발생하기도 하며 혹은 무도병(chorea)과 연관되어 나타나기도 하는데, 이런 경우는 **무도형무정위운동형**(choreoathetosis)이라고 한다. 무도병은 불수의적 운동장애로 신체의 어떤 부분에서든지 불수의적으로 급속하면서도 일정하지 않는 근육경련이 특징적이다. 불수의적인 운동은 수의적 운동으로 통합될 수 있으며 안절부절하는 증상을 보여 준다.

아동들에게서 발병하는 고립 무정위운동형(isolated athetosis)은 분만 전후 기간 **저산소증**(hypoxia)으로 인해 주로 발생하는데, 반면 고립 무도병(isolated chorea)은 종종 약물 유도 장애(drug-induced disorders), 전신장애(systemic disorders), 그리고 뇌 종양에서 관찰된다. 무도형-무정위운동형은 뇌성마비 뿐만 아니라 유전 장애, 감염 질병, 신진대사(metabolic encephalopathies), 그리고 혈관질병에서도 발현한다(Fenichel, 1997).

운동이상형(dyskinesia)의 세 번째 주요증상은 근이상증이며, 이는 무도병이나 무정위운동형에 비해 운동 속도가 느리고 계속 지속된다. 문제가 되는 신체부위(얼굴, 목, 몸통, 다리)쪽이 길항근과 저항근의 동시적인 수축에 의해 왜곡되고(꼬이고) 독자적인 근육이상증적 자세가 나타난다(Weiner & Lang, 1989). 이 증상이 신체 일부에서 나타날 수 있으며(국소적 근이상증, focal dystonia), 사지 일부와 이와 인접한 몸통 일부에 발생하는 경우(분절적 근육이상증, segmental dystonia), 편측 팔과 다리에 발생하는 경우(편근육이상증, hemidystonia), 혹은 사지와 얼굴 전체 손상된 경우(전신 근육이상증, generalized dystonia)가 있다. 만약 얼굴이나 혀 부위에 집중되어 발생한다면 마비말장애(구강-안면 근육이상증적 마비말장애)가 심해진다.

유전적으로 발생하는 근육이상증은 **변형성 근긴장 부전증**(dystonia musculorum deformans) 혹은 원발염전근이상증(primary torsion dystonia)이라고 불리는데, 몇몇 우성형질과 열성형질에 기인하며 6세에서 14세 사이에 발병한다. 아동기에서 발생하는 대부분의 사례에서는 주로 다리 부분에서 시작된다(Marsden & Harrison, 1974). 이 증상은 발병 초기에는 국소적인 증상을 보이다가 점차적으로 사지와 몸통 전신으로 진행해 간다. 근육이상증적 마비말장애와 더불어 섭식장애와 자세 떨림(postural tremor)이 빈번하게 출현하는 것이 임상적 특징이다.

지연운동이상형(tardive dyskinesia), 혹은 완만성 운동장애는 앞서 언급한 운동장애와는 달리 마비말장애 증상이 두드러진다. 이 증후군에서 운동이상형(dyskinesia)이라는 용어는 주로 약물 유발 무도형 운동장애(drug-induced choreiform movements)를 의미하며 이 증상은 혀-안면-구강 부위에 국한되어 발생한다. 지연운동이상형은 주로 페노디아진(phenothiazines)이나 할로페리돌(haloperidol)과 같이 정서장애의 행동문제를 다루기 위해 처방되는 약물 사용에 기인한다. 이 증상의 발병률은 소아 인구의 약 1%로 추산된다(Silverstein & Johnston, 1985). 이 증상의 주된 특징은 혀의 돌출과 입술 다심(smacking)인데, 이는 자연스런 구어산출을 어렵게 한다. 그리고 몸통이나 사지에서 불수의적인 움직임이 발생할 수 있다. 아동의 경우 약물 복용을 중단했을 때 그 동작들이 대개는 멈추게 되지만, 어른의 경우 그렇지 않을 수도 있다.

떨림증상(tremors, 고정된 주파수로 진동하는 근움직임)과 **간대성근경련**(myoclonus, 급속한 근육 꺾임에 의한 불수의적인 운동증상)과 같은 근육이상증적 운동증세는 아동 구어장애에서는 드물게 발생하며 성인에게서 주로 발생한다(Darley et al., 1975).

소뇌와 소뇌 통로 손상: 실조형

실조형은 소뇌와 소뇌 통로의 손상에 기인한다. 이는 근육 힘보다는 협응 장애가 주로 발생하며, 아동들에게서 나타나는 주된 증상들은 보폭이 넓고 한쪽으로 기울어진 채로 비틀거리며 걷는 것이 특징적이다.

실조형은 여러 소아 질병들에서 빈번하게 발생하는 주된 증후이기도 하다. 급성 발작성 실조형(acute attacks of ataxia), 재발성 발작 실조형(recurrent attacks of ataxia), 그리고 진행성 실조형은 대개 아동들의 선천적 실조형과는 구분되는데, 선천적 실조형은 대체로 만성적으로 비진행성이다(Fenichel, 1997). 선천적 실조형은 뇌성마비의 하위 유형 중에서 다른 유형에 비해 발생률이 낮지만, 경직형과 무정위운동형 다음으로 주된 유형에 속한다. Hardy(1983)는 자신이 알고 있는 적은 수의 실조형 뇌성마비 아동들에게서, 저긴장성과 의도성 및 행위 떨림증세—이 떨림증세는 의도적인 동작을 수행할 때 발생한다—가 성인에 비해 발생 정도가 덜하다. 저긴장형은 신생아기 때와 어린 유아기에 거의 정점 수준이나 나이가 들어가면서 근육톤이 점차 증가하게 된다. 선천적 실조형 뇌성마비는 소뇌와 소뇌경로의 구조적 기형(malformations)과 어떤 유전적인 장애로 인해 주로 발생한다. 후천적 실조형 뇌성마비는 신생아기 이후에 소뇌 종양, 감염, 외상, 혹은 혈관장애로 인해 발생할 수 있다(Fenichel, 1997; Ingram, 1966). 선천적이거나 후천적인 실조형에서 좌반구 소뇌 손상은 실조형 마비말장애와 연관된다(Lectenberg & Gilman, 1978).

발달성 구두 실행증의 신경학적 증후

뇌 기능장애의 증거

DVD에 대한 몇 가지 논쟁이 되는 관점 중 하나가 DVD의 신경학적 장애를 의심할 만한 증거에 관한 것이다. 아마도 가장 우선되는 질문은 다음의 내용일 것이다. DVD가 구두 실행증이 있는 성인의 신경학적 증상들과 유사하다고 확증할 수 있는가? 성인의 뇌에서 실행증적 손상은 주로 좌반구의 브로카 영역(44번 영역)의 국소화된 경련과 매우 밀접하다. 앞서 미리 언급한 바와 같이, 실행증적 증상들은 뒤쪽 전실비안 영역의 손상으로 인해 나타날 수도 있다.

DVD 아동들의 신경학적 증상들을 밝히기 위한 첫 번째 주요연구가 Rosenbek와 Wertz(1972)에 의해 보고되었다. 이 연구자들은 DVD가 확인된 50명의 아동을 대상으로 후향성 자료(retrospective data)를 연구하였다. 26명 아동 샘플에서 뇌파도(EEGs)에 관한 것이 조사되었다. 26명 중 단지 15명만이 비정상적인 EEGs 소견이 나타났다. 좌반구 전두엽쪽에 국소화된 비정상성이 확인되지 않았다. 50명 중 14명은 실행증적 구두증상 외에 기타 신경학적 증상들을 보였다. 구강 실행증과 더불어 기타 신경학적 증후들, 즉 근육 약화, 근육 경직, 비정상적 반사들, 그리고 과도한 운동패턴 등이 보고되었다.

널리 알려진 잘 계획된 연구 중에서, Yoss와 Darley(1974)는 임상적으로 확인된 실행증 그룹의 16명의 피험자들 중 15명이 비정상적인 신경학적 소견—약한 정도의 증상들—이 있음을 보고하였는데, 그 증상들은 독립적이고 불연속적인 미세한 신경학적 증상들이었다. 연구자들은 그러한 증상을 미세한 대뇌비기능에 근거한 신경학적 장애라기보다는 신경계의 발달적 미성숙을 의미하는 것으로 해석하였다. 그러나 그 연구에서 객관적인 신경학적 평가는 포함되지 않았다.

Williams, Ingham, 그리고 Rosenthal(1981)은 Yoss와 Darley의 연구를 조심스럽게 재현하였는데, 이들 연구 대상에게서는 매우 경미한 신경학적 이상 징후들이 제한적으로 나타났지만, 이것으로 DVD로 의심되는 아동들에게서 Yoss와 Darley가 발견한 음운론적 그리고 운율적인 특징을 뒷받침할 수 없었다. 비록 위 연구자들이 대체로 발달성 말 실행증의 개념을 지지하지 않았다 할지라도, 그들은 그 대상자들이 신경학적 연성징후(soft signs)가 있으며 게다가 말 실행증이 있는 대상군의 하위그룹에 속할 수도 있음을 시사하였다.

DVD 확진의 증상 기준이 되는 연성징후들을 만들기 위한 임상적 시도들은 사실상 위험한 일일 수 있으며(Love & Fitzgerald, 1984), 연성징후들에 의해 아동들의 뇌기능 문제를 추측하는 것도 사실 위험한 일이다. DVD의 신경학적 징후들에 관한 타당성과 신뢰성은 심각하게 의문점을 갖고 접근해야 하는 것이다(Kalverboer, van Praag, & Mendlewicz, 1978; Rie & Rie, 1980; Tupper, 1987). 기껏해야, 의심되는 미세한 징후들은 비정상성이 아니라 신경학적 미성숙임을 의미하며, 때문에 그러한 징후들은 성장과 성숙의 정상적 특성을 먼저 고려해야 한다(Tupper, 1987).

Ferry, Halll, Hicks(1975)는 4세에서 30세로 이어지는 연령대 60명의 구두 실행증 사례들을 보고하였는데, 이 중에서 4세에서 10세 사이의 아동들은 40명이었다. 이 연구에서 약간의 경도의 비특정 비정상적 EEG 소견이 나타난 아동들이 있었는데, 이는 약하긴 하지만 분명히 구두 실행증에 관련된 신경학적 징후로 보고할 만한 것이기도 했다. 구강안면 실행증으로 36명의 사례가 있었고, 경도수준의 경직형 양측마비가 2명, 경도의 운동발달지체 10명, 손떨림 증상이 2명, 편마비와 무도병형태의 운동장애 동반된 사례 1명이 있었다. 이들 중 혀 위축(lingual atrophy) 증상은 없었다. 흥미롭게도 지금까지 검토된 문헌들 중에서 위 연구만이 대상 아동들이 유일하게 가능한 신경학적 장애에 대해 실질적인 증상을 가진 것으로 보고되었다.

신경학적 손상의 가능성을 가장 명확하게 뒷받침하는 연구에는 Horwitz(1984)가 보고한 것이 있는데, 이 연구에서는 3세에서 10세 사이의 평균 연령 7세 정도인 10명 아동을 연구하였고, 모두 구두 실행증으로 진단되었다. 진단 절차에는 전산화된 단층촬영(CT scans), EEGs, 그리고 개개인에게 필요하다고 판단되는 의학적 실험평가들이 포함되었다. CT 스캔 결과에서는 대상군 모두에서 DVD 진단을 뒷받침할 만한 공통된 해부학적 특이사항이 발견되지 않았다. 9명의 스캔에서 7명만이 정상 소견을 보였다. 비정상성을 보인 스캔들도 서로 유사한 점이 없었고, 한 개의 스캔에서만 확장된 소뇌와 뇌간 근처에 확장된 수조(cisterns)가 발견되었다. 다른 대상자들의 뇌 스캔에서는 후두골(occipital borns) 확장이 발견되었다. 첫 번째 아동에게서 과소긴장성(hypotonia)이 나타났고, 두 번째 경우에는 성장기에 어려움을 겪었던 병력이 있었다. 그룹 내 모든 대상자에게서 공통적으로 정상적인 EEGs와 아미노산 프로파일이 있었다.

결론적으로 지금까지 살펴본 다섯 개의 연구에서는 일관된 신경학적 소견이나 특정 국소화된 증상들이 아직까지는 발달적 구두 실행증을 명확히 뒷받침할 만한 임상적 증거는 아님이 분명하다.

요약 Summary

구어산출 관련 운동 체계를 설명하는 영역에서 운동 조절을 담당하는 피질영역에는 일차운동영역(4번 영역), 전운동영역(6번과 8번), 그리고 보충운동영역(supplementary motor area)(6번 영역 안쪽)이 있다. 뇌 피질영역 44번은 브로카 영역으로 알려져 있으며 구어산출에 대한 운동 계획과 프로그래밍을 담당하고 있지만, 아직까지 브로카 영역이 DVD와 혹은 발달성 구강 실행증 아동의 증상과 밀접한 연관성에 대해서는 의견이 분분하다.

여러 피질 운동영역에서 기시하는 하강운동경로(descending motor pathway)는 신체와 발화 근육의 특별한 운동 조절력을 제공한다. 직접 운동 체계(direct motor system)는 피질척수로(corticospinal)와 피질연수로(corticobulbar tracts)를 포함한다. 피질연수로는 피질척수로와 함께 운동 피질에서부터 하강한다. 그리고 뇌간의 여러 위치에서 교차하여 뇌간의 운동 뉴런에까지 연결되어 그곳에 위치한 발화 주요 뇌 운동신경들(V, VII, IX, X, XI, XII)과 시냅스한다. 피질척수로와 피질연수로 손상은 과긴장성, 접칼성 경직, 그리고 사지의 과반사 등이 두드러지는 UMN 증후를 야기한다. 피질연수로가 손상되었을 때는 경직형 마비말장애가 발생할 수 있다.

간접 운동 체계는 기저핵과 그 통로, 소뇌와 그 연결회로를 포함한다. 이러한 구조들과 그 연결 체계는 운동의 효율적인 운동 조절을 위해서 직접 운동 체계에 영향을 주게 된다. 기저핵과 관련 통로의 손상은 다양한 형태의 운동이상 증상들이 나타난다. 무도병, 무도-무정위운동형, 무정위운동형, 근육이상증이 주된 운동장애로 나타난다. 이러한 각각의 불수의적 운동장애는 아동기 마비말장애의 이상적인 운동구어 양상으로 발현한다. 마비말장애를 동반하는 아동들의 운동이상형적 증후군에는 뇌성마비로 인한 무정위운동형, 지연성운동이상형(tardive dyskinesia)(무도병), 변형근긴장이상증(dystonia musculorum deformans) 등이 있다. 소뇌 손상과 연관되는 경우에는 실조형이 나타나는데, 이는 실조형 마비말장애로 이어진다.

말초운동 체계 통로에 손상이 있는 경우 하위운동신경원(LMN) 증후군이 발생한다. 이 증후군은 운동 단위의 다양한 부위의 손상으로 발생한다. LMN 징후로는 이완된 형태와 근육 마비형태, 운동신전반사의 감소, 근육 위축, 그리고 근섬유다발수축(fasciculations) 가능성이 있다. 그리고 관련 운동구어장애 유형은 이완형 마비말장애이다.

추천 도서 Suggested Reading

Chusid, J. (1985). Correlative neuroanatomy and functional neurology (17th ed.). Los Altos, CA: Lange Medical Publications.

Gilman, S., & Newman, S. W. (1987). Manter and Gatz's essentials of clinical neuroanatomy and neurophysiology (7the ed.). Philadelphia: F. A. Davis.

Love, R. J., & Webb, W. G.(1996). Neurology for the speech-language pathologist (3rd, ed.). Stoneham, MA: Butterworth.

참고 문헌 References

Barlow, S. M., & Abbs, I. H. (1984). Orofacial fine-motor control impairments in congenital spasticity: Evidence against hypertonus-related performance deficits. Neurology, 34, 145-150.

Barlow, S., & Farley, C. R. (1989). Neurophysiology of speech. In D. P. Kuehn, M. L. Lemme, & J. M. Baumgartner (Eds.), Neural bases of speech, hearing and language (pp. 146-200). Boston: Little, Brown.

Brodal, A. (1981). Neurological anatomy in relation to clinical medicine (3rd ed.). New York: Oxford University Press.

Bunger, P. (1989). Developmental neuroanatomy and neurophysiology. In D. P. Kuehn, M. L Lemme, & J. P. Baumgartner (Eds.), Neural bases of speech, hearing and language (pp. 87-110). Boston: Little, Brown.

Darley, F. L., Aronson, A., & Brown, I. R. (1975). Motor speech disorders. Philadelphia: W. B. Saunders.

Fenichel, C. M. (1997). Clinical pediatric neurology (3rd ed). Philadelphia: W. B. Saunders.

Ferry, P C., Hall, S. M., & Hicks, J. L. (1975). 'Dilapidated' speech: Developmental verbal apraxia. Developmental Medicine and Child Neurology, 17, 749-756.

Cilman, S., & Newman, S. W. (1987). Manter and Gatz's clinical neuroanatomy and iieurophysiology (7th ed). Philadelphia: F. A. Davis.

Hardy, J. C. (1983). Cerebral palsy. Englewood Cliffs, NJ: Prentice-Hall.

Horwitz, S. J. (1984). Neurological findings in developmental verbal apraxia. Seminars in Speech and Language, 5, 111-118.

Ingram, T. T. S. (1966). The neurology of cerebral palsy. Archives of the Diseases of Children, 41, 337-357.

Ingvar, D. (1983). Serial aspects of language and speech related to prefrontal cortical activity. Human Neurobiology, 2, 177-189.

Kalverboer, A. F., van Praag, H. M., & Mendlewicz, I. (Eds.). (1978). Minimal brain dysfunction: Fact or fiction. Basel: Karger.

Kent, R., & Netsell, R. (1978). Articulatory abnormalities in athetoid cerebral palsy. Journal of Speech and Hearing Disorders, 43, 353-373.

Landau, W. M. (1974). Spasticity: The fable of a neurological demon and the emperor s new therapy. Archives of Neurology, 31, 217-219.

Lectenberg, R., & Gilman, S. (1978). Speech disorders in cerebellar disease. Annals of Neurology, 3, 285-289.

Love, R. J., & Fitzgerald, M. (1984). Is the diagnosis of developmental apraxia of speech valid? Australian Journal of Human Communication Disorders, 12, 170-178.

Marsden, C. D. (1982). The mysterious motor function of the basal ganglia: The Robert Wartenberg lecture. Neurology, 32, 514-539.

Marsden, C. D., & Harrison, M. (1974). Idiopathic torsion dystonia (dystonia musculorum deformans): A review of 42 patients. Brain, 97, 793-

810.

Mateer, C. A., & Kimura, D. (1977). Impairment of nonverbal oral movements in aphasia. Brain and Language, 4, 262-276.

McClean, M. D. (1988). Neuromotor aspects of speech production and dysarthria. In K. M. Yorkston, D. R. Beukelman, & K. R. Bell (Fds.), Clinical management of dysarthric speakers (pp. 19-58). Boston: Little, Brown.

Rie, H. D., & Rie, F. D. (1980). Handbook of minimal brain dysfrnctions: A critical view. New York: John Wiley.

Rosenbek, J., & Wertz, R. (1972). A review of 50 cases of developmental apraxia of speech. Language, Speech, and Hearing Services in Schools, 3, 23-33.

Silverstein, F., & Johnston, M. V. (1985). Risks of ncuroleptic drugs in children with neurologic disorders. Annals of Neurology, 18, 392-397.

Travis, A. M. (1955). Neurological deficits after ablations of the precentral motor area in Macaca mulatta. Brain, 78, 155-173.

Tupper, D. E. (Ed.). (1987). Soft neurological signs. Orlando, FL: Crune & Stratton.

Weiner, W. J., & Lang, A. F. (1989). Movement disorders: A comprehensive survey. Mount Kisco, NY: Futura.

Williams, R., Ingham, R. J., & Rosenthal, R. (1981). A further analysis for developmental apraxia of speech in children with defective articulation. Journal of Speech and Hearing Research, 24, 496-505.

Yoss, K. A., & Darley, F. L. (1974). Developmental apraxia of speech in children with defective articulation. Journal of Speech and Hearing Research, 17, 339-416.

3

Childhood Motor Speech Disability

뇌성마비와 관련된 아동기 마비말장애

다른 임상적인 집단에서 뇌성마비만큼
구두언어(oral language)의 습득이 지연되고
방해받는 다양한 상태를 발견할 수는 없다
—Harold Westlake & David Rutherford, 1961

개요

뇌성마비는 일반적으로 3세 이하의 초기 뇌성장 시기에 발생하는 뇌손상(brain insult or injury)으로 인하여 움직임과 자세 유지에서 비진행성 장애를 나타내는 것으로 정의된다(Lord, 1984). 신생아 1,000명당 2명의 평균 발생률(incidence)을 보이고, 약 400,000명의 출현율(prevalence)을 나타내는 것으로 추정되며, 두드러지게 발생률이 감소하고 있다. 그러나 여전히 뇌성마비는 미국에서 가장 빈번한 아동기 장애의 유형이다(Kudrjacev, Schoenberg, Kurland, & Groover, 1983).

뇌성마비에 의한 마비말장애의 정확한 출현율이 알려지지 않았음에도 불구하고, 뇌성마비는 신경학적인 장애의 가장 빈번한 결과이다. 뇌성마비에서 나타나는 구어장애(speech disorder)에 대한 초기 연구에서 31~88% 가량이 마비말장애를 나타내는 것으로 추정된다(Yorkston, Beukelman, & Bell, 1988). 뇌성마비는 마비말장애를 포함한 다른 많은 후유증(결과 sequelae)을 나타낸다. 실제로 뇌성마비는 발달장애 아동들에게서 발견되는 신경학적인 기능 부전의 다양한 범위를 나타내기 위한 완벽한 의학적인 모델로 명명되어져 왔다(Denhoff, 1976). 이러한 부가적인 기능 부전 상태의 일부 혹은 모두는 발달기 마비말장애(developmental dysarthria)와 함께 나타나거나 뇌성마비아의 의사소통 기능 수행을 방해할 수도 있다. 이러한 기능 부전은 인지, 지각(perception), 감각(sensation), 언어, 청각, 정서적인 행동, 섭식과 경기 조절(seizure control)에서의 방해를 포함한다.

뇌성마비에서 나타나는 마비말장애의 분류

2장에서 설명한 바와 같이, 마비말장애의 세 가지 주요한 유형들이 뇌성마비에서는 일반적으로 (1) 경직형(spastic), (2) 무정위운동형(dyskinetic),

(3) 실조형(ataxic)으로 재구조화 된다. 뇌성마비의 임상적인 유형에 대한 보편적인 분류 체계가 존재하지 않을지라도, 많은 전문가들은 현재 경직형, 무정위운동형(이상운동형 dyskinesia) 및 실조형(ataxia)의 동일하며 주요한 범주들을 수용하고 있다. 이러한 세 가지 범주들 각각은 운동 손상에서의 다른 주요한 패턴들에 의해서 특징지어질 수 있다. 그러나 비정상적인 긴장도(abnormal tone)와 움직임 이상의 혼합이 뇌성마비 아동에게 일상적으로 나타날 것이다(뇌성마비의 분류 체계와 혼합형을 고려하고자 하는 시도에 대한 역사적인 발전에 대한 토의는 Hardy, 1983, pp. 11-31을 참고 바람).

수년에 걸쳐서, 이러한 논점을 분명하게 하고자 하였고, 의사들은 유용한 의료적인 진단측면에서 뇌성마비라는 용어에 몇 가지 불만을 제기하였다. 뇌성마비라는 용어가 단일 원인이 아니고, 진단 범주에 해당하는 징후와 증상에 대한 일관된 집합도 아니며, 특징적인 과정이 아니기 때문에 통상적인 의학적 지각(medical sense)으로 장애를 나타내는 것이다(Crothers & Paine, 1959). 그 명칭은 단지 뇌의 비진행성 병변에 의한 운동 장애로 아동의 장애가 확인되는 행정상의 지각에서만 유용하다. 전통적으로, 뇌성마비라는 용어는 출생 후기(postnatal)를 고려하지 않고 태아기(prenatal)와 출생전후기(perinatal)에 발생하는 아동기 운동 장애임을 강조해왔다. 뇌수막염(meningitides), 뇌염(encephalitides), 뇌종양, 농양(abscesses), 뇌졸중(strokes) 혹은 라이 증후군(Reye's syndrome)과 소아기 뇌손상과 같은 다른 뇌병증(encephalopathies)에 의해 발생하는 운동 장애와 마비말장애를 일으키는 많은 출생 후기의 상태들은 특정한 증후군들로 설명된다. 동일하게 전체로써 그 병변들을 조망하고 "뇌성마비화된 구어"라고 말하기보다, 비록 그 병변들이 유사하다고 여겨질지라도, 특정한 증후군들로 그러한 상태들을 고려하는 것이 뇌성마비에 대한 아동기 마비말장애를 이해하는 데 유용할 것이다.

경직형 증후군

경직형 증후군(spastic syndromes)은 다른 국가에서와 마찬가지로 미국에서도 뇌성마비의 가장 일반적인 운동 장애의 유형이다(Kudrjavcev et al., 1983; Pharaoh, Cooke, Rosenbloom, & Cooke, 1987). 경직형은 질식(감소된 산소)과 허혈(감소된 대뇌 혈류 흐름, ischemia)을 경험한 **저산소 허혈성 뇌 손상**(Hypoxic ischemic encephalopathy, HIE)을 보이는 2,500g 미만의 조산아에게 빈번히 발생한다(Fenichel, 1983). 이러한 조산 영유아들의 뇌 손상은 빈번하게 뇌실주변의 심부 백질(deep white matter)에서 발생한다. 조산 영유아에게서 대뇌 손상으로 인하여 발생할 수 있는 장애의 가장 빈번한 유형은 저산소 허혈성 장애로부터 유발된 **뇌실주변-뇌실내 출혈**(periventricular-intraventricular hemorrhage)과 **뇌실주변 백질연화증**(periventricular leukomalacia)이다(DeReuck & Vander Eecken, 1983). 이러한 저산소성 혈관 손상은 구어 증상들과 관련되어 예견할 수 있는 각 임상적인 징후(clinical picture)와 함께 네 가지의 전형적인 경직형 장애 유형을 야기한다.

경직형 편마비

선천적인 경직형 편마비(spastic hemiplegia) 아동들은 신체 한쪽의 팔과 다리에서 접칼(clasp-knife)과 같은 경직형 마비 증상을 보인다. 피질척수로(corticospinal tract)의 손상을 보이며, 피질연수섬유(corticobulbar fibers)는 손상을 보이거나 혹은 보이지 않을 수도 있다. 피질연수섬유가 손상을 입었다면, 얼굴 아래 반쪽에 경미하거나 거의 마비를 보이지 않지만, 손상 받은 부위의 대측(contralateral)에 있는 다른 구강 근육들은 손상을 보일 수도 있다(Lenn & Freinkel, 1989). 두드러진 뇌신경 손상 징후는 대뇌 손상을 입은 반대쪽 신체 측의 혀의 편차와 함께 나타나는 설하신경

(hypoglossal nerve, CN XII)의 손상이다. 마비말장애가 편마비에게 나타난다면, 마비말장애 요소의 신속한 치료에서 구어산출 구조의 양측 조절이 제기될 것이다. 삼킴장애(dysphagia)는 결코 주요 문제가 되지 않으며, 설령 나타날지라도 대개 단시간 동안에만 어려움을 보일 것이다.

선천적인 편마비 아동들은 때때로 언어와 인지 장애를 동반한 경미한 음운론적인 지연(phonologic delay)과 같은 구어의 지체가 존재할 수 있다. 오른쪽 편마비 아동에게 초기 좌반구 손상은 우반구로 언어 중추가 이동되는 것에 의해서 유발되는 것처럼 보인다. 좌반구의 주요한 손상 후에도 언어 기능은 잔존하지만 이러한 언어 우세 반구의 이동은 우반구 시-공간 기능에서 두드러진 손상을 야기한다. 좌측 편마비와 우반구 손상을 가진 아동은 언어에서 일반적으로 손상을 보이지 않지만, 우반구 손상의 전형적인 양상인 시공간 측면에서의 손상을 보일 뿐 다른 기능들은 남아 있다(Woods & Teuber, 1973). 생후 1세 이전에 발생한 손상에서, Woods(1987)는 우반구 손상이 구어와 수행 지능 지수 모두에서 나타난다는 것을 발견하였다. 또한 Riva와 Cazzaniga(1986)는 1세 이전에 발생한 손상이 1세 이후에 발생한 손상보다 더욱 심한 인지적인 손상을 야기한다고 하였다.

경직형 대마비

경직형 대마비(하반신마비, spastic paraplegia) 아동은 뇌성마비의 특별한 하위 분류이며, 단지 다리에서만 장애를 보이는 것을 말한다. Hardy(1983)는 때때로 근육 손상이 체간 근육으로까지 이어질 수도 있지만, 상지는 항상 온전할 수 있다고 설명하였다. 체간의 호흡근육들이 손상 받았음에도 불구하고, 두드러진 문제점은 구어산출에서 일반적으로 발견되지 않았다. 대개 구어는 정상적으로 발달하지만 주요한 인지 손상은 정상적이지 않을 수 있다.

경직형 양하지마비

경직형 양하지마비(spastic diplegia)는 사지 모두에서의 운동 손상을 의미하지만, 양측 하지가 상지보다 더 심하게 손상되었다는 것을 나타낸다. 때때로 한쪽 상지는 손상되지 않을 수도 있어서 **경직형 삼지마비**(spastic triplegia)를 야기한다. 호흡 근육들은 사지 및 손과 함께 손상될 수도 있다.

경직형 양하지마비에서 마비말장애의 심각도는 다양하다. 몇몇 아동들은 단지 조음에서만 경미한 장애를 보일 수 있는 반면에, 다른 아동들은 호흡, 언어, 조음 및 구개인두(palatopharyngeal) 근육을 포함한 더욱 심각한 문제를 나타낼 수도 있다. 몇몇은 어느 정도의 삼킴장애와 침흘림을 보일 수 있다. 인지적인 측면의 손상은 몇몇 사례들에서는 나타나지만, 다른 아동들에게는 정상적일 것이다.

걷는 동안, "양하지가 가위같이 겹쳐지는 것(scissoring)"이나 다리가 교차되는(crossing) 모습을 보이는 양하지마비 아동들은 일반적으로 엉덩이의 굴곡과 내전(adduction)을 보인다. 이러한 양상은 아동들의 경직성과 관련하여 광범위하게 알려진 임상 징후인 전형적인 "가위 걸음(scissor gait)"을 나타내도록 한다. 다리의 종아리 부위(calf of leg)의 슬괵근(hamstring muscles)과 발목의 아킬레스건이 짧아져 있어서, "안짱걸음(발뒤꿈치에 비해 발끝을 더 가깝게 해서 걷는 양상, toe walker)"을 일으킨다. 뇌성마비에 대한 초기 연구에서, William Little(1861)이 경직형 양하지마비 아동에 대한 최초의 임상 의학적인 설명을 하였기 때문에 경직형 양하지마비 아동은 "리틀씨 병(Little's disease)"이라고 명명되었다.

경직형 사지마비

경직형 사지마비(spastic tetraplegia 혹은 spastic quadriplegia) 아동은 사지 모두에서 거의 동일한 운동 손상을 보이고, 일반적으로 경직형 증후들 중에서 가장 심각한 유형으로 여겨진다. 대개, 피질척수섬유와 피질연수

섬유들 모두가 경직형 사지마비 유형에서 손상되기 때문에 구어산출 근육 또한 심각하게 손상된다. 또한 호흡, 언어, 조음과 구개인두 근육은 두드러지게 손상되지만, 몇몇 아동들은 일차적으로 구강 조음 근육에서만 제한을 보여서 경미한 손상을 보인다(Hardy, 1983). 삼킴장애, 침흘림과 입술과 뺨의 감각 손실을 포함한 얼굴 아래쪽의 마비는 아동에게 더욱 심각한 장애를 유발할 수 있다. 경직형 사지마비 아동들 몇몇은 인지적인 손상이 없을 수 있지만, 대개는 두드러진 인지장애, 구어와 언어 지연을 보인다. 지적장애는 대개 경직형 편마비, 대마비(하지마비) 혹은 양하지마비 유형보다 더 많이 나타난다.

경직형 증후군에서의 구어 기제 장애

구어 기제의 심각한 운동 장애는 아동기 경직형 증후들에서 빈번하게 발생한다. 특히 경직형 양하지마비나 사지마비 아동처럼 피질연수계의 양측성 손상을 갖는 유형에서 구어 기제의 장애가 나타난다. Darley, Aronson과 Brown(1975)은 수의적인 움직임에서 다음의 네 가지 주요한 비정상성이 상위운동신경원 손상을 갖는 경직형 증후들에서 나타난다는 것을 지적하였다. 즉, (1) 경직성, (2) 약증(weakness), (3) 제한된 범위의 움직임, (4) 느린 움직임이 바로 그것이다. 경직형 뇌성마비 아동 각각에서 나타나는 이러한 운동 기능상의 네 가지 비정상성은 구어 기제의 움직임과 함께 팔과 손의 움직임에서도 동일하게 나타날 것이다.

메이요 클리닉에서 성인 마비말장애에 대한 대표적인 연구가 이루어진 이후로, 다양한 구어를 연구하는 과학자(speech scientists)들은 선천적인 상위운동신경원 증후들을 갖는 환자들이 구강 근육들에서 경직형 반응을 보이는 것과 같이 팔과 손가락 근육들에서도 동일한 반응들을 보였다는 증거를 제시하고자 노력해 왔다. 그러한 주요 연구들 중에서, Neilson, Andrews, Guitar와 Quinn(1979)은 마비말장애를 나타내는 선천적인 경직형 환자들이 입술과 혀 근육에서 긴장성 신장 반사(tonic stretch reflex)를 보인다는 증거가 없다고 하였다. 명백한 긴장성 신장 반사들은 단지 하악 폐쇄를 담당하는 근육들과는 관련되지만 하악을 개방하는 근육들과는 관련이 없었다. 이러한 연구들로부터, Neilson과 그의 동료들은 경직형 마비말장애는 입술과 혀 근육의 경직성 과긴장의 결과가 아니라 긴장성 신장 반사의 과민성에 의해 야기되는 것이라는 결론을 얻었다. 여섯 명의 선천적인 경직형 성인들에 대한 Barlow와 Abbs(1984)의 최근 연구에서, 신장 반사에 기초한 과도하게 활성화 된 근방추(muscle spindle)가 선천적인 상위운동신경원 장애에서의 수의적인 구강운동 손상의 원인이 되지 않는다는 것을 증명하였다. 이 연구에서, 경직형 환자들에게 입술, 혀와 턱의 움직임 과업을 완료하는 동안에 이러한 조음기관들에 안정적인 근력을 유지하도록 하였다. 이러한 연구의 결과들은 구강안면 근육들의 섬세한 근력의 조절이 경직이 없는 환자들에게서 나타나는 것보다 경직형 환자들에게 더욱 부족하긴 하지만 근방추 신경지배가 상대적으로 높은 입술과 턱과 같은 구어산출 근육들에 불균형적으로 더 부족하지는 않다는 것을 주장하였다. 사실, 제한된 근방추들을 가진 근육계인 혀의 장애는 입술이나 하악 근육에서 나타나는 손상보다 더욱 심각하다. 부족한 구강안면 운동 수행은 실험 과업에서 느리고 다양한 움직임 궤도(trajectories)를 보이는 것으로 밝혀졌다. 조음기관들에서 섬세한 근력 조절의 불안정성은 구어 기제에서 기류 측정과 같은 구어 수행에 대한 도구적 측정과 높은 관련성이 있다. 요약하자면, 경직형에서 나타나는 구강안면의 움직임과 근력은 구어산출 근육들에서의 어떠한 경직성 과긴장과는 관련 없고, 단지 근육 약증과 근력의 불안정성으로 나타난다는 것이다.

Barlow와 Abbs(1986)는 선천성 경직형 성인에 대한 추가적인 연구에서 경직형 환자들이 조음기관의 약증과 움직임 속도의 부족에도 불구하고 근력과 근육 위치 모두에서 정확하게 종말점에 도달할 수 있었다는 것을 지적하였다. 근력의 변화에서 평균 움직임 속도와 평균 비율은 특히 말 명료도에 대한 임상적인 측정을 위해 광범위하게 사용되는 마비말장애의 명료도 평가라고 불리는 것과 관련된다(Yorkston & Beukelman, 1981). 흥미롭게도, 이 검사에서 5~10% 범위의 경도 말 명료도 장애는 구강안면 근력 조절에서 매우 극적인 감소로 이루어진다. 또한 섬세한 근력과 움직임의 장애는 구강안면 구조들과 관련된 검사에서 획일적이지 않은 것으로 확인된다. 5명 중 3명의 환자에서, 구강운동계와 구어에 대한 표준화된 임상적인 평가에서는 정상 기능을 보였지만, 경직성이 조음기관 조절에서의 두드러진 문제를 보이는 근력 및 움직임과 관련된 생리적인 실험 검사 결과는 정형화된 임상 검사 동안에는 두드러지게 나타나지 않을 것이다. Barlow와 Abbs는 이러한 비획일적이며 생리적인 검사 실시가 특히 중재 프로그램에 대한 평가 결과의 산출에서 유용하게 사용될 수 있다고 주장하였다. 그러나 그들의 연구에서의 가장 큰 장점은 선천성 경직형 마비말장애에서 근육의 약증, 조음기관의 불안정성과 조음점에 조음기관을 정확히 위치시키는 것 사이의 특정한 관계에 대한 정의를 내린 것이다. 이러한 연구 이전에, 언어치료 전문가를 위하여 경직형 마비말장애에서 구강안면 기능 조절상에서 문제점들 간의 관계는 명백하게 밝혀지지 않았다.

아동기 경직형 마비말장애에서 구어 수행

호흡 기능 양측성 경직형 아동은 일반적으로 휴식 시와 구어산출 동안의 호흡에서 비정상성을 보였다. 호흡 기능에 대한 연구는 종종 경직형과 무정위운동형 아동에서 같이 실시하였고, 이러한 뇌성마비의 두 가지 주요한 하위그룹들에서 동일한 문제점들이 보고되었다. Blumberg (1955)는 13명의 경직형 아동, 12명의 무정위운동형 아동과 2명의 실조형 아동을 연구하였다. 경직형 아동에게서 무정위운동형 아동보다 발성, 강도와 일반적인 호흡 조절에서 경미한 문제점들이 보고되었다. 또한 경직형 아동들이 호흡 비율, 리듬, 양과 흡기의 깊이에서 더욱 정상적인 것으로 보고되었다. Achilles(1955)는 경직형 환자들의 호흡 조절이 무정위운동형보다 더 우세하다는 것을 증명하였다.

이후 경직형과 무정위운동형 화자에 대한 주목할만한 연구 중에서 Hardy(1964)는 경직형 사지마비 아동들이 낮은 잔존 호흡량과 이와 관련되어 낮은 폐활량(vital capacity)을 갖는다고 보고하였다. 1983년에 실시된 선행 연구들을 다시 조명하여서, Hardy는 자신들의 잔존 호흡 수준 이하에서 호흡 기능의 정지를 보여 자신들이 갖고 있는 능력 이하의 수준을 보이는 경직형 하위그룹은 아마도 그들의 복벽(abdominal wall) 근육들의 손상 정도에 따라서 이와 같은 양상을 나타낸다고 주장하였다. 우리가 이미 설명한 바와 같이, 이러한 호흡 기능의 손상은 다른 경직형 아동들과 마찬가지로, 경직형 하지마비 아동들에게서도 경미하게나마 나타날 것이다. 심한 하반신마비와 양하지마비 아동들의 경우에서, 감소된 호기양은 흉강벽(thoracic wall) 근육의 손상과 함께 이미 손상받은 것으로 여겨지는 복벽의 손상 결과로 나타날 것이다.

Hardy(1983)에 의하면, 경직형 아동들에게 빈번한 폐활량의 감소가 반드시 구어산출에 사용되는 부적절한 호흡과는 관련되지 않는다고 하였다. Hardy는 부족한 폐활량과 구어산출 사이에는 직접적인 인과관계가 없다고 확신하였다. 단지 후두, 구개인두 혹은 조음기관의 기능 부전이 전반적인 구어 기능과 상호작용할 때, 임상적인 손상을 나타낼 수 있다고 확신하였다. 어떤 예에서, 경직형 아동은 일반적으로 정상 아동보다 일음절당 더 많은 공기양을 사용하기 때문에, 기류에 대한 조절의 부족이 구어나 짧은 구의 발성을 산출하는 동안 제한된 호흡을 나타내었다.

후두 기능 후두 근육들의 기능 부전은 뇌성마비 아동들에게서 광범위하게 보고되었다. 그러나 제한된 연구들만이 경직형 아동들에게 나타나는 특정한 발성에서의 문제점들을 설명하기 위하여 이루어져 왔었다. Ingram(1966)이 실시한 임상적인 관찰에서, 양하지마비 아동들은 "단조로운 억양과 강세 패턴"과 같은 특정한 발성-운율 패턴을 나타낸다고 보고하였다(p.345). 이러한 연구를 통하여 경직형 양하지마비 아동의 강도와 음도는 성인 마비말장애에서 단음조와 단강도의 증상로써 설명할 수 있다고 제안하였다. 경직형 양하지마비 환자에게서, 개인적으로 증가된 음성 시작 시간, 거친 음성과 짧은 구 발성을 관찰하였다. 이것은 후두에서의 부족한 폐쇄로 인하여 후두 수준에서 공기의 과도한 유출과 함께 부족한 호흡 기능의 결과로 나타난다는 것은 의심할 여지가 없다. 때때로, 성인 경직형 환자들이 성대의 과긴장으로 인한 후두 협착(stenosis)에서 기인하여 나타나는, 쥐어짜는 듯하고 낯선 음성을 산출하는 것을 듣곤 했다. 아동기 경직형 사지마비 아동들에게서 후두의 편차는 특별하게 보고되지는 않았으나, 관찰에 따르면 일반적으로 양하지마비 아동들보다 경직형 사지마비 아동들이 더욱 일탈적인 발성상의 특징들을 나타내었다. 후두의 손상은 심지어 몇몇 아동들에게 실성증(aphonia)을 야기하였다. 쥐어짜는 듯한 음성 요소들과 함께, 단음도와 단강도 역시 종종 나타난다. 뇌성마비 집단의 특징에 따라, 아동기 경직형 마비말장애의 후두 기능에 대해 기기를 사용한 연구의 부족은 주요한 고려점이 될 것이다.

연인두 기능 초기 연구에서 연인두 폐쇄 장애는 뇌성마비에서 간과되는 듯하게 보였음에도 불구하고, 최근 뇌성마비가 보이는 주요한 구어산출의 문제와 함께 연인두 폐쇄 장애는 높은 주의를 받아왔다(McDonald & Chance, 1964). Netsell(1969)은 이러한 영역에서 독창적인 연구를 실시한 점에서 두드러진다. 경직형 뇌성마비를 포함한 뇌성마비 하위 유형에 대한 연구에서, Netsell은 뇌성마비에서 구개인두 수행의 적절성을 결정하기 위한 구강 내 호흡 압력, 비강 기류율과 몇몇 구어-표지상의 특징들을 기록하였다. 그는 뇌성마비에서 구개인두 수행과 관련하여 다음과 같은 다섯 가지 차이점을 발견하였다.

1. 몇몇 음절의 발성 동안에 연인두문(velopharyngeal port)의 점진적인 개방
2. 몇몇 음절을 속도감 있게 발성할 때 연인두문의 점진적인 폐쇄
3. 몇몇 음절이 시작될 때 연인두문의 미숙한 개방
4. 연인두문의 잠정적인(불완전한) 개방으로 인하여 제시된 음절의 발성 후에 기류의 붕괴
5. 비음절성 자음이 산출될 때 연인두 폐쇄의 붕괴

이러한 주의 깊은 실험 연구는 연인두 문제가 심각하다고 여겨지는 뇌성마비 집단에서 뇌성마비 개개인의 구어에 대한 오랜 관찰을 통하여 그 주장을 명백하게 지지하였다. 30년 전에, Ingram과 Barn(1961)은 스코틀랜드 에든버러에 사는 경직형 양하지마비, 이중편마비(double hemiplegic)와 삼지마비 아동들이 보이는 일반적인 구어 문제가 과다비성과 비강기류 방출이라고 보고하였다. 그리고 연인두 장애의 치료에는 공명 문제를 해결하는 것뿐만 아니라 구어 기제 전체에 조음과 기류를 향상시킨다고 주장하였다. 그러한 치료 결과, 더욱 향상된 전반적인 구어 수행을 나타내었다(Hardy, 1983).

조음 기능 음운 발달과 장애에 대한 연구는 뇌성마비의 구어 수행에 대한 어떤 측면보다도 가장 광범위하게 이루어져 왔다. Irwin(1972)은 10년 이상 뇌성마비 환자의 조음에서 다양한 측면을 포함한 가장 광범위한 연구 프로그램을 수행해 왔다. 그는 조음 방법, 조음 위치, 유성성 및 조음 유형과 관련된 모음과 자음의 숙달성(proficiency)을 평가하기 위하여 다양한 형태와 길이로 구성된 일련의 표준화된 조음검사들을 개발하였고,

그는 미국의 여러 주에서 수백 명의 아동들을 대상으로 이러한 평가를 실시하였다. 이러한 연구에서의 발견점에서 비록 경직형 아동들이 Irwin의 뇌성마비 아동을 위한 통합적인 조음검사 실시 점수와 관련하여 무정위운동형 아동들보다 약간 점수가 높게 나타났음에도 불구하고, 경직형과 무정위운동형 아동들이 유사한 양상을 보였다는 것이다. 언어치료 전문가의 조음검사 결과 후에 제시된 아동의 오류 점수와 오류 유형상의 차이점으로 뇌성마비의 임상적인 하위 유형을 변별하는 것은 두 집단 사이에서 충분하지 않았지만, 집단상의 경향은 명백하게 나타났다. 경직형 대마비 아동들은 편마비 아동들보다 더 적은 오류를 보였고, 편마비 아동들은 사지마비 아동들보다 더 적은 오류를 보였다. 일반적으로, 생활 연령, 지적 연령과 IQ의 영향은 점수상 무시할 수준이었고, 구강 움직임의 손상 정도가 뇌성마비의 마비말장애에서 가장 유용한 변수라는 것을 제안하였다.

전체 대상 중에서 조음 방법과 관련하여서는 양순음 산출이 뇌성마비 집단에서 가장 쉽고 정확하게 산출되었고, 치조음과 성문음의 산출이 가장 어려운 것으로 나타났다. 조음 위치에서는 마찰음과 유음이 모든 위치에서 가장 어려웠던 반면에, 비음은 단어의 처음과 끝에서 가장 어려워하였다. 유성 자음은 그것과 유사한 무성 자음보다 산출이 훨씬 더 어려웠나. 생략 오류는 음소 대치보다 빈번하였고, 이러한 발견점은 정상 아동들이 보이는 것과 다른 양상이었다.

Lencione(1953)과 Byrne(1959)는 뇌성마비의 조음 습득에 대한 두 가지 교차 연구를 실시하였다. Byrne는 2~7세를 Lencione은 8~14세의 경직형과 무정위운동형 사지마비 아동을 연구하였다. Byrne는 연구에서 경직형 아동이 더 높은 조음 점수를 보인다고 하였으나 이러한 점수는 통계적으로 유의하지 않았다. 반면에 Lencione의 연구에서는 나이 든 하위그룹 아동들 간에 통계적으로 유의한 차이를 보였다. 조음 발달은 연구에 참가한 어린 아동들에게서 두드러지게 지연되었으나, 음소 습득 패턴은 정상

집단과 뇌성마비 집단 모두가 동일한 과정을 나타내었다. 음소 숙달성에서 어린 뇌성마비 아동은 양순음의 습득이 매우 높았고, 이러한 발견점 역시 정상아의 음소 습득과 유사한 것이었다. 정상 아동들의 구어에서, 후기에 나타나는 더욱 복잡하며 혀끝과 혀의 뒤쪽에서 산출되는 음소들이 뇌성마비 아동의 구어에서도 종종 덜 정확하게 산출되었다. Byrne는 이러한 자료를 통하여 뇌성마비 아동의 조음 습득 패턴이 습득되는 음소의 운동적인 복잡성에 의해 결정된다고 주장하였다. 즉 운동 복잡성이 훨씬 적은 음소들이 운동장애를 갖는 아동들이 산출하기가 더 쉽기 때문에 더 용이하게 습득한다는 것이다. 반면에 운동 복잡성이 더 높은 음소들은 아동들이 산출을 더 어려워하고 조음 습득 과정에서 후기에 나타난다고 하였다. 마비말장애에서 음소 습득을 결정하기 위한 *운동-복잡성 원칙(motor-complexity principle)*에 대한 Byrne의 주장은 그 원칙이 일반 아동들의 조음 습득과 동일하게 적용하였다는 것에서 비판받아왔으나, 성인 뇌성마비 환자들에서 조음 기술에 대한 Platt, Andrews, Young과 Quinn(1980)은 운동 복잡성의 중요성에 대한 Byrne의 주장을 지지하기 위한 자료를 제공해왔다.

Hixon과 Hardy(1964)는 경직형과 무정위운동형 아동들을 대상으로 조음 오류의 심각도, 음절성 교호운동의 비율과 비구어 교호운동을 연구하였고, 비구어 교호운동보다 음절성 교호운동이 조음 오류의 심한 정도에 대한 더 유용한 예측 변수가 될 수 있다고 하였다. Love, Hagerman과 Tiami(1980)는 비정상적인 구강 반사를 보이는 나이 든 뇌성마비 환자들을 연구하였고, 그 결과 비정상적인 구강 반사의 잔존 개수와 조음 숙달성 간에 체계적인 관련성이 없다고 하였다. Platt 등(1980)과 Platt, Andrews와 Howie(1980)는 성인 경직형과 무정위운동형의 조음 패턴을 연구하였고, 조음 오류 패턴만으로 두 집단을 구분할 수 없다고 하였다. 전체 연구 대상자에서 구어 교호운동의 비율은 정상 성인의 비율보다 50% 정도 더 느렸다. 성인 경직형과 무정위운동형 그룹 모두에서 마찰음과 파찰음 산출에 어려움을 보였고, 조음기관이 조음 공간에서 극명한 조음 제스처를 습득하는 것에 어려움을 보였다. 대부분의 경우에서, 이러한 피험자들은 조음산출 방법 내에서의 오류를 산출하였다. 조음 방법과 관련하여 실시한 조음 위치상의 오류는 일반적이지 않았다. 그러나 무정위운동형 화자들은 경직형 화자들보다 조음 위치에서 더 많은 오류를 보였고, 이를 통하여 무정위운동형을 포함한 이상운동형 마비말장애에서 조음 위치에 따른 목표 정확성이 낮았다는 것을 제안하였다. 요약하자면, 성인 뇌성마비인의 조음 명료도는 언어 치료를 몇 년 간 받은 후에도 낮았고, 그것은 구강운동 손상의 정도와 관련되는 것으로 나타났다.

몇 년 후에, 경직형과 무정위운동형 그룹들의 구어가 청자의 판단에 의해 구분될 수 있는지 여부를 결정하기 위한 시도가 이루어져 왔다. 초기의 연구에서 Rutherford(1944), Leith와 Steer(1958)는 속도, 음도, 강도, 조음과 명료도에 대한 청자의 판단을 통하여 두 하위 집단 사이에서 차이점을 찾는 것에 실패하였다. Platt 등(1980)은 성인 경직형 화자의 구어가 무정위운동형 화자들보다 더 명료하고 조음상의 손상이 적다는 것을 보고하였다. Clark과 Hoops(1980)는 경직형과 무정위운동형 아동의 조음 오류, 명료도, 평균 기초 주파수와 기초 주파수의 다양성과 평균 음소 압력 수준, 음소 압력 수준의 다양성과 단어 읽기 속도의 수치를 결정하기 위하여 연구하였고 경직형 아동들이 무정위운동형 아동들보다 조음 능력, 명료도와 읽기 속도가 더 높다는 것을 확인하였다. Workinger와 Kent(1991)는 두 하위 집단들 사이에 차이점을 보고하였으나, 아동이 보이는 마비말장애에 대한 그 두 집단의 지각적인 특성에도 많은 부분이 중첩된다고 하였다.

요약하면, 경직형 증후군을 보이는 아동은 무정위운동형 증후군을 보이는 아동들보다 훨씬 적은 구어 손상을 나타내고 있다. 또한, 청자의 판단에 의하여 임상적인 하위그룹을 예상하기 위해서는 몇몇 구어 태도를 반드시 포함해야만 한다. 현재, 하위 유형에 대한 신뢰로운 임상적인 진단에는 관찰 가능한 신경학적 징후들과 함께 청자의 판단을 포함해야만 할 것이다.

무정위운동형 증후군

무정위운동형은 가장 일반적인 뇌성마비의 이상운동형 증후군이다. 무정위운동형은 순수 무정위운동형(pure form)이나, 무도무정위운동형(choreoathetosis)이나 이긴장성 무정위운동형(dystonic athetosis)과 같은 이상운동형 증후군들의 혼합이 주요한 요소들로 나타날 수도 있다. 어떠한 양상에서든, 뇌성마비 집단에서 무정위운동형의 발생은 경직형 증후군들보다 더 낮다. Erenberg(1984)는 전체 뇌성마비 인구의 5%가 순수 무정위운동형(pure athetoid)이고, 10%가 이긴장성 무정위운동형이라고 보고하였다. Pharoah 등(1987)은 영국 리버풀에 거주하는 685명의 뇌성마비 대상 중 단지 4%만이 이상운동성 무정위운동형이라고 보고하였다. 연구간에 임상적인 진단과 비율이 다양함에도 불구하고, 전문가들 사이에서 뇌성마비의 다른 유형의 출현이 극적으로 변화하고 있다는 유의할만한 동의가 있다. 과거 반세기 이상, 무정위운동형의 가장 일반적인 유형은 엄마와 태아 사이의 혈액형 불일치에서 발생하는 핵황달(kernicterus)이 뇌손상의 원인이었다. Rh 혈액형 불일치는 용혈성 불일치가 가장 일반적이다. Rh 감작(적혈구 표면에 있는 항원 결정 물질에 항체가 물리적으로 부착하는 과정, sensitization)을 방지하기 위한 능력이 핵황달에서 두드러지게 감소되어서 무정위운동형을 야기하게 된다(Clarke, 1968). 무도무정위운동형 증후군을 보이는 무정위운동형은 종종 대부분 주산기 산소결핍(anoxia)에 의해서 발생한다. 무도무정위운동형은 감염, 선천적 장애와 대사이상 장애에 의해서 발생하는 것과 같이 다른 아동기 신경학적 장애에서 뇌성마비를 나타낼 수도 있다(Fenichel, 1997).

뇌성마비에서의 무정위운동형 증후군

근긴장저하(hypotonia)와 느린 움직임 발달은 종종 무정위운동형 아동들에서 운동 장애의 첫 번째 징후으로 여겨진다. 앉기 균형과 모로 반사나 비대칭성 긴장성 경반사(asymmetric tonic neck reflex, ATNR)처럼 잘 알려진 영유아 반사는 획득하기 어렵다(〈그림 3-1과 3-2 참고〉). 아동이 성장함에 따라서, 근긴장저하는 정상적인 자세 근긴장도나 혼합된 이긴장성 무정위운동형 상태(경직을 동반한 무정위운동형)로 진행될 수도 있다. 일반적으로, 모든 사지의 손상을 보이는 아동은 무정위운동형 사지마비로 진단된다. 드물게 모든 사지보다 덜 제한된 손상을 보이는 무정위운동형도 존재한다. 구어 기제는 빈번하게 손상된다. 종종 초기 삼킴장애나 침흘림의 이력을 보이고, 만성적인 삼킴장애와 마비말장애도 빈번하게 보인

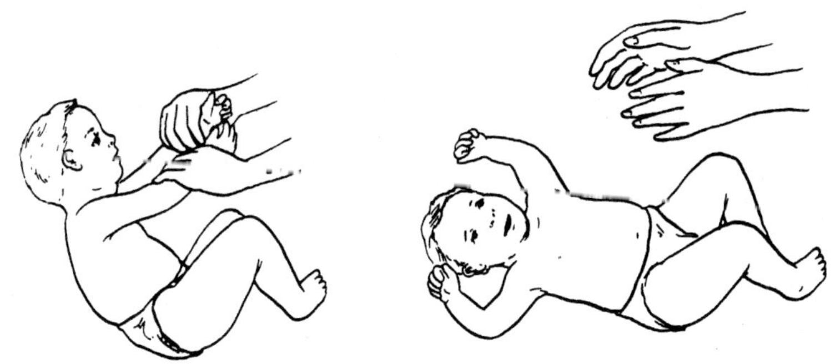

[그림 3-1] 모로 반사

이러한 반사는 영유아의 머리를 아래로 떨어뜨리거나 큰 소리를 들려주는 것에 의해서 발생한다. 모로 반사에서 지속적인 비대칭성 내전과 손가락을 벌리면서 팔을 위로 움직이는 동작을 보이고, 이후 움켜쥐는 듯한 방법으로 팔에서의 굴곡이 발생한다면 문제가 된다.

출처: 『언어치료 전문가를 위한 신경학』(3판). R. J. Love와 W.G. Webb, 1996. MA: Butterworth Publishers.

다. 인지상의 결함은 운동 장애와 동반되거나 혹은 동반되지 않을 수도 있다. 일반적으로, 사지의 운동이상에 대한 중등도는 구어 기제 손상의 중등도와 관련되지만, 몇몇 무정위운동형에서 심한 사지 손상과 구어 기제에서의 손상과 관련성이 거의 없다는 연구도 보고되었다. 그러나 불수의적인 사지 움직임과 구어 근육들의 장애에 대한 중등도 사이에는 어떠한 완벽한 상관관계도 존재하지 않았다(Hardy, 1983).

무정위운동형에서의 구어 기제의 장애

호흡 기능 무정위운동형 아동과 성인은 종종 구어 기제의 모든 중요한 요소에서 장애를 보인다. 호흡과 후두 문제는 문헌상에서 주목할 만한 주목을 받는다. 무정위운동형으로 발전하는 영유아에게서 호흡은 종종 매우 빠르고 불규칙적이다(Davis, 1987). 영유아의 호흡과 발성은 이러한 기능을 담당하는 중뇌와 교뇌에서의 핵과 함께 뇌간 수준에서 중재된다. **중뇌 수도주위 영역**(periaqueduct area)으로 알려진 뇌실계의 송수로 주변의 회백질은 신경계의 하위 수준에서 발성의 통합에 중요한 역할을 한다. 발성계를 위한 운동 조절은 뇌간으로부터 머리쪽(cephalically)과 꼬리쪽(caudally) 모두의 바깥쪽으로 발달한다(Stark, 1985). Fenichel(1997)는 중뇌수도관에서의 대뇌 손상은 무정위운동형 혹은 경직형의 어느 양상으로도 발달할 수 있는 신생아기의 저산소성-허혈성 장애가 빈번한 원인이 된다고 하였다. 이러한 손상은 뇌성마비 아동에게서 호흡을 조절하는 고위의 신경학적 중추들의 발달을 지연 혹은 방해할 수도 있다. 그 결과 연령에 따라 호흡 비율이 정상적으로 느려지는 것을 방해하고 무정위운동형에서의 호흡 패턴 조절 장애를 나타낼 수도 있다.

영유아 호흡의 또 다른 측면은 무정위운동형 아동들에게서 **복부 호흡**(belly breathing) 양상이 계속될 수 있다는 것이다. 생후 6개월 동안, 정상 영유아의 호흡 패턴은 흡기 동안 복부의 매우 우세한 움직임으로 특징지

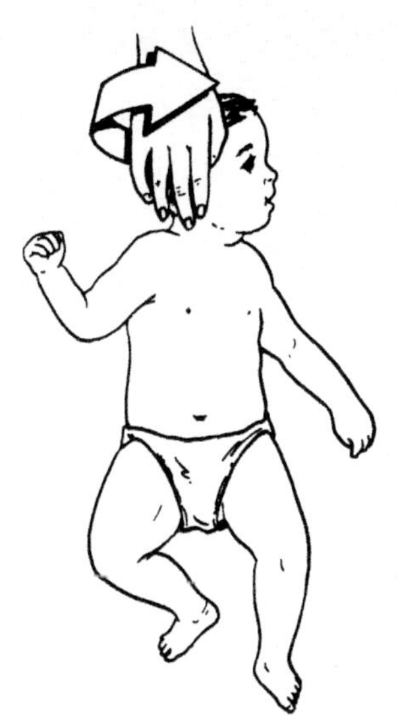

[그림 3-2] 비대칭성 긴장성 경반사(asymmetrical tonic neck reflex, ATNR)

이러한 반사는 영유아의 머리를 5초 동안 좌우로 돌려주는 것에 의해서 발생한다. 이것은 좌우로 5번씩 반복되어 실시해야만 한다. ATNR이 60초보다 더 오랜 기간 동안 사지에서 절대적인(obligatory) 신전과 굴곡으로 존재한다면 문제가 된다.

출처: 『언어치료 전문가를 위한 신경학』(3판). R. J. Love와 W.G. Webb, 1996. MA: Butterworth Publishers. Copyright 1996 by Butterworth Publishers. Reprinted by permission.

워진다. 복부 호흡은 흉곽의 확장이 전혀 혹은 거의 없는 상태에서 횡격막의 수축으로만 발생한다. 복부 호흡 동안 발생하는 흉곽의 적은 움직임은 흉강 바닥의 하부로만 이루어진다. 척추와 흉곽은 아직 영유아에게 상부 흉곽 확장을 위한 적절한 지지를 제공하지 못한다(Davis, 1987). 생후 3~6개월에 나타나는 정상적인 체중 이동 패턴은 궁극적으로 더 성숙한 호흡 패턴에서 사용될 흉곽의 근육들을 활성화시키고 강화시킨다. 약 6개월경에, 흉곽 중심부의 확장은 흡기 동안에 보여질 수 있다. 아동이 앉기 자세를 보일 때, 중력에 저항하여 척추와 흉곽의 정상적인 신전을 갖게 된다. 신체의 회전 패턴은 복사근(oblique abdominal muscles)과 늑간근(intercostal muscles)을 발달시키고 대각선으로 길게 늘이도록 한다. 이것은 삼차원적인 흉곽의 움직임을 가능하게 하고, 이러한 결과로 호흡이 증가된다(Davis, 1987). 무정위운동형 아동들에게서, 지연된 머리 균형 잡기와 앉기 자세동안의 척추의 안정성 및 신전의 부족은 아동기까지도 유지되는 신생아기의 호흡 패턴을 야기한다.

역호흡(paradoxical or reverse breathing)은 무정위운동형에서 나타나는 전형적인 비정상적인 호흡 패턴이다(Hardy, 1983; Westlake & Rutherford, 1961). 이것은 들숨 동안에 흉골(sternum)이 평평해지는 것과 하부 늑골 모서리가 펴지는 것과 함께 상부 체간이 꺼지는 듯한 양상을 보이는 것으로 정의된다. 이러한 양상은 일반적으로 횡격막의 강력한 수축과 상호작용하는 상부 체간과 목근육에서의 근력 부족에서 기인한다. 들숨 동안 이러한 세 가지 근육들은 횡격막이 아래쪽으로 내려가는 움직임을 형성하는 흉곽 내 부압(negative pressure)에 저항하여 흉곽을 고정하지 않는다. 그 결과 들숨 동안 흉곽의 크기가 제한되고 공기의 유입량이 감소된다. 구어 호흡에서는 이러한 기관들의 작용에 따른 효과가 문제가 된다. Hardy는 무정위운동형 아동들에게서 복벽의 근육들과 비교하여 종종 흉곽 근육에 상대적으로 더 심각한 장애가 발생하기 때문에, 무정위운동형 아동에게 역호흡 양상이 더욱 빈번하게 나타난다고 설명하였다. Hardy는 일반적으로 강력한 들숨에 관여하는 횡격막과 같은 근육이 하부 늑골들을 펴지도록 하는 경향을 제공한다고 확신하였다. 또한 그는 역호흡 패턴이 어느 정도 폐활량을 감소시키지만, 대부분의 환자들에게서 구어산출의 주요한 위험 요소는 되지 않는다고 확신하였다.

Hardy는 또한 호흡의 기능 부전이 증가된 성문하 압력으로 인하여 제한된 음도와 강도를 야기할 수 있다고 강조하였다. 기초 주파수는 증가된 성문하 압력과 함께 높아진다. 또한, 종종 관찰되는 무성 동족 자음을 유성 자음들로 대치하는 것이 호흡에서의 노력을 감소시키기 위한 시도로부터 야기된다고 하였다. 명백하게, 호흡 문제는 무정위운동형 마비말장애에서 구어 수행에 대한 몇몇 잠재된 부정적 효과를 갖는다.

후두 기능 후두의 기능 부전은 또한 무정위운동형 아동들에게 매우 흔히 발생한다. 초기의 연구에서, Rutherford(1944)는 무정위운동형 화자에게서 단조로운 음도를 관찰하였다. Clement와 Twitchell(1959)은 무정위운동형은 약한 음성 강도와 힘이 들어간 음질을 동반한 낮은 음도의 음성을 산출한다고 설명하였다. Hardy(1983)는 몇 명의 심한 무정위운동형 아동들이 발성하지 않는 동안에도 성도를 통하여 공기를 분출한다고 주장하였다. 이러한 무정위운동형에서의 후두 행동은 성문의 중앙에서 성대를 내전할 수 없다는 것을 제안하였다. 경미한 후두 기능 부전은 성대가 불완전하게 내전하여서 성대에서 불충분한 긴장이 나타날 때, 약한 음성 강도와 기식성의 음질을 야기할 수 있다.

반면에, 성대의 과도한 내전은 발성의 부족을 일으킬 수도 있다. 발성의 부족은 성대의 특정한 과내전(hyperadduction)을 야기할 뿐만 아니라, 전체 성대 기제의 운동성을 어렵게 하는 일반화된 과긴장성 근육 수축을 일으킬 수도 있다. 후두의 운동성을 보이지 않는 무정위운동형 환자가 발성할 때, 그 환자의 음성은 일반적으로 발성을 유지할 수 없는 상태를 동반한 초기에 들을 수 있는 성대 접촉과 함께 쥐어짜는 듯한 음질을 나타낼 것이다(McDonald, 1987).

요약하자면, 무정위운동형의 후두 기능에 대한 연구는 광범위한 경험적인 자료에 의하기보다 이전 연구자들이 언급한 의견에 의해 규정되고, 이러한 영역에서의 도구를 사용한 연구는 후두 기능 부전을 보이는 많은 뇌성마비 마비말장애의 주요한 문제로 남아 있다.

조음의 기능 부전 Kent와 Netsell(1978)은 7세~26세의 5명의 무정위운동형 피험자에 대한 고속 X-ray(cineradiographic) 자료를 보고하였다. 성도의 형태는 단모음, 무의미 VCV 발성과 짧은 문장의 조음을 사용하여 연구하였다. 가장 빈번한 구강 조음상의 비정상성은 (1) 넓은 범위의 하악 움직임, (2) 혀의 감소된 움직임에서 나타난 발성의 분절 동안에 부적절한 혀의 위치, (3) 연구개 거상의 부적절성, (4) 조음 산출 동안의 지연된 이동 시간, (5) 아래 입술의 후퇴(retrusion)가 있다.

모든 무정위운동형 피험자들에게 하악의 비정상으로 과도한 움직임 범위에 대한 설명은 대부분 추측에 의한 것이지만, 무정위운동형의 하악 움직임은 정상인보다 더 중요한 조음기관으로써 작용할 수 있다. 이 연구에서 혀는 하악의 움직임에 의존하여 넓게 움직였다. 사실, 무정위운동형 피험자들에게서 하악 움직임은 혀 움직임을 위한 주요한 운동점(mover)이 된다. 독립된 조음상 목표와 문장에서 조음 산출 목표를 위한 혀의 높이는 무정위운동형 환자들이 자신들의 하악을 조절하는 능력에 따라 다양하다. 무정위운동형 환자들은 모음산출 동안 혀의 위치가 비틀어지는 듯하고, 혀를 앞과 뒤로 위치시키는 것이 부족하다. 하악이 혀 움직임을 위한 실제로 주요한 운동점이 된다면, 하악이 부적절한 앞과 뒤로의 혀 움직임을 보상할 수 없게 되고, 음소 왜곡이 야기될 것이다.

더 많은 연구자들이 무정위운동형 화자들이 자음산출 동안 혀의 섬세한 모양 형성이 어렵다는 것을 관찰하였다. 제한된 범위의 혀 움직임과 전체로써 움직이는 혀는 조음 움직임들 사이에서 비정상적으로 긴 이동 시간을 야기하는 것으로 밝혀졌다.

모든 피험자들은 연인두 폐쇄를 수행하는 것과 연구개 위치를 유지하는 것에서 몇 가지 어려움을 갖는다. 연구개는 무비성의 연속적인 발성 동안에 연인두의 부적절한 움직임으로 인하여 부정확하게 움직이는 것으로 여겨진다. 또한, 연구개 움직임의 속도는 정상인보다 더 느리며 가변적이다. 구강 조음기관의 조절에서 이러한 비정상성에 대한 정확한 원인이 알려져 있지 않음에도 불구하고, 신체와 혀의 움직임이 비정상적인 운동과 동일한 유형을 보인다는 점에서 무정위운동형의 구강 기제에서의 이상운동성 움직임이 무정위운동형의 사지에서의 이상운동성 움직임과 매우 유사한 형태를 보인다는 것은 명백하다. 경직형과는 다르게 무정위운동형의 운동이상형에서 구강 근육과 사지 근육계는 근육 조절에서 동일한 장애를 보이는 것으로 여겨진다.

무정위운동형 마비말장애의 원인

두 가지 흥미로운 연구에서, Neilson과 O'Dwyer(1981, 1984)는 특히 무정위운동형 뇌성마비 환자에게 마비말장애의 원인이 되는 것으로 여겨지는 병리적인 기제를 발견하기 위한 연구를 실시해왔다. 구어와 신경학적인 문헌 모두에서 무정위운동형에서 나타나는 마비말장애는 구어산출 동안 다양하고 불규칙적이며 심지어 간헐적인 불수의적인 움직임에 의해서 야기된다고 하였다. Neilson과 O'Dwyer(1984)는 무정위운동형에서 나타난 마비말장애에 대한 이러한 기존의 관점에 의문을 품어왔다. 근전도에 일차적으로 기초한 증거에서, 연구자들이 무정위운동형 피험자들에게 검사 문장을 다시 산출하도록 요구하였을 때 검사 문장의 음절들에서 동일한 조음을 연속해서 반복할 수 있다는 것을 제시하였다. 불수의적인 움직임은 문장에서 음절들 간의 간격 사이에서 갑자기 발생하였으나, 음절들 자체를 조음하는 동안에는 발생하지 않았다. 문장에서 각 음절과 결합된 EMG 활동은 EMG 기록의 재산출이나 반복된 부분에서는 대부분 비정상적이었다. 이러한 자료들로부터, Neilson과 O'Dwyer는 다양하고 불규칙적인 불수의적인 활동보다 비정상적인 수의적인 활동이 무정위운동형으로 인한 마비말장애의 원인이 된다고 주장하였다.

뇌성마비 성인에 대한 초기의 연구(1981)에서 Neilson과 O'Dwyer는 뇌성마비에서 마비말장애의 가능한 원인에 대한 경쟁적인 이론들을 배제시키는 것을 허용해왔다. 이러한 이론들은 다음을 포함한다. 즉,

1. 공기 흐름에 대한 불충분한 막음은 구어 근육들의 마비에서 발생한다(Hardy, 1964, 1967).
2. 지속적인 EMG 기초 활동에서 기인한 비정상적인 근긴장도(Netsell, 1975).
3. 조음 조절을 방해하는 원시적 혹은 병리적인 반사들(Crickmay, 1966; Mysak, 1963).
4. 긍정적이고 부정적인 구강 반사 사이의 불균형(Clement & Twitchell, 1959; Twitchell, 1961).
5. 무정위운동형과 일반적으로 결합된 수의적인 움직임의 방해(Ingram & Barn, 1961; Paine & Oppe, 1966).

Neilson과 O'Dwyer(1984)는 그들의 연구로부터 무정위운동형에서 마비말장애의 원인으로 구어산출 동안 비정상적인 수의적 운동 요구의 패턴과 불수의적인 움직임이 어떤 세트보다 무정위운동형에서 발생한다고 제안하였다. 또한 무정위운동형 뇌성마비에서 나타나는 마비말장애의 비정상적인 수의적인 운동 패턴의 원인을 설명하기 위한 이러한 다섯 개의 이론들과 관련된 자료를 제시하였다.

이러한 연구자들은 대뇌 손상이 구어산출을 위한 적절한 운동 요구들이 발생하는 동안 정상적인 감각운동상 통합을 불가능하게 하기 때문에 무정위운동형에서 부적절한 요구들을 발생시킨다고 가정하였다. 적절한 움직임을 요구하기 위한 내적인 감각운동 피드백계의 방해는 불수의적으로 무정위운동형과 다른 사람들에 의해서 수용되는 잘못된 움직임의 발생을 일으킨다. 이 연구의 중요성은 무정위운동형에서 구어 움직임상의 문제점에 대해 밝히기 위한 체계적인 연구였으며, 초기 구어와 신경학적인 연구에서 명백하게 밝히지 못한 마비말장애의 유형을 구어산출의 신경학적 기제에 기초하여 명백하게 하고자 하는 가능성을 제시하였다는 것이다. 무정위운동형과 경직형에서 나타나는 일반적인 구어 증상들에 대한 요약은 〈표 3-1〉에 제시하였다.

〈표 3-1〉 경직형과 무정위운동형에서 나타나는 아동기 마비말장애의 일반적인 구어 징후들

호흡	발성	공명	조음	운율
빠른 비율	부족한 음도 조절	과다 비성	경직형이 무정위운동형보다 다소 우세	강도, 주파수와 타이밍에서의 감소된 다양성
복부 호흡 (abdominal breathing)	부족한 강도 조절	비성누출	조음발달은 체계적이지만 지연됨	발성 동안 일반적으로 단음조로 발성
무정위운동형에서의 역호흡 양상	단음도	부족한 구강 내 공기압력	운동 복잡성은 발성을 더욱 어렵게 함	느린 비율
제한된 상부 체간 확장	기식성 (breathiness)	연인두 부적절성의 다양한 유형	무정위운동형은 조음기관의 광범위한 움직임을 사용	운율에 대한 공식적인 연구가 없음
퍼진 아래 늑골	성대의 부족한 내전과 외전	연인두 폐쇄의 부족	주요한 조음기관으로써 하악을 주로 사용	
부족한 1회 호흡량 조절	성대의 다양한 긴장성	연인두 근육의 부조화	성인 환자들은 구강 움직임이 정상인보다 50% 정도 느림	
증가된 성문하압	일반화된 후두의 비가동성 발성과 호흡에서의 부족한 타이밍		무정위운동형은 대치 이외에도 몇몇 문제를 보이지만, 경직형은 그렇지 않음	

실조형 증후군

실조형은 빈번하지 않은 뇌성마비의 하위 유형이다(Crothers & Paine, 1959; Hardy, 1983). Pharoah 등(1987)은 자신들이 조사한 대상자 중에서 실조형의 출현율이 4.2%라고 보고하였다. 다른 최근의 연구자들은 심지어 그 분류조차 언급하지 않았다(Erenberg, 1984). 실조형 뇌성마비에서의 장애는 주로 불협응(dyssynergia)이 나타나고, 실조형 아동들에게 있어 가장 중요한 징후는 넓은 범위로 갑작스럽게 흔들리며(lurching) 비틀거리면서(staggering) 걷는 것이다(Fenichel, 1997). 실조형에서 보일 수 있는 또 다른 전형적인 징후들은 저긴장성, 운동 거리 측정의 장애(dysmetria), 행동 시 진전(action tremor)과 안구진탕증(nystagmus)이다(2장 참조). 선천적이며 만성적인 실조형의 원인은 소뇌의 기형, 대사이상 장애, 출생 시 충격과 염색체 이상이다(Fenichel, 1997; Ingram, 1966). 실조형과 경직형의 혼합형이 아동에게서 나타나는 실조형의 빈번한 하위 유형이다. 이러한 아동들은 대개 하지에서는 경직형 징후를 보여서 실조형 양하지마비라고 명명되기도 한다(Ingram, 1966).

실조형 마비말장애에서 구어 기제의 장애

실조형 마비말장애 아동의 구어에 대한 체계적인 연구는 보고되지 않았지만, 임상적인 관찰들에서 나타난 실조형 뇌성마비의 구어 특징들은 성인 실조형 마비말장애 환자의 특징들과 매우 유사하다. Ingram은 실조형 뇌성마비에서 나타나는 구어 징후들을 다음과 같이 열거하였다. 즉 구어 발달 지체, 음소의 대치와 생략에서의 불일치, 과장되고 동일한 강세(scanning speech), 운율이상(dysrhythmia) 및 억양과 강세에서 수반된 장애를 나타낸다.

Darley 등(1975)은 성인 실조형 마비말장애에서 부정확한 자음, 불규칙적인 조음 붕괴, 모음 왜곡, 과도하고 동일한 강세, 지연된 음소, 느린 비율의 단음도, 단강도와 거친 목소리를 포함한 10가지의 일탈적으로 지각된 구어 특징들을 보고하였다. 그들은 조음에서의 부정확성이 환자들의 움직임에 대한 실수와 반복된 움직임에 대한 운율 이상으로 인하여 발생한다고 제안하였다. 과도한 운율은 느리고 반복된 구강 움직임을 야기하고, 발성-운율상의 부정확성은 저긴장형에서 기인한다고 하였다. 이러한 성인 실조형 마비말장애에 대한 설명과 함께 Kent와 Netsell(1975)과 Kent, Netsell과 Abbs(1979)는 뇌성마비에서 실조형 마비말장애에 대한 Ingram의 초기 임상적인 설명과 동일한 설명을 제시하였다. 실조형 뇌성마비에서 나타나는 구어 장애에 대한 각 환자의 임상적인 관찰에서 두 가지 관점이 제시되었다. 첫 번째, 조음 장애의 심한 정도는 구강운동 장애의 정도보다 일반적으로 지적 수준과 더 밀접하게 관련될 수도 있다. 두 번째, 뇌성마비에서 실조형 마비말장애는 일반적으로 경미한 장애로써 보여질 수도 있지만(대개 경직형이나 무정위운동형으로 인한 마비말장애보다 경도로), 어린 아동의 일반적인 발달 지연 장애와 분리시키는 것이 어렵다면 반드시 그렇지만은 않을 것이다.

요약 Summary

뇌성마비는 일반적으로 3세 이전에 발생하는 뇌의 손상으로 인하여 자세나 움직임에서 나타나는 비진행성 장애를 말한다. 뇌성마비에는 세 가지 주요한 유형이 있다. 이는 경직형, 무정위운동형(이상운동형)과 실조형으로 분류된다. 이러한 주요한 유형들의 각각은 경직형, 무정위운동형 및 실조형과 같이 특징지어지는 마비말장애 유형을 동반한다. 경직형 증후군은 현재 뇌성마비 집단 중에서 가장 두드러지고, 경직형 편마비, 대마비, 하지마비와 사지마비로 분류된다. 경직형 양하지마비와 사지마비는 주로 구어상의 문제를 갖는다. 과도한 근긴장도에 기초한 근방추는 경직형 증후군에서 구어 움직임 손상에 두드러진 역할을 하지는 않으나 근육 약증, 조음기관의 불안정성과 정확한 조음 지점을 맞추는 것에서의 어려움은 경직형 환자들의 구강 움직임으로 특징짓는다.

경직형 아동들은 호흡과 조음 기능에서 무정위운동형 타입보다 다소 우세하다. 후두에서 나타나는 문제점들을 실험실에서 아직 체계적으로 연구하지는 못하였지만, 심각한 후두 조절상의 문제점은 아마도 경직형과 무정위운동형 모두에서 나타날 수도 있다. 연인두의 기능 부전은 경직형과 무정위운동형 집단 모두에서 빈번하게 발생하며 정상적인 공명, 조음과 명료도에 주요한 위험요소가 될 것으로 여겨진다. 뇌성마비에서 조음 습득을 설명하기 위하여 운동 복잡성의 원칙은 아동과 마찬가지로 성인에게 조음 오류의 패턴을 설명하는 데도 유용하다. 많은 뇌성마비 성인들이 지속적으로 언어치료를 받음에도 불구하고, 이들은 종종 말 명료도와 구강-운동 움직임에서 심각한 장애가 지속된다.

무정위운동형 아동들은 아동기 이상운동형 마비말장애의 가장 주된 유형으로 여겨진다. 이들에게서 나타나는 마비말장애는 간헐적인 불수의적인 움직임의 결과라기보다는 수의적인 움직임을 프로그램화하는 것에서의 어려움으로 인하여 나타난다.

선천적인 실조형 뇌성마비는 빈번하지 않고, 제한된 연구가 실조형의 구어 특징을 설명하고 있다. 그러나 임상적인 증거는 잘 설명된 성인 실조형 마비말장애와 매우 유사하다는 사실을 지적하고 있다.

뇌성마비의 임상적인 유형의 출현율이 변하고 있고 두드러지게 뇌성마비 전반의 출현율이 감소하고 있음에도 불구하고, 뇌성마비로 인한 아동기 마비말장애는 미국에서 아동기 운동구어장애의 가장 빈번한 요인으로 존재한다.

추천 도서 Suggested Reading

Hardy, J. C. (1983). Cerebral palsy. Englewood Cliffs, NJ: Prentice-Hall.

Miller, G., & Clark, G. D. (Eds.). (1988). The cerebral palsies. Boston: Butterworth Heinemann.

Stark, R. E. (1985). Dysarthria in children. In J. B. Darby (Ed.), Speech and language evaluation in neurology: Childhood disorders (pp. 185-217). New York: Grune & Stratton.

Thompson, G. H., Rubin, I. L., & Bilenker, R. M. (Eds.). (1983). Comprehensive management of cerebral palsy. New York: Grune & Stratton.

참고 문헌 References

Achilles, R. (1955). Communication anomalies of individuals with cerebral palsy. I. Analysis of communication processes in 151 cases of cerebral palsy. Cerebral Palsy Review, 16, 15-24.

Barlow, S. M., & Abbs, J. H. (1984). Orofacial fine-motor control impairments in congenital spasticity: Evidence against hypertonus-related performance deficits. Neurology, 34, 145-150.

Barlow, S. M., & Abbs, J. H. (1986). Fine force and position control of selected orofacial structures in the upper motor neuron syndrome. Experimental Neurology, 94, 699-713.

Blumberg, M. (1955). Respiration and speech in the cerebral palsied child. American Journal of the Diseases of Children, 89, 48-53.

Byrne, M. (1959). Speech and language development in athetoid and spastic children. Journal of Speech and Hearing Disorders, 24, 231-240.

Clarke, C. A. (1968). The prevention of 'rhesus' babies. Scientific American, 119 (November), 46-52.

Clarke, W. M., & Hoops, H. R. (1980). Predictive measures of speech proficiency in cerebral palsied speakers. Journal of Communication Disorders, 13, 385-394.

Clement, M., & Twitchell, T. E. (1959). Dysarthria in cerebral palsy. Journal of Speech and Hearing Disorders, 24, 118-122.

Crickmay, M. C. (1966). Speech therapy and the Bobath approach to cerebral palsy. Springfield, IL: C. C. Thomas.

Crothers, B., & Paine, R. (1959). The natural history of cerebral palsy. Cambridge, MA: Harvard University Press.

Darley, F. L., Aronson, A. E., & Brown, J. E. (1975). Motor speech disorders. Philadelphia: W. B. Saunders.

Davis, L. F. (1987). Respiration and phonation in cerebral palsy. Seminars in Speech and Language, 8, 101-106.

Denhoff, E. (1976). Medical aspects. In W. M. Cruickshank (Ed.), Cerebral palsy: A developmental disability (3rd rev. ed., pp. 31-71). Syracuse, NY: Syracuse University Press.

De Reuck, J., & Vander Eecken, H. (1983). Brain maturation and types of perinatal hypoxic-ischemic encephalopathy. European Neurology, 22, 261-264.

Erenberg, G. (1984). Cerebral palsy. Postgraduate Medicine, 75, 87-93.

Fenichel, G. M. (1983). Hypoxic-ischemic encephalopathy in the newborn. Archives of Neurology, 40, 261-266.

Fenichel, G. M. (1997). Clinical pediatric neurology (3rd ed.). Philadelphia: W. B. Saunders.

Hardy, J. C. (1964). Lung function of athetoid and spastic quadriplegic children. Developmental Medicine and Child Neurology, 6, 378-388.

Hardy, J. C. (1967). Suggestions for physiologic research in dysarthria. Cortex, 3, 128-156.

Hardy, J. C. (1983). Cerebral palsy. Englewood Cliffs, NJ: Prentice-Hall.

Hixon, T. J., & Hardy, J. C. (1964). Restricted motility of the speech articulators in cerebral palsy. Journal of Speech and Hearing Disorders, 29, 293-306.

Ingram, T. T. S. (1966). The neurology of cerebral palsy. Archives of Diseases of Childhood, 41, 337-357.

Ingram, T. T. S., & Barn, J. (1961). A description and classification of common speech disorders associated with cerebral palsy. Cerebral Palsy Bulletin, 3, 57-69.

Irwin, O. C. (1972). Communication variables of cerebral palsied and mentally retarded children. Springfield, IL: C. C. Thomas.

Kent, R. D., & Netsell, R. (1975). A case study of an ataxic dysarthric: Cineradiologic and spectrographic observations. Journal of Speech and Hearing Disorders, 40, 115-134.

Kent, R. D., & Netsell, R. (1978). Articulatory abnormalities in athetoid cerebral palsy. Journal of Speech and Hearing Disorders, 43, 353-373.

Kent, R. D., Netsell, R., & Abbs, J. H. (1979). Acoustic characteristics of dysarthria associated with cerebellar disease. Journal of Speech and Hearing Research, 22, 627-648.

Kudrjavcev, T., Schoenberg, B. S., Kurland, L. T., & Groover, R. V. (1983). Cerebral palsy—trends in incidence and changes in concurrent mortality: Rochester, MN, 1950-1976. Neurology, 33, 1433-1438.

Leith, W., & Steer, M. (1958). Comparison of judged speech characteristics of athetoids and spastics. Cerebral Palsy Review, 19, 15-20.

Lencione, R. (1953). A study of the speech sound ability and intelligibility status of a group of educable cerebral palsied children. Unpublished doctoral dissertation, Northwestern University, Evanston, IL.

Lenn, N. J., & Freinkel, A. (1989). Facial sparing in patients with prenatal onset hemiparesis. Pediatric Neurology, 5, 291-295.

Little, W. J. (1861). On the influence of abnormal parturition, difficult labour, premature birth, and asphyxia neonatorum on the mental and physical condition of the child, especially in relation to deformities. Lancet, 2, 378-380.

Lord, J. (1984). Cerebral palsy: A clinical approach. Archives of Physical

Medicine and Rehabilitation, 65, 542-548.

Love, R. J., Hagerman, E. L., & Tiami, E. G. (1980). Speech performance, dysphagia and oral reflexes in cerebral palsy. Journal of Speech and Hearing Disorders, 45, 59-75.

McDonald, E. T. (1987). Speech production problems. In E. T. McDonald (Ed.), Treating cerebral palsy (pp. 1-19). Austin, TX: Pro-ed.

McDonald, E. T., & Chance, B., Jr., (1964). Cerebral palsy. Englewood Cliffs, NJ: Prentice-Hall.

Mysak, E. D. (1963). Dysarthria and oropharyngeal reflexology: A review. Journal of Speech and Hearing Disorders, 28, 252-260.

Neilson, P. D., Andrews, G., Guitar, B. E., & Quinn, P T. (1979). Tonic stretch reflexes in lip, tongue and jaw muscles. Brain Research, 178, 311-327.

Neilson, P. D., & O∏Dwyer, N. J. (1981). Pathophysiology of dysarthria in cerebral palsy. Journal of Neurology, Neurosurgery and Psychiatry, 44, 1013-1019.

Neilson, P. D., & O∏Dwyer, N. J. (1984). Reproducibility and variability in athetoid dysarthria of cerebral palsy. Journal of Speech and Hearing Research, 27, 502-517.

Netsell, R. (1969). Evaluation of velopharyngeal function in dysarthria. Journal of Speech and Hearing Disorders, 36, 113-122.

Netsell, R. (1975). Kinesiology studies of the dysarthrias. Paper presented at the Workshop on Speech Perception and Production, Stockholm University, Sweden.

Paine, R. S., & Oppe, T. E. (1966). Neurological examination of children. Clinics in developmental medicine (Nos. 20/21). London: Spastics Society/Heinemann.

Pharoah, P. O. D., Cooke, T., Rosenbloom, I., & Cooke, R. W. I. (1987). Trends in birth prevalence of cerebral palsy. Archives of Disease in Childhood, 62, 379-384.

Platt, L., Andrews, G., & Howie, F. M. (1980). Dysarthria of adult cerebral palsy. II. Phonemic analysis of articulation errors. Journal of Speech and Hearing Research, 23, 41-55.

Platt, J. F., Andrews, G., Young, M., & Quinn, P. T. (1980). Dysarthria of adult cerebral palsy. I. Intelligibility and articulatory impairment. Journal of Speech and Hearing Research, 23, 28-38.

Riva, D., & Cazzaniga, L. (1986). Late effects of unilateral brain lesions sustained before and after age one. Neuropsychologia, 24, 423-428.

Rutherford, B. (1944). A comparative study of loudness, pitch, rate, rhythm and quality of speech of children handicapped by cerebral palsy. Journal of Speech and Hearing Disorders, 9, 262-271.

Stark, R. E. (1985). Dysarthria in children. In J. B. Darby (Ed.), Speech and language evaluation in neurology: Childhood disorders (pp. 185-217). New York: Grune & Stratton.

Twitchell, T. E. (1961). The nature of the motor deficit in double athetosis. Archives of Physical Medicine and Rehabilitation, 42, 63-67.

Westlake, H., & Rutherford, D. R. (1961). Speech therapy for the cerebral palsied. Chicago: National Easter Seal Society for Crippled Children and Adults.

Woods, B. T. (1987). Impaired speech shadowing after early lesions of either hemisphere. Neuropsychologia, 25, 519-525.

Woods, B. T., & Teuber, H. L. (1973). Early onset of complementary specialization of cerebral hemispheres. Transactions of the American Neurological Association, 98, 113-117.

Workinger, M. S., & Kent, R. D. (1991). Perceptual analysis of the dysarthrias in children with athetoid and spastic cerebral palsy. In C. A. Moore, M. M. Yorkston, & D. R. Beukelman (Eds.), Dysarthria and apraxia of speech (pp. 109-206). Baltimore: P. H. Brookes.

Yorkston, K. M., & Beukelman, D. R. (1981). Assessment of intelligibility of dysarthric speech. Tigard, OR: C. C. Publications.

Yorkston, K. M., Beukelman, D. R., & Bell, K. R. (1988). Clinical management of dysarthric speakers. Boston: Little, Brown.

Yorkston, K. M., Beukelman, D. R., Strand, E. A., & Bell, K. R. (1999). Management of dysarthric speakers in children and adults (2nd ed.). Austin, TX: Pro-ed.

4 *Childhood Motor Speech Disability*

하위운동신경원과 관련된 아동기 마비말장애

하위운동신경원의 장애로 인하여 그 장애가 발생하였다면, 그것은 말초성이라고 할 수 있고, 상위운동신경원의 손상이라면 중추성이라고 할 수 있다. 각 유형의 특징에 따라 중추성 혹은 말초성 사이에서의 차이점은 몇 가지 일반화가 요구되는 치료에서 각각 중요한 적용을 하도록 한다.

—Robert West, Merle Ansberry, & Ann Carr, 1957

개요

운동 단위 장애

하위운동신경원 혹은 말초 신경계의 장애는 운동 단위의 개념을 사용함으로써 가장 잘 이해되고 분류된다. 이러한 개념은 하위운동신경원의 신경근육상의 질환을 분류하기 위하여 필요한 해부학적 위치에 대한 설명을 제공한다. 마비말장애를 수반하는 질환들을 설명하기 위한 운동 단위의 일차적인 위치들을 언급하였던 2장에서의 설명을 다시 살펴보고자 한다.

1. 상부 척수 그리고/혹은 뇌간에 위치한 뇌신경의 운동 세포
2. 뇌신경과 상부 척수신경의 축삭
3. 근육과 함께 이러한 신경들의 신경근육 연접
4. 신경 섬유들

이러한 해부학적 위치는 〈그림 4-1〉에 제시하였다.

Swaiman과 Wright(1979)는 병리학상 해부학적 위치와 하위운동신경원에서 병리적인 질환 모두에 기초하여 두 가지 기준으로 소아 신경근육장애를 분류하였다. 예를 들어, 급발성 전면 연수에서 발생하는 소아마비(acute anterior bulbar poliomyelitis)와 뫼비우스 증후군은 척수에서의 운동 신경 그리고/혹은 뇌간에 있는 뇌신경의 운동 신경 질환이다. 소아마비(poliomyelitis)는 감염성 질환이고, 반면에 뫼비우스 증후군은 선천적인 것이다.

이러한 병인과 함께 손상 부위를 고려하는 것은 유력한 분류 체계가 되었고, 다양한 원인들과 함께 신경학적인 질환에 대한 광범위한 집합체를 요구하였다. Swaiman과 Wright은 신경근육학적인 질환들에 대한 다양한 원인들을 분류하였다. 즉 (1) 선천성, (2) 감염성, (3) 유독성의, (4) 대사이상성 변형(metabolic degenerative), (5) 혈관성(vascular), (6) 종양

성(neoplastic)이 그것이다. 일반적으로 마비말장애를 나타내고 이 장에서 설명될 운동 단위 질환은 〈표 4-1〉에 나열하였다.

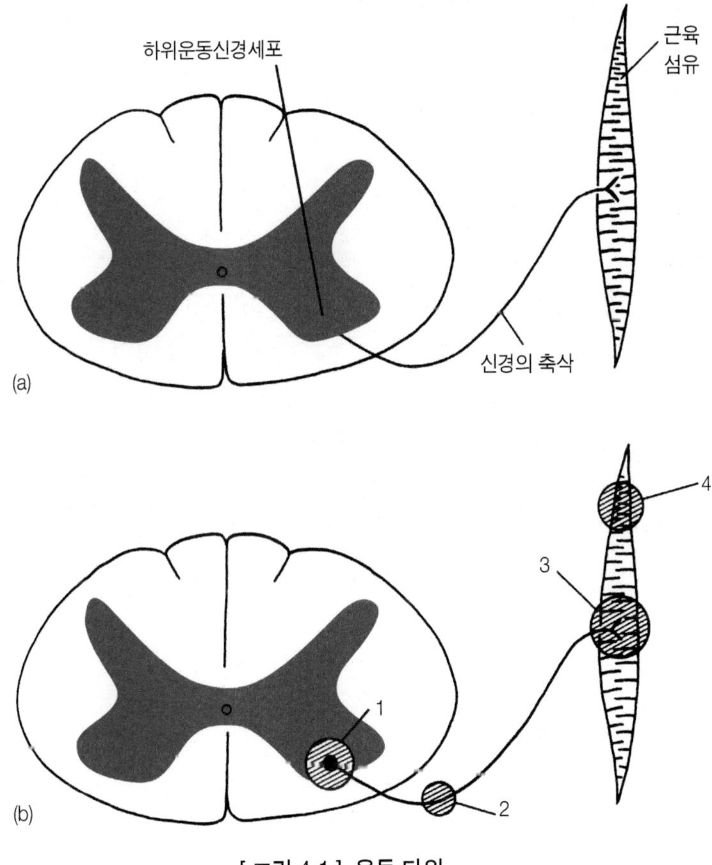

[그림 4-1] 운동 단위

(a) 하위운동신경원의 세포체, 신경의 축삭과 근섬유로 구성된 운동 단위의 구성요소들, 운동신경원의 어떠한 지점에서의 손상은 하위운동신경원 증후군의 징후를 나타낼 것이다. (b) 운동 단위에서 손상 위치와 하위운동신경원 장애의 유형. 즉 (1) 세포체(운동신경원 질환, motor neuron disease), (2) 하위운동신경원 제거(denervation, 운동신경장애 motor neuropathy), (3) 근신경 접합부(myoneural juncture, 신경근육병 neuromyopathy), (4) 근섬유(근육병 혹은 이영양증)를 나타낸다.

출처: 『언어치료 전문가를 위한 신경학』(3판). R. J. Love와 W.G. Webb, 1996, Stoneham, MA: Butterworth Publishers. Copyright 1996 by Butterworth Publishers. Reprinterd by permission.

〈표 4-1〉 이완형 마비말장애를 나타내는 하위운동 단위에 대한 소아기 질환들

전각세포와 뇌신경 운동 뉴런의 장애
청소년 진행성 연수 마비(파지오-론데병 Fazio-Londe disease)
뫼비우스 증후군(선천적인 얼굴 하지마비)
말초와 뇌신경 축삭의 장애
길리안-바레 증후군
벨 마비(안면 신경 마비)
저작근과 설하신경의 마비
성대 마비
구개 마비
가족성자율신경기능이상(familial dysautonomia, 라이-데이 증후군 Riley-Day syndrome)
신경근 연접 장애
일반화된 중증 근무력증(generalized myasthenia gravis)
근육 장애
듀켄씨근이양증(Duchenne muscular dystrophy)
근긴장성이영양증(myotonic dystrophy)
소아견갑상완근만증(infantile fascioscapulohumeral, FSH)으로 인한 이양증
근육병(myopathies)

발생률

언어치료 전문가의 연구나 신경학자의 연구 모두에서 소아 신경운동 장애로 인한 마비말장애에 대한 연구는 드물게 이루어졌다. 그러한 한 가지 이유는 각각의 운동 단위 질환이 상부운동신경원의 신경운동장애보다 훨씬 덜 빈번하게 발생한다는 것이다. 운동 단위 장애의 많은 장애가 신경학과에서 일반적으로 발생하지 않는다고 하였고, 다른 전문가들도 드물게 발생한다고 분류하였다. 그렇더라도, 이러한 일반적이지 않은 장애들의 몇몇은 언어치료 전문가의 주의와 관심을 요구하는 매우 심각한 마비말장애를 동반한다.

정확한 출현율이 마비말장애를 포함한 모든 소아 신경근육 질환에 적

용되지는 않더라도, 관련 출현율에 대한 대략적인 추정은 아동기 상위운동신경원장애와 하위운동신경원장애의 평균적인 출현율을 비교하는 것을 가능하게 할 수 있다. Pharoah, Cooke, Rosenbloom과 Cooke(1987)은 아동기 상위운동신경원장애의 가장 일반적인 뇌성마비의 평균 출현율이 1,000명당 2.5명의 비율로 발생한다고 추정하였다. 대조적으로, 가장 일반적인 하위운동신경원장애인 듀켄씨근이양증은 4,425명의 남아 중에서 1명의 평균 출현율을 보였다(Moser, 1984). 이러한 예에서, 상위운동신경원장애는 아동기 하위운동신경원장애보다 대략 10배 정도 더 많이 발생한다. 또한, 소아근이양증 인구는 뇌성마비와 같은 만성적인 아동기 마비말장애로 발전하는 것은 아니었다. 구어장애를 보이는 아동들은 대개 그 실환이 진행되는 특성과는 다르게 느리게 나타났으나, 뇌성마비로 인한 마비말장애는 더욱 만성적이었다.

척수의 전각세포와 하위 뇌간의 상동세포(homologous cell)의 바이러스 감염으로 발생하는 급발성 전면 연수에서 발생하는 소아마비(acute anterior bulbar poliomyelitis)는 한때 아동기 하위운동신경원 마비말장애의 일반적인 원인이었다. 1954년에 소크백신(Salk vaccine)과 1960년대에 약독생백신(attenuated live vaccine)의 출현과 함께, 이러한 마비말장애는 오늘날 미국에서는 매우 드물게 나타나고 있다(Fenichel, 1997). 때때로 몇몇 사례가 백신의 작용으로 발생하기는 하지만, 그것은 어떠한 일정한 크기의 마비말장애 인구로는 구성되지 않는다.

또한 신경근 연접 질환은 아동기에 빈번하게 발생하지 않는다. 중증근무력증은 이러한 질환의 가장 빈번한 원인이지만, 중증 근무력증 환자의 단지 약 1%만이 아동에게 발생한다(Teng & Osserman, 1956). 중증 근무력증의 발생률은 인구 100,000명당 0.5~3% 수준으로 발생한다(Kurland & Alter, 1961). 또한 피로감(fatigability)과 근육 약증과 같은 중증 근무력증 환자의 전형적인 특징은 텐실론 약의 투약 후 진찰 동안에 급속하게 진전된다. 그러므로 중증 근무력증에게서 나타날 것이라 기대되는 연수 징후(bulbar sign)의 확증을 위하여, 언어치료 전문가에게 진단이 의뢰되지 않고 이루어질 수 있다. 또한 수술 이후 흉선절제술(thymectomy)치료와 약물치료는 대개 효과적이고 구어 증상들은 완화되거나 방지된다. 의사들은 종종 대부분의 중증 근무력증 환자들의 관리를 위하여 언어치료의 필요성을 언급할 필요가 없다는 것을 안다.

그러나 운동 단위에서 다른 아동기 마비말장애는 의료적 관리가 비효과적이고 언어치료 전문가에게 의뢰하는 것이 필요할 것이다. 소아기 신경근육 질환에서의 마비말장애 집단에 대한 조사는 언어치료 전문가에게 의뢰될 것이지만, 최초의 운동 단위 장애에서의 전형적인 마비말장애는 논란이 될 것이다.

하위운동 단위 장애의 구어 징후

그들의 다양한 해부학적 위치에서 소아 신경근육 질환에 대한 광범위한 목록에도 불구하고, 구어 징후는 모든 운동 단위 장애에서 동일하게 보여질 것이고, 그들은 모두 하위운동신경원 혹은 이완형 마비말장애로 분류될 수 있다. 메이요 클리닉에서의 분류는 하위운동신경원장애로 인한 구어 장애를 이완형 마비말장애라는 용어로 설명해왔다(Darley, Aronson, & Brown, 1975). 메이요 클리닉 연구(Darley, Aronson, & Brown, 1969 a & b)는 이완형 마비말장애로 공인하기 위하여 나타나는 9가지 구어 징후들을 정의하였다. 가장 우세한 특징에서부터 가장 우세하지 않은 특징의 순으로 열거한 구어 징후는 다음과 같다. 즉 (1) 과다비성, (2) 부정확한 자음, (3) 지속적인 기식성, (4) 단음조, (5) 비성누출(nasal emission), (6) 가청 흡기(audible inspiration), (7) 거친 음성, (8) 짧은 구, (9) 단음도가 그것이다. 9개의 구어 징후들 모두가 주어진 신경근육 질환 아동들 모두에게 나타나지는 않는다는 것을 잘 기억해야 한다. 예를 들면, 얼굴 근육을 자극하는 뇌신경 7번의 장애를 입은 아동은 최소한으로 양순음 조음의 일시적인 어려움을 보일 것이다. 반면에 심각한 진행성의 듀켄씨근이양증을 갖는 아동은 그 질환의 마지막 단계에서 위에서 열거된 9개의 목록과 다른 몇 가지 구어 징후를 보일 수 있다.

이완형 마비말장애에서 구어 징후들의 집합

메이요 클리닉 연구는 또한 몇 가지 구어 징후들의 결합이 구어 기제 근육의 기본적인 조절에서의 장애를 야기할 수도 있다는 것을 입증하였다. 그 연구는 통계적으로 이완형 마비말장애를 유발하는 세 가지 구어 징후의 집합을 발견하였다. 예를 들면, 비성누출, 부정확한 자음과 과다비성과 같은 징후들은 이완형 마비말장애에서 짧은 구 산출과 관련된다. 이러한 네 가지 일탈적인 구어 징후는 연구자들이 **공명 장애**(**공명 불능**, resonatory incompetence)라고 명명한 통계적으로 주요한 집합을 형성한다. 이러한 집합은 근육을 수축하기 위한 힘의 부족과 연인두 문의 폐쇄를 조절하는 것에서의 근육의 기능 불능에서 야기되는 것으로 여겨진다.

두 개의 다른 집합들은 통계적으로 이완형 마비말장애의 일탈된 구어 징후들로부터 얻어졌다. 이것은 기식성, 가청 흡기와 짧은 구를 포함한 **발성 장애**(**발성 불능**, phonatory incompetence)라고 명명되며, 그것은 근육 수축력 부족의 결과로 발생한다고 여겨진다.

세 번째 집합은 **발성-운율 부족**(phonatory-prosodic insufficiency)이라고 명명된다. 이러한 집합은 단음도, 단강도와 거친 음성을 포함한다. 저긴장형의 일탈된 신경근육 징후는 이러한 집합의 원인이 되는 것으로 여겨진다.

신경근육 증상들과 구어 징후들

신경 단위 장애들은 전형적으로 약증, 저긴장형과 근육의 피로감과 같은 신경근육 증상들과 결합된다. 하위운동 단위 질환의 중요한 증상인 약증은 특정한 근육 혹은 근육집단에서의 힘을 감소시키는 것으로써 정의된다(Swaiman & Wright, 1979). 아동이 보이는 문제에 대한 사례력을 수집할 때, 대근육의 약증은 대개 의사가 운동 기술 획득상의 어려움에 대하여 기술한 내용이나 발달 동안 운동 기술의 손상에 의해서 알 수 있다. 동일하게, 언어치료 전문가는 선천적인 신경근육 장애를 가진 아동의 사례력에서 초기 섭식 문제점과 과도한 침흘림에 대한 보고가 있을 때, 소근육 약증에 대한 제안을 발견할 수도 있다.

의사와 언어치료 전문가 모두는 신경근육 장애에서 약증을 고려한다. **약한 근육**(weak muscle)은 원하는 힘으로 수축한 다음에 이완하는 것이 불충분한 것으로써 정의된다. 반면에 **정상 근육**(normal muscle)은 상당한 시간 동안에 저항에 이길만한 수축과 그 수축을 유지하는 것이 충분한 것을 말한다. 의사들은 환자에게 체간과 사지에서 근육을 수축하도록 한 후에 저항에 대항해서 수축을 유지하도록 함으로써 약증을 검사한다. 예를 들면, 의사는 환자에게 팔꿈치 수준에서 환자 자신의 팔 근육을 수축하도록 요청하거나 환자 자신의 이두박근(biceps)을 수축하도록 요구할 수도 있다. 그때 의사는 그 손목을 당겨서 팔을 펴도록 하고 그때 환자에게 그 팔을 계속해서 굴곡하도록 요청할 것이다. 의사가 굴곡된 상태에서 쉽게 팔을 펼 수 있다면, 약증으로 추측할 수 있다.

동일하게 언어치료 전문가가 입술, 얼굴, 혀, 턱과 연인두에서 약증을 평가할 수도 있다. 혀와 입술 움직임에 저항을 주기 위하여 혀등(tongue blade)에 힘을 제공하여 입술과 혀의 움직임에서의 저항을 평가할 수도 있다. 연인두 근육의 약증은 구개인두근(palatopharyngeal muscle)에 대한 직접적인 관찰에 의해서 확인할 수 있다. 한쪽의 구개근의 약증은 연구개가 올라갈 때 구개궁(palatal arch)의 비대칭적인 거상이 있다면 결정적으로 확인할 수 있다. 양쪽 구개궁의 느리거나 부적절한 거상은 대개 연구개의 양측성 약증을 나타낸다. 하악 개방은 손을 사용하여 저항을 제공할 수도 있고, 입을 중간 정도의 저항에 대항해서 벌릴 수 없다면 하악 내림근의 약증을 확증할 수 있다.

두 번째 신경근육 질환에 대한 결정적인 증상은 피로감이다. **피로**(fatigue)는 지속적으로 반복된 운동 활동을 수행하는 것이 어려운 것이다. 운동 단위 장애를 가진 몇몇 아동들은 약한 근육을 보이지 않지만, 운동 활동을 유지하는 힘의 부족을 경험한다. 언어치료 전문가는 구어 기제에서 근육의 비정상적인 피로감을 주기 위하여 아동에게 다른 조음기관들을 포함하여, 지속적인 교호운동 음절 비율(음절당 운동 비율을 번갈아가며 수행하도록 하는 것)을 산출하도록 요청하여서 평가할 수 있다. 불완선하게 유지된 비율들은 비정상적인 근육 피로도를 나타낸다.

저긴장 혹은 정상적인 근육 긴장도의 감소는 운동단위 질환에 대한 세 번째 주요한 증상이다. 저긴장성이란 일반적으로 약증과 함께 나타나지만, 그것은 약증의 부재로도 나타날 수 있다. 저긴장성을 평가하기 위한 전형적인 방법은 수동적인 움직임을 수행하는 동안에 감소된 저항을 관찰하는 것이다. 의사는 대개 완전한 범위로 움직임을 수행하도록 사지를 움직이게 하여서 저긴장성을 평가하기 위한 시도를 실시한다. 무기력하거나 이완된 근육이 동반된 수동적인 움직임에서 낮아진 저항은 저긴장성을 나타낸다.

저긴장성은 또한 구강 근육들에서도 관찰된다. 혀등에 약간의 저항을 가할 때, 입술은 이완되며 저항을 보이지 않을 수도 있다. 또한 저긴장성 입술은 입을 벌린 동작을 습관적으로 나타낼 수 있다.

저긴장성 혀는 혀등에서 적은 저항을 나타내고 입 안에서는 이완된 상태를 보인다. 혀에서 자음을 산출하기 위한 접촉(lingual consonantal contact)은 정상적으로 조음 동안에 정상적인 힘을 나타내지 않는다. 혀를 사용하여 파열 자음을 산출할 때의 파열 국면에서 기식성 음질을 나타낸다.

성대가 이완된다면, 공기의 유출은 성문수준에서 과도하게 나타나고 연속된 구어를 산출하는 동안에 지속적인 기식성 음질을 나타낼 것이다. 아동에게 힘차게 기침하도록 요청할 때, 그 반응이 약할 수도 있다.

약한 흉곽 근육은 감소된 음성 강도를 산출하여 약한 음성을 나타낼 수도 있다. 흉곽의 약증과 이로 인한 약한 음성은 기식성에 대한 지각을 증가시킬 수 있다.

하위운동 단위 장애의 확증적인 징후

근육에서의 약증, 피로감과 저긴장성에 덧붙여서, 의사는 하위운동신경원 장애의 다른 증거를 유도함으로써 하위운동신경원장애의 진단을 확정하기 위한 시도를 할 것이다. 하위운동 장애의 확증적인 징후는 감소되거나 부재한 건 반사, 바빈스키 징후의 부족, 이완된 사지 마비, 클로누스(clonus)의 부족과 위축의 부재를 포함한다. 때때로 섬유속연축(fasciculation) 혹은 비정상적인 근육의 단일수축(twitching)이 근육에서 나타날 수 있는데, 특히 혀에서 나타날 것이다. 그러나 영아에게서 섬유속연축은 대개 가로 놓여진 피하지방 때문에, 혀 이외의 다른 근육들에서는 탐지되지 않는다.

모든 아동기 신경근육 장애에서 구어장애가 동반되지 않지만, 잘 알려진 운동 단위 질환의 몇몇은 아동에게 마비말장애를 유발하게 할 수 있는 특별한 국소적인 근육의 비정상성을 보인다. 몇몇 하위운동 단위의 신경근육 질환은 특히 얼굴에서 특징적으로 나타나고 때때로 혀의 손상으로도 나타난다. 얼굴의 약증은 종종 소아견갑상완근만증으로 인한 이양증, 뫼비우스 증후군, 근긴장성이영양증, 근육병과 몇 가지 형태의 근이완증에서 나타날 수 있다. 또한 얼굴의 약증, 위축증과 섬유속연축은 소아견갑상완근만증으로 인한 이양증에서 가장 빈번하게 발생한다(Fenichel, 1997).

하위운동 단위 마비말장애

전각세포와 뇌신경 운동 뉴런 장애에서 마비말장애

마비말장애는 전각세포와 하위 뇌간에서 뇌신경의 운동 뉴런을 포함한 신경근육 질환에서 나타날 수 있다. 다음은 종종 구어 문제를 포함하는 질환에 대한 설명이다.

청소년 진행성 연수 마비(Juvenile Progressive Bulbar Palsy, 파지오-론데병 Fazio-Londe disease) 파지오-론데병은 연수 근육에 제한된, 보기 드문 운동 뉴런 질환이다. 대부분의 사례들은 특발성으로 발생하지만, 유전가족성(heredofamilial) 사례들도 보고된다. 그러나 유전적인 경로에 대한 특정한 양식은 일반적으로 보고되어 있지 않다(Fenichel, 1997).

발병 연령은 대개 10~20세 사이지만, 더 일찍 발병할 수도 있다(Gomez, Clermont, & Bernstein, 1962). 비록 17세와 20세 두 명의 여성이 얼굴 마비와 마비말장애를 포함한 전농의 증후들을 나타냈음에도 불구하고, 초기 증상들은 일반적으로 얼굴 마비, 삼킴장애와 이완형 마비말장애를 포함한다(Brucher, Dom, Lombaert, & Carton, 1981). 이러한 두 명의 여성 사례들은 상염색체열성유진(autosomal recessive inheritance)과 함께 감각신경성농을 동반한 진행성 회백수종 마비(progressive pontobulbar palsy)로 명명되어져 왔다. 그들은 청소년 진행성 마비와는 분리되어야만 하는 두드러진 유전적 증후를 나타낼 수도 있다.

하위 뇌신경 핵의 모두는 청소년 진행성 연수 마비에서 손상될 수 있지만, 안구 운동 신경은 대부분의 사례들에서 잔존한다. 그 질환의 징후는 대개 최초의 특징으로서 점진적인 과비음화를 보이고, 이후 삼킴장애와 함께 얼굴과 혀의 약증을 나타낸다. 때로 연수 위축증이 심각하게 나타나지만, 종종 나타나지 않을 수도 있다. 섬유속연축은 항상 관찰되는 것은 아니다. 그 장애의 과정은 변동적이지만, 마비말장애는 전형적으로 이완형을 보인다(Albers, Zimnowodzki, Lowery, & Miller, 1983). 얼굴과 사지에서 손상을 나타내며 급속하게 발달하는 진행성 운동 뉴런 질환과 함께 이러한 장애를 나타내는 아동은 청소년 진행성 연수 마비보다 종종 근위축성측삭경화증(루게릭병, amyotrophic lateral sclerosis, ALS)의 아동기 형태를 갖는 것으로 고려된다(Fenichel, 1997). 또한 다른 진단은 중증 근무력증, ALS와 농을 수반할 가능성이 있는 진행성 연수 마비 간에 이루어져야만 한다. 언어치료 전문가에 의한 보고는 이러한 질환에 대한 언어치료 문헌에서는 유용하지 않다.

뫼비우스 증후군(Moebius Syndrome, 선천성 양측안면마비 증후군 congenital facial diplegia) 파지오-론데병과 같이 뫼비우스 증후군은 드문 증후군이지만, 구어장애에 대한 강력한 가능성 때문에 언어치료 전문가의 주의를 끈다. 그 증후군은 외전신경(abducent nerve, VI)을 포함한 7번(안면 양측마비) 뇌신경의 선천성 양측 안면마비가 일반적인 특징이다. 다른 뇌신경의 손상, 안검하수증(ocular ptosis, 처진 눈꺼풀) 및 근육 변형이 보고되었다. 이 증후군에 대한 정확한 병인은 명확하지 않다. 적은 수의 사례에서 가족성 출현율이 보고되었다. 병리학상의 연구에서 대개 뇌간핵 혹은 뇌신경의 **형성 부전**(hypoplasia, 조직 발달의 부족)을 보고하였으나, 혈관 기형이나 경색과 같은 뇌간의 자궁 내에서부터의 이상 여부는 가능한 원인으로써 반드시 고려되어야만 한다(Sudarshan & Goldie, 1985). 얼굴과 눈 근육의 완전한 마비와 함께, 뫼비우스 증후군은 대개 영아가 자신의 눈을 치료받고 닫는 것이 어려울 때 출생 이후 즉각적으로 분명해진다. 부분적인 마비가 있다면, 그 문제는 얼굴 근육 활동이 웃거나 우는 동안에 비정상적으로 관찰될 때까지 보고되지 않을 수도 있다. Meyerson과 Fourshee(1978)는 22명의 뫼비우스 증후군 사례들 다수에서 예상되는 이완형 마비를 관찰했다고 보고하였다. 조음 근육들에서 제한된 힘과 속도가 존재하였다. 조음 결함상의 중등도의 범위는 다양하였다. 양순음과 혀 끝을 올리는 것이 필요한 음소에서 경미한 대치가 때로 발생하였다. 다른 피험자들은 불명료한 구어를 보였다. 섭식 문제는 환자의 약 1/3에서 보고되었다. 청각장애, 언어발달 지연과 지적장애가 또한 발견되었다. Kahane(1979)는 단일 사례 연구에서 입술 마비로 인한 양순음 산출의 부족, 혀에서 산출되는 음소의 대치, 혀와 연구개(lingualvelar) 음소의 산출에서 혀 움직임의 부족과 부정확한 혀 위치로 인한 모음 왜곡을 보고하였다.

말초와 뇌신경 축삭 장애로 인한 마비말장애

말초 신경은 중추 신경계에서 운동 세포체 혹은 중추 신경계의 밖에 있는 감각이나 자율신경절로부터 기원한 축삭으로 구성된다. 운동과 자율신경 섬유들은 척수의 앞쪽이나 배쪽 신경 뿌리(anterior or ventral nerve root)를 형성한다. 감각 섬유들은 뒤쪽과 등쪽 신경 뿌리를 형성한다. 앞쪽과 뒤쪽 신경 뿌리는 각각 다른 기능을 하는 축삭을 포함한 말초 신경을 형성하는데 함께 작용한다. 또한, 구어를 위한 뇌신경은 중추 신경계의 뇌간에서 세포체가 기원하고 감각과 운동 및 자율신경 섬유들을 구성하는 몇몇 축삭을 이룬다. 척수신경과는 달리, 뇌신경 모두는 감각과 운동 기능에서 혼합되지 않는다. 몇몇은 일차적으로 감각 기능을 하고, 몇몇은 일차적으로 운동을 담당하며, 몇몇은 감각과 운동 기능 모두가 혼합되어 존재한다.

척수와 뇌간에서 세포체는 척수신경과 뇌신경의 축삭의 생존 능력을 유지하기 위한 자율신경의 위치가 된다. 몇몇 질환은 말초 신경계의 이러한 두 가지 세트를 손상시킬 수 있다. 신경 축삭, 수초(myelin sheath)나 세포 사이 결합조직(interstitial connective tissue)은 그러한 질환에 의해서 손상받을 수 있다. 세 가지 위치 모두에서 주질환으로 손상될 수도 있다. **신경장애**(neuropathy)라는 용어는 병인학이나 병리학상의 특징에 대한 고려 없이 신경기능의 장애를 의미한다. **신경염**(neuritis)이라는 용어는 그 장애의 기원이 염증성(inflammatory)일 때 사용된다. 한 개 신경보다 더 많은 신경이 손상된다면, **다발신경병증**(polyneuropathy)이라는 용어가 사용된다.

말초 신경 손상의 두 가지 주요한 특징은 약증과 감각 손상이다. 감각 손상은 표재감각(superficial sensation, 촉감, 통감과 온도감)이나 심부감각(deep sensation, 진동감각과 위치감각) 혹은 모두에서 나타날 수도 있다. 언어치료 전문가가 자문위원으로써 요청될 수도 있는 말초 신경의 몇몇 신경근육 질환은 다음과 같다.

길리안-바레 증후군(Guillain-Barre Syndrome) 이것은 특발성 신경장애로써 설명된다. 19세기에 최초로 보고되었지만, 그것의 원인은 아직까지 밝혀지지 않고 있다. 단지 기원이 감염인 것으로 추정되고, 그것은 일반적으로 바이러스 감염과 자가 면역상의 반응(autoimmunologic response)과 결합되는 것으로 알려져 왔다. 아동과 성인 모두에게 발생하지만 발생은 대개 성인기에 나타난다(Juncos & Beal, 1987). 아동기에 그 질환의 최대 발생율(peak incidence)은 4~10세 사이에 발생한다. 길리안-바레 증후군은 특정한 패턴 그 자체로 나타난다. 즉 마비는 종종 불특정한 감염을 동반한다. 발생 시점에서 신속하거나 점차적으로 분산된 하위운동신경단위 마비는 일반적으로 대칭적인 손상과 함께 존재한다. 감각 손상이 나타날 수도 있으나, 일반적으로 운동 약증보다 덜 심각하게 나타난다.

뇌신경 손상은 아동기 사례의 반수에서 발생한다고 밝혀졌다(Fenichel, 1997). 안면 신경(CN VII)의 양측성 마비는 가장 일반적이지만, 때로 다른 신경도 손상된다. 특히 뇌신경 IX와 X의 손상과 함께 삼킴장애는 적은 수의 사례들에서 보고되어져 왔다. 호흡 담당 근육의 약화로 인하여 호흡기능은 손상될 수도 있다. 일반적인 예후는 좋아서, 환자의 65%가 완치가 된다. 나머지 환자는 발과 다리 근육에서 영구적인 약증과 위축을 보인다.

언어치료 전문가는 삼킴장애 평가를 수행하는 것이나 구어 수행 동안에 호흡기능의 약증을 평가한다. 필요하다면, 일시적으로 대체 의사소통 체계(alternate communication system)를 회복기 동안에 적용할 수 있다.

벨마비(Bell Palsy, 안면 신경 마비 Facial Nerve Palsy) 벨마비는 안면 신경(CN Ⅶ) 손상의 결과이다. 얼굴 한쪽 부분이나 완전한 마비를 나타낼 수도 있다. 아동에게는 종종 마비의 발생 전에 자가 면역상의 반응을 일으키는 병인과 함께 경미한 상부 호흡기 감염이 발생한다(Katusic, Beard, Wiederholt, Bergstralh, & Kurkland, 1986). 통증은 종종 손상된 쪽의 귀에 국소적으로 나타난다. 마비는 갑자기 발생하고 급속하게 진행될 수도 있다. 부모들은 손상된 쪽의 반대편이 평평하고 가동성이 없다고 한 반면에, 종종 아동의 얼굴이 한쪽으로 당겨진다는 것을 보고하였다. 아동은 눈을 감는 것, 마시는 것과 손상되지 않은 쪽으로 먹는 것에 어려움을 갖는다. 얼굴의 손상된 쪽에서 완전한 마비로 얼굴이 처지고 과도한 눈물이 난다. 경미한 마비말장애는 불명료한 양순음 조음의 원인이 될 수도 있다. 또한 아동은 손상된 쪽에서 증가된 청각 활동이나 낮은 주파수 소리에서의 특별한 감각에 대해 불평할 수도 있다. 이러한 사례에서, 청각사에게 고실측정법(tympanometry)과 함께 음향학적인 반사들의 손상을 평가하기 위하여 의뢰된다. 약물치료와 수술적인 조처는 특발성 안면 마비의 사례에서 사용되어져 왔다. 몇몇 사례들은 자발적으로 회복된다. 벨마비의 약 60%는 치료를 통해서나 자발적으로 회복된다는 것이 보고되었다. 나머지 환자는 마비가 오래 남으면서 안면 신경 변형을 보인다(Katusic et al., 1986).

저작근과 설하신경의 마비 씹는 데 사용하는 근육은 삼차신경(뇌신경 V)에 의해서 중재된다. 삼차신경에서의 단독적인 마비는 아동에게 편측성으로 드물게 나타난다(Darley et al., 1975). 단독적인 신경 손상은 뇌신경 XII에서 간혹 나타난다. 그러한 손상이 발생할 때, 단독적인 설하신경 마비가 야기되는 것은 혀의 편측성 위축과 섬유속위축에 의해 두드러지게 나타난다.

성대 마비 아동기에 삼차신경의 손상은 어느 수준에서 성대 마비와 연결되고, 다음으로 이완형 발성장애를 야기한다. 오른쪽 혹은 왼쪽의 한 쪽 미주신경 마비는 중심에 가깝거나 혹은 성대가 내전된 위치에서 고정될 수도 있다. 마비는 선천성이거나 후천성일 수도 있다. 외상, 종양이나 염증성 질병과 같이 후천적인 원인이 미주신경에 영향을 끼칠 수도 있다. 중심선에 가깝거나 중앙옆(paramedian) 위치 안에서 이완형 성대 마비의 증후는 거칠고 감소된 강도를 나타낸다. 성대가 내전된 위치에서 고정된다면, 음성은 감소된 강도만큼 거칠고 기식성 양상을 보일 것이다. 또한 **이중음성**(성대 기제에서의 이중 진동, diplophonia), 짧은 구와 흡기 시 천명(stridor)이 들릴 것이다(Darley et al., 1975). 마비는 양쪽 성대가 손상을 입으면 양측성으로 나타날 것이다. 성대가 중심선에서 고정되는 것은 천명뿐만 아니라 기관절개술을 권고받을 수 있을 만큼 호흡을 어렵게 할 것이다.

아동기 성대 마비의 실제적인 증거는 알려져 있지 않지만, Holinger, Holinger와 Holinger(1976)는 부분 혹은 완전한 양측성 내전형 성대 마비를 보이는 389명의 환자를 검토하였다. 약 38%가 12세나 그 이하 연령에 해당하였다. 그 아동들의 반 이상은 마비가 선천적인 반면에, 남은 반 수 이상은 후천적이었다. 신경학적인 전후 상황에도 불구하고, 이러한 사례의 대부분은 신경과 전문의보다 후두 전문의에 의해서 확인되었다.

구개 마비 10번 뇌신경의 편측성 손상은 종종 성대를 포함한 구개와 인두의 약증을 야기한다. 심각한 구개인두근의 약증은 연인두문의 기능 부전을 야기할 것이다. 경미한 사례에서는 과다비성을, 더 심한 경우에서는 과다비성과 가청 비성누출이 나타난다.

편측성 이완형 마비에서 연구개가 손상된 쪽은 건측보다 더 낮게 위치하는 구개궁을 나타낸다. 발성 동안, 구개의 건측은 쉽게 위쪽으로 움직이는 반면에, 손상된 측은 적거나 거의 움직임을 보이지 않는다. 구토 반사는 구개의 편측 마비에서 수정될 수도 있다. 구토 반사를 자극할 때 연구개의 거상도 제한적이거나 거의 나타나지 않는다. 양측성 이완형 마비나 연구개 근육의 마비에서, 양측 구개궁은 정상적인 연구개궁이 나타나는 것보다 더 낮게 위치한다. 구개궁의 대칭성은 구개궁의 경미한 만곡(curvature)을 제외하고, 정상에 대한 최초의 인상을 제공할 수 있다. 거상 움직임의 정도는 발성 동안에 감소되고, 구토 반사는 사라지거나 나타나지 않을 것이다(Love & Webb, 1996).

가족성자율신경기능이상(라이-데이 증후군) 라이-데이 증후군에서 근본적인 손상은 자율신경계의 부교감신경(parasympathetic)과 교감신경(sympathetic) 사이의 불균형이다. 대부분, 그러나 우세하지는 않게 유대인 아동들에게서 나타나는 이 증후군은 출생시부터 삼킨장애, 눈물이 과도하게 산출되는 것의 곤란함, 각막반사(corneal reflexes)의 부재, 과소활동이나 근반사의 부재와 중등도(moderate)의 저긴장형, 부족한 운동 협응, 체위성 저혈압(postural hypotension), 정서적 불안정성, 통증에 대한 상대적인 무반응과 혀의 돌기 부재를 보인다. 이 질병은 유전적이지만, 유전 양상이 항상 명확한 것은 아니다(Axelrod, Porges, & Sein, 1987).

각막반사 부재, 통증에 대한 상대적인 무반응과 미뢰의 부재는 모두 말초 감각 손상을 시사한다. 근반사의 부재와 저하 및 저긴장형은 신장반사(stretch reflex)의 감각궁(sensory arc)에 대한 방해로 설명된다. 시냅스에서 신경전달물질인 아세틸콜린의 부족은 이 질병의 기본 기제로써 제안되어져 왔다. 종종 척수 후주(posterior column)와 등쪽 천장의 섬유들에서 수초화가 퇴행하는 것과 같은 주요한 탈수초화(demyelinization)가 존재한다. 이것은 일차적으로 말초 신경의 감각뿌리(sensory root)에서 질병을 일으킨다.

제한적인 보고가 가족성자율신경이상을 나타내는 아동의 마비말장애에 대하여 유용하게 활용된다. 1956년, Hirsch와 Jansky는 12명의 아동을 장기간 평가하였다(3세, 6개월~12세, 10개월). 7명의 아동에게서 초어의 출현이 지연되었고, 8명의 아동은 구의 사용 시작도 지연되었다. 입술과 혀 움직임도 대부분의 아동들에게서 비정상적으로 나타났다. 교호운동 시에 구강 움직임은 10명의 아동에게서 느리게 나타났고, 침흘림은 11명의 아동들에게서 나타났다. 단지 6명의 아동들이 연구개 운동에 어려움을 보였다. 9명의 아동들은 과다비성을 나타내었고, 10명은 부족한 음질을 갖는 것으로 판단되었다. 단강도의 음도, 부족한 강도 조절, 구어산출 비율의 비정상성과 리듬의 방해가 나타났다. 6명의 아동은 연령에 비하여 조음 오류를 나타내었다. 과소긴장형과 구어 및 발성 장애로 여겨지는 운동구어장애는 이완형 마비말장애로 판단된다. 발달기 마비말장애 이상으로, 언어장애(산출과 이해 모두)도 발견된다.

가족성자율신경이상의 예후는 나쁘고, 치료는 증상에 따라 이루어진다(Fenichel, 1997). 아세틸콜린의 기능을 향상시키기 위한 약물은 몇몇 증후들의 일시적인 경감을 산출하며, 수명은 증상에 대한 치료의 향상으로 인하여 증가될 수도 있다.

신경근 접합부 장애에서의 마비말장애

아동기 신경근육 질병과 관련된 하위운동 단위에서 중요한 해부학적인 위치는 신경근 접합부이다. 이 부위는 척수와 뇌신경 모두가 위치하는 말초 신경계의 신경들이 근육과 시냅스를 이루는 지점을 말한다. 신경 충동(nerve impulse)은 신경으로부터 근육으로 시냅스 사이를 통과하여 이동해야만 한다. 그러므로 신경근 접합부는 중요한 지점이다. 중요한 신경근육 전달을 위한 임계점(critical point)이 된다.

시냅스 사이의 신경근육 전달은 본질적으로 화학 물질에 의한 전달이다. 잘 알려진 화학성 신경전달물질인 아세틸콜린(Ach)은 전기적 충동의 전달 역할을 수행한다. 시냅스에서 방출된 아세틸콜린은 시냅스에서 전기적인 탈분극의 방향을 변화시키는 역할을 하고, 말초 신경계로부터 근육섬유를 따라 발생된 전기적 충동을 받아들인다.

일반화된 중증 근무력증 일반화된 중증 근무력증은 신경근 접합부에서 나타나는 주요한 장애이다. 그 장애는 접합부에서 아세틸콜린의 유용성이 감소되기 때문에 신경전달 물질의 전달이 실패한 결과로써 발생한다. 항체들은 **자가면역반응**(autoimmune reaction)이라고 불리는 시냅스후막(postsynaptic membrane)에서 아세틸콜린 수용기의 수를 감소시킨다. 그 결과 아동은 지속적인 근육 수축 후에 근육 약증을 보이는 장애를 갖게 된다. 구어 기제의 근육들은 신체의 다른 근육들과 함께 손상 받을 수 있다. 때때로 미주신경은 그 장애로 인하여 처음에 손상을 받는다. 과다비성은 구개인두 근육의 손상으로 인하여 중증 근무력증에서 최초의 양상으로 나타날 수 있다(Wolski, 1967). 다른 연수 근육(bulbar musculature)의 약증은 이후에 발생할 것이다. 구어 기제의 손상은 일반화된 중증 근무력증 아동들에게 매우 빈번하지만 피로감과 약증은 또한 골격근에서의 주된 징후가 된다.

이전에 지적한 바와 같이, 신경근 접합부의 질환은 아동에게는 빈번하지 않아서, 중증 근무력증을 보이는 전체 환자의 단지 1%만이 아동들이다. 피로감은 그 장애의 주요한 증상이다. 아동은 운동과 함께 급속히 약해지고, 증후들은 낮동안에 더 나빠진다. 초기 징후들은 편측성 혹은 양측성 안검하수증(ptosis, 눈꺼풀이 떨어지는 것 eyelid droop), 사시(strabismus, crosseyedness), 삼킴장애와 호흡기 장애를 포함한다. 의료적인 접근이 가장 효과적이기 때문에, 언어치료 전문가는 치료에 제한된 역할만을 수행할 수도 있다. 근무력증 증상들을 조절하기 위하여, 흉선절제술이 시행되고 약물 치료가 도입된다.

근육 장애로 인한 마비말장애

운동 단위의 신경근육 질환에서 분류의 마지막 해부학적 위치는 근육 자체이다. 근육 장애는 아마 이영양증과 근육병(myopathies)의 두 가지로 일반적으로 분류될 수 있다. 이영양증과 근육병으로써 근육 장애를 분류하기 위한 기준들은 부정확하다.

일반적인 근육질환은 생화학적(biochemical), 형태학적(morphologic) 혹은 신경생리학적(neurophysiologic) 변화들에서 단일 혹은 복합적으로 발생하여 가로무늬근(striated muscle)의 주요한 장애를 고려하는 것이다(Swaiman & Wright, 1979).

반면에 이영양증은 진행성 근육의 퇴화와 약증으로 특징을 보이는 유전적인(hereditary) 근육병을 말한다. 이영양증은 발달력과 임상적으로 함께 묶어지지만 매우 제한된 수의 질환만이 특정한 생화학적, 생리적 혹은 형태학적인 장애로 알려져 있기 때문에, 이 병들은 정확하게 설명되지 않을 수 있다. 이영양증은 처음에 설명되었다.

듀켄씨근이양증 근이양증의 몇몇 유형은 알려져 있지만, 가장 일반적이고 가장 심각한 유형은 1861년에 프랑스의 신경학자가 그 병을 최초로 설명한 이후에 이름붙여진 듀켄씨근이양증이다. 그것은 X 연관 유전(xlinked inheritance)에 의해서 전달되고 대부분 소년에게만 발병한다. 대개 발생은 2~5세 사이에 발생하고, 급속하게 진행된다. 극소수의 환자들이 스무살 초반까지 생존한다. 그 장애는 출생한 4,425명의 남자 중에서 1명꼴로 발견되고 미국에서는 50,000명의 출현율을 보인다(근이양증협회, 1985). 1987년에 보고된 바에 의하면, 단백질과 디스트로핀(근세포막 세포골격단백질의 일종, dystrophin)이 듀켄씨근이양증 환자들에게 부족하다는 것이 보고되었다. 이러한 단백질은 근육수축이 작용하는 것을 돕는다. 그 단백질의 부족은 그것들의 파괴를 유도하고 연속해서 근력의 손상을 유도하는 근육 세포에서 연속된 사건들을 일으킨다.

듀켄씨근이양증은 근육 약증이 골반과 체간의 근육에서 시작하고, 섬차적으로 구어 산출에 사용되는 근육을 포함한 모든 가로무늬근의 손상을 일으킨다. 내장근(visceral muscle)은 대개 손상받지 않는다. 중요한 진단상의 징후는 다른 근육군과 함께 종아리 근육(calf muscle)의 확장이다. 지방과 연결 조직의 침윤(infiltration)은 근육 섬유들을 대체하고 근육 부피가 증가되었다는 오해를 제공한다. 이러한 오해는 **가성비대**(**거짓비대**, pseudohypertrophy)라고 불리고, 왜 듀켄씨근이양증이 가성비대근이양증이라고 불리는지를 설명한다.

그 질환의 마지막에, 이완형 마비말장애가 나타날 수도 있다. 조음장애는 경미하고, 단지 하나 혹은 두 개의 음소에서 종종 실수를 보인다. 이영양증 환자들은 감소된 구강호흡 압력과 발성 강도를 보일 수도 있다. Sanders와 Perlstein(1965)은 이영양증 환자들은 정상적인 화자들처럼 발성을 유지하는 것이 어렵고, 구어 근육들의 심각한 장애를 보인다고 보고하였다. 혀의 힘과 움직임의 비율은 낮으며, 아동이 혀를 특정한 위치로 보내고 좁히는 것이 제한되고 입술을 앞으로 내밀거나 뒤로 당기는 것이 어려워진다. 더 진전된 환자는 혀가 펴지고 평평해지는 것으로 종종 보고된다. 그 질병이 진행될 때, 호흡, 후두와 인두 근육은 모두 약해진다. 양순음은 일반적으로 혀 끝에서 발성되는 음소보다 더 정확하게 산출된다. 대체 의사소통 보조 기구는 그 병의 후기에 사회적인 상호작용을 유지하기 위하여 효과적일 수도 있다.

근긴장성이영양증 근긴장성이영양증은 대개 청소년기나 이후에 명백해지는 가변적인 침투도(penetrance)를 갖는 상염색체 우성(autosomal dominant)에 의한 진행성 근육 장애이다. 그 질환의 발생률은 100,000명당 2.4~4.9명 사이로 추정된다(Rowland & Layzer, 1971).

근긴장성은 유도되거나 수의적인 근육 수축이 비정상적으로 영구적으로 나타남으로써 두드러진다. 아동은 근육 수축을 빠르게 이완하거나 빠르게 물체를 잡았다가 이완하는 것을 할 수 없다. 일반적으로, 근긴장성은 사지근육의 원위부에서 손상되지만, 또한 안외(extraocular), 얼굴과 인두 근육에서도 손상을 보인다. 얼굴 근육 위축은 동일하게 보이는 얼굴을 만든다. 신생아 시기에 보여지는 문제점들은 빨고 삼키는 것이 어렵다는 것이다. 얼굴의 마비와 arthogyposis(다리와 팔 관절의 선천적인 구축)를 나타낼 수 있다. 얼굴의 마비는 뫼비우스 증후군으로 오진을 내리게 할 수도 있다. 초기 빨기와 삼키기의 어려움은 자발적으로 해결될 수도 있으나, 얼굴 마비는 2세경에도 남을 수 있고 근육 부피의 감소는 머리의 측두근(temporal muscle)이 움푹 꺼지도록 할 수 있다.

"근긴장성 얼굴"은 근긴장성이영양증에서 매우 일반적이다. 얼굴 근육의 이양증은 환자에게 길고 야위어 보이도록 하는 얼굴을 제공한다(Merritt, 1973). 길게 신전된 얼굴 이상으로, 안검하수와 이완된 얼굴 근육 및 개구 교합이 나타날 수도 있다. 신경학적인 권위자들은 구어 산출의 어려움과 지적장애 성향을 설명하였다. 최근에 Salomonson, Kawamoto와 Wilson(1988)은 세 명의 십대 소년들에게서 근긴장성이영양증의 증상으로 나타나는 연인두의 불완전한 기능을 보고하였다. 세 명의 소년 모두가 과다비성을 나타내었고 한 명은 발화를 시작한 이후로 계속적인 과다비성 구어를 보여왔었다. 치료에서 한 명에게는 보철 장치(speech appliance)를, 다른 환자에게는 상부 인두피부판(superior pharyngeal flap)을 사용하였다. 세 번째 환자에게는 전형적인 언어치료가 페니토인(diphenylhydantoin)을 사용한 약물치료의 사용에 의해 도움을 받는 것으로 여겨졌다. Salomonson 등(1988)은 근긴장성이영양증 사례들이 처음에는 비수술적인 방법으로 최선의 치료가 이루어진다고 확신하였다. 그들은 또한 연인두 기능 부전과 과다비성 구어가 하위운동 단위의 질환에서 일반적으로 나타나는 증후라는 것을 지적하였다.

소아견갑상완근만증(FSH)으로 인한 이양증 이러한 보기 드문 장애는 근본적으로 상염색체 우성 질환을 가진 근이양증으로 고려되다가 현재는 유전적인 견갑상완근만증의 약증을 가진 아동은 또한 이양증, 신경병증과 염증의 증거를 갖는 것으로 인식된다. 대부분 이양증을 보임에도 불구하고, 이러한 증후군은 또한 탈신경의 요소로 보인다(Fenichel, 1997).

약증의 시작은 일반적으로 청소년기에 나타나지만, 영유아기에서 부터도 시작할 수 있다. 최초의 운동 손상은 대개 견갑대에서 나타나고 이후에 얼굴로 퍼지지만, 정반대의 현상도 발생할 수 있다(Bailey, Marzulo, & Hans, 1986). 근육 약증의 진행은 종종 느리게 나타나지만, 결국에 얼굴 표정에서 변화가 있다.

Bailey 등(1986)이 보고한 가족에게서, 8명의 가족 중 4명이 그 질환으로 고통받고 있었고 모든 가족들이 영유아기로부터 5세 사이에 발병하였다. 각각은 청소년기에 사망을 유도하는 심각한 약증으로 발달하였다. 얼굴의 약증과 편측 혹은 양측성 안검하수증도 빈번하였다. 과다비성을 동반한 구어, 연수 근육 약증과 호흡의 불충분성은 발병된 가족 구성원에서 다양한 정도로 나타났다. 이러한 증후에 대한 이전 보고들에서 청력 손실이 이 장애에서 일상적으로 동반된다고 하였음에도 불구하고, 4,000Hz에서나 그 이상의 편측성 감각신경성 청력 손실은 단지 한 명의 아동에게서만 보고되었다.

저자의 지식에서, 근이양증의 이러한 형태에서 구어 중재에 대한 보고는 이루어져 있지 않다. Mabis, Webb과 Love(1976)는 안구인두(occulopharyngeal) 근이양증과 같은 근이양증과 관련된 증후군으로 과다비성과 연인두 기능 부전을 감소시키기 위한 구개 거상기의 성공적인 사용을 보고하였다. 일반적으로, 구개 거상기에 의한 마비말장애 치료에 대한 저자들의 연구에서 보고된 사례와 같이 이러한 이양증 증후에서 연수 징후의 시작은 성인으로 제한된다(Little & Perl, 1982).

근육병 근육병은 근육 자체 혹은 근막에서의 비정상적인 변화를 보이는 장애이며, 우세한 증상은 근육 약증이다. 근육병이 선천적이라면, 영아는 진행성 근위부 약증과 대칭적인 근육 약증의 연속되는 발달과 함께 저긴장형의 특징을 보인다. 몇몇 근육병은 발병이 아동기 후기에 이루어질 것이다. 선천적인 근육병의 몇몇은 우세한 유전성 패턴을 동반한다. 반면에 다른 근육병들은 열성유전(recessive inheritance)을 동반하고, 여전히 다른 근육병들은 유전성의 다른 형태들과 함께 설명되어져 왔다.

때때로 근육병에서 특정한 뇌신경 손상이 나타나서, 만약 연수 근육을 자극하는 뇌신경이 손상된다면, 구어 기능은 손상될 수도 있다. 이러한 근육병은 매우 드물게 나타나기 때문에, 아직 근육병의 진단, 평가 혹은 치료를 고려한 어떠한 언어치료 연구도 존재하지 않는다. 그러한 환자들과 당면하게 되는 언어치료 전문가는 근육병 질환의 특정한 특징을 결정짓기 위하여 또한 이완형 마비말장애에 대한 전형적인 증상을 제외하고 구어 평가를 진행하기 위하여 소아 신경근육 질환에 대한 표준화된 교재를 참고하도록 조언을 얻을 것이다.

요약 Summary

하위운동신경원 손상에 의한 아동기 마비말장애는 뇌성마비와 같은 상위 운동신경원의 손상에 의한 마비말장애 환자들보다 훨씬 적다. 사실, 하위 운동신경원 손상에 의한 마비말장애의 많은 수는 드물거나 심지어 거의 없을 정도이다. 뇌성마비는 약 10배나 더 빈번하게 발생한다.

하위운동신경원 장애는 하위운동 단위의 다양한 지점에서 손상 부위에 따른 해부학적 위치로 분류될 수 있다. 척수의 전각 세포나 뇌간의 운동 세포에서의 손상은 점진적인 연수 마비(파지오-론데병)와 뫼비우스 증후군을 포함한다. 말초 뇌신경의 손상은 길리안-바레 증후군, 벨마비, 성대 마비, 구개 마비와 가족성자율신경기능이상(라이-데이 증후군)을 동반한다. 아동기에 보기 드물게 나타나는 장애인 중증 근무력증은 신경근 접합부에 손상을 수반한다.

근육에서의 손상은 근이양증과 근육병을 유발한다. 마비말장애와 결합된 근이양증 중에서, 다음에 언급되는 질환은 언어치료에서 매우 중요하게 여겨진다. 즉 듀켄씨근이양증, 근긴장성이영양증과 소아견갑상완근만증으로 인한 이양증이 바로 그것이다. 선천적인 근육병에서 마비말장애는 언어치료 문헌에서 보고되어 있지 않다.

아동기 하위운동단위 장애의 주요한 징후는 약증과 마비가 우세한 부위인 뇌신경 V, VII, X과 XII의 마비를 제외한 약증, 피로감, 저긴장형, 위축증과 섬유속연축을 포함한다. 과다비성은 종종 하위운동신경원 장애에서 주요하게 나타나는 구어 징후가 된다. 그것의 기초는 연인두 기능 부전이다. 과다비성과 함께 이완형 마비말장애의 주요한 구어 징후는 부정확한 자음, 지속적인 기식성, 비성누출, 가청 호기, 거친 음성, 짧은 구와 단음도를 포함한다.

추천 도서 Suggested Reading

Darley, F. L., Aronson, A. E., & Brown, J. R. (1975). Flaccid dysarthria: Disorders of the lower motor neuron. Motor speech disorders (pp. 99-128). Philadelphia: W. B. Saunders.

Fenichel, G. M. (1997). Clinical pediatric neurology (3rd ed.). Philadelphia: W. B. Saunders.

Salomonson, J., Kawamoto, H., & Wilson, L. (1988). Velopharyngeal incompetence as the presenting symptom of myotonic distrophy. Cleft Palate Journal, 25, 296-300.

Swaiman, K. F., & Wright, F. S. (1979). Pediatric neuromuscular diseasc. St. Louis, MO: C. V. Mosby.

참고 문헌 References

Albers, J. W., Zimnowodzki, S., Lowery, C., & Miller, B. (1983). Juvenile progressive bulbar palsy: Clinical and electrodiagnostic findings. Archives of Neurology, 40, 351-353.

Axelrod, F. B., Porges, R. F., & Sein, M. E. (1987). Neonatal recognition of familial dysautonima. Journal of Pediatrics, 110, 946-948.

Bailey, R. O., Marzulo, D. C., & Hans, M. B. (1986). Infantile facioscapulohumeral muscular dystrophy: New observations. Acta Neurologica Scandinavia, 74, 51-58.

Brucher, J. M., Dom, R., Lombaert, A., & Carton, H. (1981). Progressive pontobulbar palsy with deafness: Clinical and pathological study of two cases. Archives of Neurology, 38, 186-190.

Darley, F. L., Aronson, A. E., & Brown, J. R. (1969a). Differential diagnostic patterns of dysarthria. Journal of Speech and Hearing Research, 12, 246-269.

Darley, F. L., Aronson, A. E., & Brown, J. R. (1969b). Clusters of deviant speech dimensions in the dysarthrias. Journal of Speech and Hearing Research, 12, 462-496.

Darley, F. L., Aronson, A. E., & Brown, J. R. (1975). Motor speech disorders. Philadelphia: W. B. Saunders.

de Hirsch, K., & Jansky, J. J. (1956). Language investigation of children suffering from familial dysautonomia. Journal of Speech and Hearing Disorders, 21, 450-460.

Fenichel, G. M. (1997). Clinical pediatric neurology. (3rd ed.). Philadelphia: W. B. Saunders.

Gomez, M., Clermont, V., & Bernstein, J. (1962). Progressive bulbar paralysis in children (Fazio-Londe disease). Archives of Neurology, 6, 317-323.

Holinger, L. D., Holinger, P. C., & Holinger, P. H. (1976). Etiology of bilateral adductor vocal cord paralysis. A review of 289 cases. Annals of Otology, Rhinology and Laryngology, 85, 428-436.

Juncos, J. L., & Beal, M. F. (1987). Idiopathic cranial polyneuropathy. A fifteen year experience. Brain, 110-1, 197-211.

Kahane, J. (1979). Pathophysiological effects of Moebius syndrome on speech and hearing. Archives of Otolaryngology, 105, 29-34.

Katusic, S. K., Beard, C. M., Wiederholt, W. C., Bergstralh, E. J., & Kurkland, L. T. (1986). Incidence, clinical features and progress in Bell' s palsy, Rochester, Minnesota, 1968-1982. Annals of Neurology, 20, 622-629.

Kurland, L. T., & Alter, M. (1961). Current status of the epidemiology and genetics of myasthenia gravis. In H. R. Viets (Ed.), Myasthenia gravis. Springfield, IL: Charles C. Thomas.

Little, B. W., & Perl, D. P (1982). Oculopharyngeal muscular dystrophy. Journal of the Neurological Sciences, 53, 145-158.

Love, R. J., & Webb, W. G. (1996). Neurology for the speech-language pathologist (3rd ed.). Stoneham, MA: Butterworth.

Mabis, J. H., Webb, W. G., & Love, R. J. (1976, November). Use of a palatal lift in oculopharyngeal muscular dystrophy. Paper presented at the annual convention of the American Speech-Language-Hearing Association, Houston, TX.

Merritt, H. H. (1973). A textbook of neurology. Philadelphia: Lea and Febiger.

Meyerson, M., & Fourshee, D. (1978), Speech, language and hearing in Moebius syndrome. Developmental Medicine and Child Neurology, 20, 357-365.

Moser, H. (1984). Duchenne muscular dystrophy: Pathogenic aspects and genetic prevention. Human Genetics, 66, 17-22.

Muscular Dystrophy Association (1985). Duchenne muscular dystrophy. New York: Muscular Dystrophy Association, 1-14.

Pharoah, P. O. D., Cooke, T., Rosenbloom, I., & Cooke, R. W. I. (1987). Trends in birth prevalence of cerebral palsy. Archives of Disease in Childhood, 62, 379-384.

Rowland, L. P., & Layzer, R. B. (1971). Muscular dystrophies, atrophies and related disease. In A. G. Baker & L. H. Baker (Eds.), Clinical neurology. New York: Harper & Row.

Salomonson, J., Kawamoto, H., & Wilson, L. (1988). Velopharyngeal incompetence as the presenting symptom of myotonic dystrophy. Cleft Palate Journal, 25, 296-300.

Sanders, L. J., & Perlstein, M. A. (1965). Speech mechanism in pseudohypertrophic muscular dystrophy. American Journal of Diseases of Children, 109, 538-543.

Sudarshan, A., & Goldie, W. D. (1985). The spectrum of congenital facial diplegia (Moebius syndrome). Pediatric Neurology, 1, 180-184.

Swaiman, K. F., & Wright, F. S. (1979). Pediatric neuromuscular diseases. St. Louis, MO: C. V. Mosby.

Teng, P., & Osserman, K. E. (1956). Studies in myasthenia gravis: Neonatal and juvenile types. A report of 21 and a review of 188 cases. Journal of Mount Sinai Hospital New York, 23, 71.

West, R., Ansberry, M., & Carr, A. (1957). The rehabilitation of speech (3rd ed.). New York: Harper & Row.

Wolski, W. (1967). Hypernasality as the presenting symptom of myasthenia gravis. Journal of Speech and Hearing Disorders, 32, 36-38.

5

Childhood Motor Speech Disability

발달성 구두 실행증

발달성 조음 실행증(developmental articulatory apraxia) 또는 실행증(dyspraxia)은 웃기, 입술 핥기와 같은 불수의적이고 자발적인 움직임, 또는 요구에 의한 자발적인 모방에서는 혀, 입술, 구개가 정상이지만 복합적이고 빠른 구어산출을 위한 움직임에서는 부적합함을 보이는 조음 결함으로 설명된다.

—Muriel Morley, 1957

발달성 구두 실행증(developmental verbal dyspraxia, DVD)은 이미 1장에서 언급된 것처럼 운동구어장애로 진단되기에는 다양한 측면에서 논쟁의 여지가 있다. 이 장은 논쟁의 본질을 정리하고 나아가 병인(etiology), 병리(pathology), 그리고 DVD 증후군(syndrome)으로 보고된 징후(sign)와 증상(symptom)에 대한 강한 의문이 존재하기는 하지만 아동기 운동구어장애는 여전히 유용한 진단적 범주라는 사실을 제안하고자 한다.

논쟁점

병인과 병리

DVD의 병인과 병리는 밝혀지지 않았다. 비록 종종 DVD를 신경학적 맥락에서 생각하고, 성인의 뇌 병변과 유사하다는 병인학적 설명하에서 원인을 찾으려는 노력은 타당해 보이기도 한다. 하지만 성인에게서 발견되는 국소화(localized) 및 측성화(lateralized) 된 뇌 병변을 확신시켜 주는 증거는 존재하지 않을 뿐만 아니라 경미한 또는 불일치하는 신경학적 징후(연성 징후, soft signs)에 대한 명백한 증거도 아동을 대상으로 한 모든 연구를 통해 지금까지 확인되지 않았다(Darwish, Pearce, Gaines, & Harasym, 1982; Ferry, Hall, & Hicks, 1975; Horwitz, 1984; Love & Fitzgerald, 1984; Rosenbek & Wertz, 1972; Williams, Ingham, & Rosenthal, 1981; Yoss & Darley, 1974a). (DVD에 대한 신경학적 논의는 2장을 참고하길 바람.)

몇몇 연구는 DVD의 유전가족(heredofamilial) 경향을 주장하였다. Morley(1957), Ferry 등(1975), Aram과 Nation(1982), 그리고 Lewis(1990)는 DVD로 의심되는 아동의 배경정보에서 구어언어장애와 관련된 가족력을 보고하였다. 비록 이와 같은 보고는 상당히 흥미롭지만 이 장애에 대한 유전적 병인을 증명할 수 있는 명백한 증거는 제시하지 못했다. 뇌 병변에 관한 뚜렷한 증거 부족과 병인으로서 유전이 미치는 영향에 대한 가능성의 제안은 아동기 구어장애에서 예기치 못한 사실은 아니다. 신경학자와 소아과 의사에게 발달성 구어언어장애는 성인의 구어 및 언어장애와는 달리 뇌 해부와 특별한 관련성을 가지지 않는다는 점은 잘 알려진 사실이다(Kirshner, 1986). 실제로, Rapin(1988)은 아동기 고위 뇌 기능 장애에 대한 병인의 본질을 아래와 같이 요약하였다:

> 대부분 사례에서 원인은 밝혀지지 않았다. 출생 전 및 유전적 병인은 미숙(prematurity), 출생전후기 무산소증(perinatal anoxia), 외상(trauma), 출생 전 감염(prenatal infections)과 같은 후천적 손상보다 발달하는 뇌에 주된 영향을 미치는 지배적 요인으로 보인다. 남아가 여아보다 더 영향을 많이 받는다(4:1)는 사실은 대부분의 사례에서 뇌의 외인적 손상이 원인이지 않다는 가능성을 지지한다.(p.1119)

요약하자면 DVD와 같은 고위 뇌 기능 이상을 보이는 대부분 아동의 뇌는 구조적으로는 정상이지만 유전적 원인으로 인하여 경미한 발달성 비정상을 나타낼 가능성이 제기된다.

징후, 증상, 증후군

DVD를 둘러싸고 있는 모든 논쟁에서 분명하고 일관적인 증후군이 존재하는가의 여부는 가장 주된 쟁점이다. 증후군이란 특정 질병과 장애를 나타내는 신체적 징후와 증상의 집합군을 지칭하며, DVD는 일반적으로 증후군의 집합체에 근거하여 정의된다(Aram & Nation, 1982; Hall, Hardy, & LaVelle, 1990; Thompson, 1988). 그러나 어떤 특정한 증상 행동이 DVD 증후군의 집합체에 포함되어야 하는지에 관해서는 DVD 문헌 내에서도 혼란이 존재한다. Jaffe(1986)는 DVD 증후군으로 진단되기 위해서는 모든 증상과 징후가 존재할 필요는 없으며 유일한 전형적인 징후 또는 증상도 없다고 하였다.

더불어, 일반적으로 보고된 DVD 징후와 증상은 다른 장애와 구분되기보다는 다른 구어장애 집단군과 중복되는 증상을 나타낸다. 잘 정의된 DVD 증후군의 타당성에 대한 심각한 회의론은 Guyette와 Diedrich (1981)에 의해 이루어진 49쪽에 달하는 방대한 비판적 문헌고찰에 의해 촉진되었다는 점에는 의심의 여지가 없다. 주제와 관련된 100편이 넘는 연구들을 조사한 결과를 바탕으로 그들은, 주제와 관련된 임상과 실험 연구에서 수많은 모순, 혼동, 그리고 과학적 설계의 결함을 확인하였다. Guyette와 Diedrich는 DVD 아동을 대상으로 한 수많은 연구가 실험적 자료에 근거하지 않으며, 자료를 기반으로 한 소수 연구는 종종 서로 일치하지 않거나 결론에 이르지 못하였다고 주장하였다.

더불어, DVD를 대상으로 한 연구 간에 장애의 정의에 대한 의견 불일치로 인해 대상자의 선정 기준이 일치하지 않음이 관찰되었다(Thompson, 1988). 연구에 따라 대상자의 연령, 지능지수, 언어능력이 서로 달랐다. 예를 들면, 널리 알려진 두 개의 실험 연구(Yoss & Darley, 1974a; Williams 등, 1981)는 조음장애를 보이는 5세에서 10세 사이의 아동을 대상으로 한 반면에, Rosenbek과 Wertz(1972)는 2세에서 14세 사이의 아동을 대상으로 후향 연구를, Ferry 등(1975)은 30세까지를 대상자로 하였다. 자주 인용되는 연구들 내에서도 연령과 함께 지능지수 수준이 다양하였다. Ferry 등은 지능지수가 40에서 120 사이인 대상자를 대상으로 연구하였다. Williams 등 뿐만 아니라 Yoss와 Darley는 지능지수가 90 이상인 경우로 연구 대상자를 제한하였다. Rosenbek과 Wertz의 연구는 지능지수에 제한을 두지 않아 지적장애를 대상자에 포함시켰다.

또한 언어지체 여부에 대한 기준도 연구마다 달랐다. Williams 등

(1981)과 Yoss와 Darley(1974a)는 언어연령과 생활연령이 6개월 이하로 차이가 나며, 기질적 결함은 없는 대상자를 선택하였다. Rosenbek과 Wertz(1972)뿐만 아니라 Ferry 등(1975)은 언어지체를 보이는 대상자를 연구에서 제외하지 않았다.

증상 불일치 DVD로 진단된 아동 대상자 간의 동질성 부족은 장애를 구성하는 증상과 징후에 대한 연구자 간의 의견이 일치하지 않음을 뜻한다. Thompson(1988)은 1972년부터 1983년까지 보고된 DVD 연구를 통해 DVD의 징후와 증상을 정리하였다(〈표 5-1 참조〉). 보고된 징후, 증상을 체계적으로 정리하여 제시하는 것은 유용하지만, Thompson 그녀도 자신의 표 자료를 해석할 때 몇 가지를 주의할 것을 당부하였다. 첫째, 정리된 많은 징후와 증상은 임상에서의 관찰을 바탕으로 한 것이지 실험에 의한 연구는 아니라는 것이다. 연구자들은 종종 주장을 뒷받침할 근거 자료 없이 관찰한 내용만을 제시한다(Chappell, 1973; Edwards, 1973; Morley, 1972). 둘째, 표 자료는 주된 징후와 증상의 존재 유무에 대한 연구 간의 명백한 불일치를 반영하고 있다. DVD 진단을 위한 명백한 정보자료를 제시하고 있지 않다. Thompson은 특히 오류 일관성(error consistency), 모음 오류(vowel errors), 왜곡(distortions), 첨가(additions), 자음군 축약(cluster reduction), 조음기관 탐색(articulatory groping), 구강 실행증(oral apraxia) 유무, 언어 결함(language deficits)과 같은 항목의 불일치에 주목하였다. 증상의 타당성과 증상에 대한 의견에서 중대한 문제가 존재함에도 불구하고, 〈표 5-1〉은 DVD란 경미한 발달성 마비말장애 또는 특발성 원인에 의한 발달성 음운장애와 같은 구어장애와는 임상적으로 다른 본질을 나타낸다는 것을 제안하였다.

〈표 5-1〉 문헌에 보고된 발달성 말 실행증의 구어 및 비구어 특징(또는 비특징)

출현 증상	특징	비특징
구어 증상		
비일관적 오류	Rosenbek & Wertz(1972); Edwards (1973); Morley(1972)	Yoss & Darley (1974a)
말소리 모방 불능	Chappell(1973); Edwards(1973); Macaluso-Haynes(1978); Rosenbek, Hansen, Baughman, & Lemme(1974)	
모음 왜곡	Rosenbek & Wertz(1972)	Morley(1972); Yoss & Darley(1974a)
생략 오류	Yoss & Darley(1974a); Williams, Ingham, & Rosenthal(1981); Rosenbek & Wertz (1972); Smartt, LaLance, Gray, & Hibbett(1976)	
왜곡 오류	Yoss & Darley(1974a); Rosenbek & Wertz(1972)	Williams, Ingham, & Rosenthal(1981); Smartt, LaLance, Gray, & Hibbett(1976)
첨가 오류	Yoss & Darley(1974a); Williams, Ingham, & Rosenthal(1981); Rosenbek & Wertz(1972)	Smartt, LaLance, Gray, & Hibbett(1976)
단일 자질 오류	Williams, Ingham, & Rosenthal(1981); Yoss & Darley(1974a)	
두 개 혹은 세 개 자질 오류	Yoss & Darley(1974a); Williams, Ingham, & Rosenthal(1981)	
연장	Yoss & Darley(1974a); Rosenbek & Wertz(1972)	
반복 오류	Yoss & Darley(1974a); Rosenbek & Wertz(1972)	
자음군 오류	Rosenbek & Wertz(1972)	Yoss & Darley(1974a)

〈표 5-1〉 문헌에 보고된 발달성 말 실행증의 구어 및 비구어 특징(또는 비특징) (계속)

출현 증상	특징	비특징
마찰음 오류	Rosenbek & Wertz(1972)	
파찰음 오류	Rosenbek & Wertz(1972)	
메타 오류	Edwards(1973); Morley(1972); Rosenbek & Wertz(1972)	
순서화 오류	Chappell(1973); Edwards(1973); Morley(1972); Rosenbek & Wertz(1972)	
조음기관 탐색	Rosenbek & Wertz(1972)	Yoss & Darley(1974a)
유성음화 오류	Yoss & Darley(1974a)	
길이와 복잡성 증가에 따른 오류 증가	Rosenbek & Wertz(1972); Edwards(1973)	
운율 장애	Rosenbek & Wertz(1972); Edwards (1973); Yoss & Darley(1974a)	
비구어 증상		
구강 실행증	Chappell(1973); Rosenbek & Wertz (1972); Yoss & Darley(1974a); Aram (1979); Ferry, Hall, & Hicks(1975)	Court & Harris(1965)
길항반복운동 어려움	Aram(1979)	Yoss & Darley(1974)
언어 결함	Greene(1967); Rosenbek & Wertz (1972); Edwards(1973); Aram(1979); Ekelman & Aram(1983)	Williams, Ingham, & Rosenthal(1981); Yoss & Darley(1974a); Chappell (1973)

허락하에 개조됨. Thompson, C. K. Articulation disorders in the child with neurogenic pathology. In N. J. Lass, L. V. McReynolds, J. L. Northern, & D. E. Yoder, (Eds.) Handbook of speech-language pathology and audiology (pp. 548-591). Toronto: BC Decker, 1988.

물론, DVD는 경험적 관점에서 현재까지 불분명하게 정의되고 실험적인 측면에서 제대로 문서화되지 못했다. 그러나 Love와 Fitzgerald(1984)는 Morley(1957)에 의해 이루어진 DVD에 대한 인식과 언급은 언어치료 전문가가 가장 빈번하게 만나는 발달성 음운장애(developmental phonologic disorder) 또는 소위 기능적 조음장애(functional articulation disorder)라고도 불리는 구어장애와의 감별진단을 가능하게 하여 흔히 간과되었던 DVD를 임상 독립체로서 확립시켰기 때문에 매우 의미가 있다고 주장하였다. 병인이 학습 또는 특발성이기보다는 신경학적 원인에 의해 음운장애를 보이는 아동을 적절하게 변별하는 것은 언어치료 전문가에게 있어 중증 또는 종종 치료로 개선되지 않는 조음 결함을 보이는 집단의 아동을 이해하고, 평가하고, 관리하는 데 있어 추가적인 설명력을 제공한다. 더 나아가 종종 발달성 실어증(developmental aphasia)으로 불리는 취학 전 아동의 구어언어 지체를 설명하기도 한다(Daly, Cantrill, Cantrill, & Aman, 1972; Eisenson, 1984; Morley, 1957).

DVD 증후군을 지닌 아동을 정확하게 진단하는 것은 종종 치료의 근본적인 방향을 변화시키고, 전형적인 발달성 음운장애 또는 발달성 실어증으로 의심되는 아동에게는 사용하지 않는 다양한 치료기법을 적용하게 한다. 이 치료기법들은 조음 향상을 위한 구강운동(oromotor)과 구강감각(orosensory) 훈련(Haynes, 1985), 특수단서기법(special cueing techniques(Bashir, Grahamjones, & Bostwick, 1984; Klick, 1985)), 구어와 언어 개선을 위한 시각적 접근법(Shelton & Graves, 1985), 취학 전 아동을 위한 수화를 사용한 보완의사소통(augmentative communication(Harlan, 1984)), 멜로디억양치료법(melodic intonation therapy, MIT(Helfrich-Miller, 1984)), 그리고 연인두 기능이상(velopharyngeal dysfunction) 개선을 위한 구개올림장치(palatal lift)의 사용을 포함한다(Hall et al., 1990).

증후군 정의 만약 DVD 진단이 취학 전 언어장애와 비전형적인 학령기 조음장애 아동의 사례에서 유용하게 사용된다면, Guyette와 Diedrich(1981)가 언급한 것처럼 전체 개념의 폐기를 피하기 위해서는 증후군의 정의를 어떻게 명백하게 강화하는 것이 바람직할까? 자생적인 증후군으로 DVD가 유지되기 위해서는 비확정적 증후군들과 더불어 명백하고, 널리 알려져 있으며, 그 존재 없이는 진단이 불가능한 지속적인 신체 징후에 대한 정의가 가장 먼저 이루어져야 한다(Love & Fitzgerald, 1984). Grunwell과 Yavas(1988)는 운동구어 프로그래밍 장애가 DVD의 추정되는 정의로 이미 널리 받아들여지고 있다고 주장하였다. 즉, 운동구어 프로그래밍 장애는 거의 만장일치로 DVD의 필수불가결한 요건으로 여겨지고 있다(Eisenson, 1984; Hall et al., 1990; Morley, 1957; Rosenbek & Wertz, 1972; Weiner, 1969; Williams et al., 1981; Yoss & Darley, 1974a). 구어 산출에서 요구되는 조음기관의 일관성 있는 위치 잡기의 불능과 같은 운동 문제를 정의하는 것은 구강 길항반복운동(oral diadochokinesis) 장애와 같은 운동 측면; 비일관적인 조음 오류, 모음 왜곡, 자음 생략, 그리고 왜곡과 첨가 오류와 같은 음운 측면; 그리고 단어 인출 및 구문 장애와 같은 언어 측면의 다양한 증상과 연결된다.

우리는 운동 프로그래밍 장애가 운동구어 수행력만을 국한적으로 방해 하거나 또는 내재된 발달성 구강 실행증(developmental oral apraxia, DOA)에 의해 운동구어 수행력이 저하될 수 있음을 주장한다; 이것은 발달성 말 실행증에 대한 Yoss와 Darley(1974a)의 정의와 일치한다. 다시 말해서, DVD는 구어에 단독적으로 출현하거나 비구어적인 구강 움직임의 문제와 공존할 수 있다.

독립적인 구두 실행증과 구강 실행증에 의한 구두 실행증의 범주화는 실험적으로 뒷받침되었고 성인 운동구어장애에서는 받아들여지고 있지만 아동기 장애에서는 논란이 존재하고 있다(Aram & Nation, 1982;

DeRenzi, Pieczuro, & Vignolo, 1966; Morley, 1957; Wertz, LaPointe, & Rosenbek, 1984).

운동프로그램밍 장애로서 DVD 증후군을 규정하기 위해 갖추어야 하는 필요충분의 신체적 징후를 확립하기 이전에 DVD 증후군의 타당성을 중대하게 위협하는 증상의 다양성에 대한 여러 비판적 질문에 답하는 것이 보다 중요하다(Guyette & Dedrich, 1981; Jaffe, 1984; Thompson, 1988). 증상의 다양성에 대한 논의를 고려하면 DVD로 의심되는 어떠한 아동도 교과서에 언급된 구체적이며 다양한 DVD 증상의 틀에 완전하게 일치하지 않는다. DVD 아동 간의 공통된 증상 부족은 DVD 증후군의 타당성에 관한 논쟁의 핵심이다. 그러나 의심되는 사례들로 인해 DVD 진단을 무효화할 필요는 없는 것으로 보여지는데 그 이유는 사례에서 관찰되는 징후와 증상이 교과서에 언급되는 고정되고 일관성 있는 증후군과 완전하게 일치하지 않기 때문이다. 신경학자인 D. Frank Benson(1979)은 신경의학 분야에서도 완전한 증후군을 만나는 건 매우 드문 일이라고 언급하였다. 증후군의 다양성은 종종 임상가들 사이에서 증상의 개념에 대한 혼동을 야기한다고 말하였다. Benson은 많은 사람들이 신경학적 증후군은 고정되고 변치 않는 결과들의 집단이라고 생각하고 있다고 하였다. 바꿔 말하면 특정 장애로 진단되기 위해서는 각 증상은 반드시 변함없이 나타나야 한다는 것이다. 그러나 실제로는 다른 의학 분야처럼, 신경의학에서도 증후군은 드물며 일반적이지 않다. 증후군의 개별적 특색은 확고하고 고정된 것이 아니며, 정해진 증후군은 특정 과정 또는 해부학적 위치로 인해 나타나는 필연적인 결과로 생각되어서는 안 된다. Benson이 말하길, 오직 폭넓은 관점에서 증후군이라고 불리는 소수의 비교 가능한 일관성을 가진 집합체로 신경장애 영역의 특징을 결속해야 한다고 주장한다.

Benson의 충고를 염두에 둔다면 구어 또는 비구어 수준에서 수의적 운동프로그램장애라는 필요충분 조건에 부합한다면 DVD 증후군의 개념을 보유하는 것은 상당히 가능해 보인다. 이와 같은 운동프로그램장애는 엄격한 일관성을 지닌 운동, 음운, 언어, 또는 신경학적 징후 또는 증상을 야기하거나 그렇지 않을 수도 있으며, 증상 간의 비일관성은 비전형적이라기보다는 전형적인 것으로 받아들여야 한다.

음운-언어의 다양성

앞서 논의된 것처럼 DVD 증후군은 아동에 따라서 독특한 DVD 증상이 다양하게 나타난다. 비록 각 개인에 따라 증상과 행동 특징에서 차이가 매우 크기는 하지만 대규모의 아동 표집을 대상으로 한 조사를 통해 몇몇 일관성을 지닌 증상 유형을 확인할 수 있었다. 병인과 증후군의 정의에 대한 불확실성에 직면하면서, DVD 증상의 본질에 대한 기초적인 질문에 대한 답변을 찾기 위해 최근 들어 언어치료 전문가들은 음운-언어의 다양성에 대한 연구를 집단 조사의 방법으로 전환하였다.

동일집단 음운 특징이 발달성 음운장애와 DVD로 의심되는 아동을 구분 가능한가를 알아보기 위해 일부 연구는 동일집단(equated group)을 대상으로 한 연구 계획을 도입하였다. 동일집단 계획은 두 집단이 정해진 측면에서 서로 차이점이 있는지를 확인할 때 선호되는 연구 방법이다(Cook & Campbell, 1979). 현재 언어치료학 분야에서 DVD를 존재 가능한 임상 실체로 정립하는 데 있어 매우 중요한 역할을 한 것으로 잘 알려진 Yoss와 Darley(1974a)의 연구는 음운 특징을 체계적으로 연구하기 위하여 처음으로 동일 설계를 사용하였다. 정상 청력, 지능, 그리고 유사한 언어능력을 보이는 심도 또는 중도-심도의 오조음을 보이는 5세에서 10세 사이의 30명 아동으로 이루어진 집단을 구강실행증 검사로 구분한 뒤 음운 차이를 살펴보았다. 연구자들은 다양한 유형의 말소리 오류가 두 집단을 구분하였다고 보고하였다. 발달성 말 실행증의 표본으로 지정된 구강 실행증 집단은 짝지워진 오조음 집단보다 반복되는 말소리 과제에서 음소의 왜곡, 연장, 반복, 그리고 첨가를 더 많이 사용하였다. 두 개, 세 개의 특징적 오류는 DAS로 의심되는 아동인 경우 발생 가능성이 높았다. 자발발화에서는 DAS를 예측할 수 있는 다른 유형의 오류가 확인되었다. 이 오류는 음소 왜곡, 단일 위치 자질 오류, 첨가, 그리고 생략이었다. 구어 과제에 따른 오류의 다양성에도 불구하고 두 집단은 명백한 차이를 보였다. 조음 결과들은 DAS 집단의 연성 징후와 더불어 임상 실체를 정립한 것으로 나타났다. 이 연구는 출판되던 당시에는 DAS로 의심되는 아동은 심한 발달성 음운장애를 보이는 아동과 구분이 가능하다는 결론적인 증거를 제공한 것으로 여겨졌다.

그러나 이와 같은 중요한 실증적 발견들은 Williams 등(1981)에 의해 이루어진 오스트레일리아 아동을 대상으로 한 잘 계획된 반복 연구를 통해 반론이 제기되었다. 대형 의료센터(Mayo Clinic)에서 DAS로 의심되는 대상자를 모집하지 않았다는 점을 제외하고는 이전 연구에서 적용된 동일한 정의를 사용하여 대상자를 표집한 Williams 등(1981)은 DAS로 의심된 아동들은 동일 집단과 검사 결과를 비교했을 때 소수의 변인에서만 차이를 보였다고 보고하였다. 오직 11개의 말 과제 중에서 2개에서만 두 집단 간의 차이가 확인되었다. 말 반복과제와 자발발화에서의 생략이 조음 오류를 보인 오스트레일리아 아동을 두 집단으로 구분하였다. 만약 생략 오류가 음운 표집에서 제외되었다면 두 집단 간의 차이는 전혀 없었다. DAS로 추정되는 학령기 아동은 발달성 음운장애를 보이는 동일 아동과 일관적으로 구분되지 않는다는 사실이 명백하게 드러났다.

동일 집단을 대상으로 한 세 번째 연구는 두 유형의 조음 오류를 보이는 아동의 음운 능력에 대한 차이가 불충분하다는 Williams 등(1981)의 결론을 재확인하였다. Parsons(1984)은 DVD로 추정되는 아동의 음운처리에 대해 연구하였다. 그는 7명의 임상 대상자와 주 대상자의 다양성과 일치하는 통제 집단을 이용하였다. 대상자의 연령 범위는 이전 연구들보다 다소 어린 4세 6개월부터 6세 8개월까지였다. 24가지 음운과정이 연구되었고, 음운과정에 대한 통계적 분석은 두 집단 간에 어떤 유의미한 차이도 없는 것으로 밝혀졌다. 단지 두 개의 음운과정만이 통계적 유의성에 근접하였다. DVD로 추정되는 아동들에게 (1) 앞에 위치하는 음소를 뒤로 위치시키기 (2) 말소리 삽입(insertion of sounds) 또는 삽입음(epenthesis)을 하는 과정은 일반적이었다. Parsons은 DVD로 추정되는 아동은 특별한 원인을 지닌 집단도 아니며 발달성 음운 능력에 따른 하위 그룹도 아니라고 자신의 자료를 해석하였다. 요약하자면, 위에 언급된 세 동일 그룹에 대한 연구 결과들은 서로 일치하지 않는다. 그러나 음운 수행력에 대한 최근 연구들은 DVD로 추정되는 아동과 다양한 조음 오류를 보이는 전형적인 조음장애 아동 간에는 음운 특징에서 차이가 없다는 점을 강력하게 뒷받침하고 있다.

뚜렷한 음운 특징 동일 통제집단을 이용하거나 체계적으로 구강 실행증 요소에 대한 검사를 실시하지 않고 집단의 음운 특성을 연구한 연구자들은 DVD 아동들은 뚜렷한 음운 특징을 나타낸다고 주장하였다. Crary(1984)와 그의 동료들은 말 실행증이 있다고 믿었던 아동들을 대상으로 수행한 일련의 연구를 정리하였다. Crary는 DVD를 구강운동 불능을 기반으로 정의하였으며, 이와 관련하여 그는 구강운동 불능을 보인 매우 이질적인 표집을 사용하였다. 전체 대상자 중에서 구강운동에서 약함을 동반한 경우는 없었지만 소수의 아동들이 구어 기제(speech mechanisms)에서 "운동 불협응(motor incoordination)"을 보였다. "혀 거상에서 선택적 위치 탐색의 결함을 동반한 매우 심한 구강 실행증"을 보인 광범위한 아동이 표집에 포함되었다(Crary, 1984, p. 72).

Crary의 정의에 근거하여 DVD 아동을 대상으로 한 일련의 연구는 열

세 개의 음운처리를 분석하였다. 대부분의 오류는 통사 처리과정(syntagmatic processes)에서 나타났다. 이 오류는 초성 및 종성의 자음 생략과 성문음 대치를 포함하였다. 음운처리 자료에 대한 요인 분석은 모든 음절 위치에서 음소를 생략하는 것이 주된 요인이라고 주장되었다. 음절 구조 조절(syllable structure control)이 DVD 사례로 간주되는 아동의 핵심 요소로 나타났다. 추가적으로 보다 복잡한 조음을 표현하는 소리 군에서 오류를 나타내는 경향을 보였다.

흥미로운 위의 결과처럼, 동일 통제집단을 대상으로 한 더 잘 계획된 Williams 등(1981)과 Parsons(1984)의 연구가 음운 차이와 음운처리 과정에 대하여 부정적 결과를 보고하였기 때문에 해당 아동들은 DVD로 추정되어야 한다. Crary의 결과는 조음 오류를 보이는 아동으로 이루어진 적절한 통제 집단을 대상으로 하고, 체계적인 구강 실행증 검사를 시행하였다면 보다 강력한 결과가 도출되었을 것으로 여겨진다.

만약 정말 특정 음운처리 과정이 DVD 아동의 전형이라면 추후 연구는 이 부분에 관해 이루어져야 할 것이다. DVD 아동은 다양한 언어 및 수행 부담 과제들 내에서 음운처리의 사용과 빈도에 대한 일관성이 존재한다는 증거가 있다(Bowman, Parsons, & Morris, 1984). 음운처리 과정의 일관성은 DVD가 아닌 아동에 대한 조사가 이루어진 후에 DVD 아동과의 비교가 요구된다.

언어 결함 최근 들어 연구자들은 DVD 장애는 구강운동장애 그 이상의 문제를 가지고 있으며 이로 인해 음운 오류를 나타낸다는 가정 하에서 DVD의 언어적 결함에 대한 더 많은 연구를 진행하고 있다. Panagos와 Bobkoff(1984)는 이론적으로 음운은 언어의 준자율(quasi-autonomous) 요소이기 때문에 구두 실행증은 결코 제한적인 운동 또는 음운 문제로만 생각될 수 없다고 논하였다. 음운에서 나타나는 결함은 항상 전체 언어 체계에 영향을 미친다. Panagos와 Bobkoff는 구두 실행증은 운동 기제(motor mechanisms)보다는 인지 기제(cognitive mechanisms)와 관련된 언어 부호화(language encoding) 장애라고 믿었다.

수많은 연구자들(Edwards, 1973; Grunwell & Yavas, 1988; Love & Fitzgerald, 1984; Prichard, Tekieli, & Kozup, 1977, Rosenbek & Wertz, 1972; Weiner, 1969)이 DVD 아동의 언어 결함 또는 지체를 보고하였지만 Ekelman과 Aram(1984)의 연구가 가장 주목할 만한 관심을 받았다. 그들은 8명의 DVD 아동에 대한 구문 자료와 함께 시간의 경과에 따른 8명 중 3명 아동에 대한 구문 변화양상을 자료로 제시하였다. 아동들은 구강 실행증에 대한 검사 없이 느린 음절 속도와 음절 순서화를 이유로 DVD로 진단되었다. 연구결과에서 모든 8명의 아동은 생활연령에서 기대되는 평균 발화길이에서 무질서한 구문 구조를 보였다. 8명 중 6명의 아동은 **이의 발달성 구문 분석**(Lee's Developmental Sentence Analysis, 1974)에서 생활연령에서 기대되는 수준 이하였다. 몇몇 문법 표식(grammatical markers)의 오류는 완전하게 운동구어 또는 음운 제한에서 기인하지 않았다. 주된 언어 문제가 존재하는 것으로 고려되었다. 세 명의 대상자에 대한 구문 변화를 분석한 결과는 시간이 경과함에 따라 개선되는 것으로 나타났다.

비록 본 연구 자료는 DVD의 유의미한 언어 결함을 제시하였지만 구강 실행증을 명백하게 정립하지는 못했으며 구강 실행증 검사를 실시하지 않았다는 이유로 비판을 받고 있다. 게다가 유사한 언어 결함이 다양한 조음 오류를 보이는 비실행증 아동에서도 발견되었다(Deputy, 1984).

단일 사례 연구: 장애 증거

DVD를 대상으로 한 집단 연구에서 구강 또는 구두 실행증에 대한 정의가 일치하지 않으며 주요 연구에서 동일한 비실행증 통제군이 부족하기 때문에 설득력이 없다는 것을 알게 된 언어치료 전문가들은 DVD의 타당성에 대한 보다 설득력 있는 증거를 제공하고, 장애의 본질을 확립(Grunwell & Yavas, 1988; Love & Fitzgerald, 1984)하며, 치료 기술의 효율성을 조사(Daly et al., 1972; Hall et al., 1990; Harlan, 1984; Helfrich-Miller, 1984; Klick, 1985; Rosenbek, Hansen, Baughman, & Lemme, 1974; Shelton & Graves, 1985; Yoss & Darley, 1974b)하기 위하여 사례 연구(case study)로 접근 방향을 수정하였다. 사례 연구 접근은 흔치 않은 사례에 대한 성상(descriptions)을 제공하거나 불충분하게 이해되고 있는 장애에 대한 새로운 정보를 제공하기 위해 건강과학 분야에서 광범위하게 사용되고 있는 방법이다. 이따금씩 사례 연구는 논쟁의 쟁점을 명확히 하였고, 새로운 연구 방향을 설정하기 위한 시작점이 되었다(Oyster, Hanten, & Llorens, 1987).

사례 연구의 증거 유형

DVD로 추정된 아동을 대상으로 한 최근의 단일 사례 연구들은 진단을 위한 설득력 있는 증거를 제공하며 DVD 개념을 포함하고 있다. 첫째, 여러 해에 걸쳐 이루어진 종단적 관찰에 근거한 몇몇 사례들은 언어치료 전문가에게 시간의 경과가 예상했던 DVD의 임상 틀에 연구 사례가 부합하는지를 확인 가능하게 하였다. Love와 Fitzgerald(1984)는 주민 청각언어센터에서 5년 이상(2세 5개월부터 7세 9개월까지) 이어온 사례를 보고하였다. Hall 등(1990)은 DVD로 추정되는 한 사례를 7세부터 시작하여 총 11년 동안 연구하였다. 전자 사례는 종단적 연구를 통해 언어치료 전문가에게 DVD라는 최종적 진단을 도출하게 하였다. 후자의 사례에서는 장시간에 걸친 관찰을 통해 수년 간 동안 진행된 새로운 치료 절차(구개올림 보철기기의 사용)에 대한 효율성을 측정하게 하였다. 연구자들은 대상자들이 장시간 동안 이루어진 구개올림 보철기기 사용과 언어치료를 통해 과다비성이 포함된 조음과 언어가 개선되어 가는 과정을 평가할 수 있었다.

둘째, 사례 연구 형식은 DVD의 수행력과 관련된 주요 영역에 대한 집중적인 연구를 가능하게 한다. Grunwell과 Yavas(1988)는 신경학적 운동 프로그램 장애로 추정되는 음운발달장애를 보이는 한 명의 9세 남아를 대상으로, 그 아동의 음소와 음운 능력에 대하여 집중적으로 연구하였다. 주의깊은 음소 분석을 통해 매우 제한된 음소 구조에서 잘 발달된 분절적 음소 목록(segmental phonetic repertoire)이 포함된 음운을 산출한다는 결과를 밝혔다. 연구자는 음소 체계의 일부인 결합과 순서화에 대한 심각한 제약은 운동 프로그래밍 장애의 직접적인 영향으로 발생하며, 이는 다시 음운 능력을 제한하여 결과적으로 제한적이며 장애를 가진 음운 체계를 유발한다고 주장하였다.

셋째, 사례 연구는 DVD의 임상 관리와 관련된 주요 부분에 대한 새로운 정보를 제공한다. DVD의 과다비성을 개선시키기 위한 구개거상보철 사용에 관한 Hall 등(1990)의 연구는 이와 같은 치료법을 DVD에 적용한 첫 연구이다. 비록 이 기법이 마비말장애를 보이는 성인과 아동에게 광범위하게 사용되고 있지만 DVD에 대한 효율성은 현재까지 밝혀지지 않았다.

넷째, 사례 연구는 차이를 보이는 DVD 임상 유형에 대한 통찰을 제공한다. 대부분의 사례 연구는 주로 중증의 DVD 사례들을 보고하고 있다. 예를 들면, Daly 등(1972)은 말을 거의 하지 못하고 초기에는 지적장애, 실어증 또는 자폐로 오진되었던 한 명의 실행증 아동에 대한 사례를 보고하였다. 이와 같은 유형의 DVD 아동은 종종 "비구어(nonverbal)"라고 명명되었으며 대부분 아동기 또는 발달성 실어증의 하위 유형으로 간주되었다(Eisenson, 1984). DVD는 전체 아동기 의사소통장애 인구 중에서 매우 드물다고 생각되었다. 심지어는 심한 오조음을 보이는 DVD 아동도 드물다고 생각되었다(Rosenbek et al., 1974). DVD를 발달성 음운장애를 나타내는 아동 집단의 하위 군으로 간주하는 일부의 언어치료 전문가들은 그들의 주장을 증명하지는 못했지만, 이전에 추정했던 것보다 더 많은 수의

DVD 아동이 존재할 것(Air & Wood, 1985; Frisch & Handler, 1974; Haynes, 1985)이라고 생각하고 있다. 실행증으로 인해 구어와 언어 발달에서 중증의 장애를 보이는 아동은 복합적 오조음을 동반하면서 발달성 음운장애의 특징을 보이는 DVD 아동보다 구분이 쉬울 것이다. DVD로 추정되는 이와 같은 다양한 하위 군을 구분하기 위해서는 더 많은 연구가 요구된다.

요약하면, 임상적 실체에 대한 비판적 목소리에도 불구하고 DVD를 대상으로 한 단일 사례 연구 접근법은 DVD 증후군에 대한 진단의 타당성을 지속적으로 지지하는 풍부한 서술적 증거(descriptive evidence)를 제공하였다. 실행증으로 심각한 오조음을 보였던 아동을 대상으로 한 사례 연구에 대한 일례(보다 자세한 정보는 Love와 Fitzgerald(1984))는 1장에 언급되어 있다. 더불어 사례 연구 접근은 DVD 아동을 위한 다양한 관리 기법을 제시하기 위해 이용되고 있다. DVD의 본질과 관리에 대한 주의 깊고 세심한 사례 연구는 DVD를 더 잘 이해하게 하여 궁극적으로는 논쟁에 싸여 있는 문제를 해결 가능하게 하는 후속 연구를 위한 단서를 제공한다.

최근의 발전

아이오와와 크레리 교과서

이 책이 출판된 이후로 새로운 여러 연구들이 DVD 발전에 기여하였다. 1993년에 두 개의 주요 교과서가 출판되었다. 첫 번째는 『발달성 말 실행증: 이론과 임상적 훈련(*Developmental Apraxia of Speech: Theory and Clinical Practice*)』으로 이름이 붙여진 것으로 이것을 아이오와 책이라고도 한다. 그 이유는 이 책의 저자들이 아이오와 대학의 구성원들로 이루어졌기 때문이다. 이 책의 저자인 Penelope K. Hall, Linda S. Jordan, Donald A. Robin(1993)은 DVD 아동에 대한 괄목할만한 임상경험을 가지고 있다. 이 책은 쉬우며, 논쟁에 놓여 있는 DVD 장애의 본질과 치료법에 대한 사실들을 정리해 놓았다.

저자들은 DVD는 근본적으로 운동구어장애라는 가정 하에서 3장을 운동 조절(motor control)에 대한 이론과 이 이론들을 통해 DVD를 설명할 수 있는 가능성을 찾기 위해 할애하였다. 여섯 가지 운동 이론에 대한 주의 깊은 고찰 후에 연구자들은 "DAS를 설명 가능한 주장 또는 입증할 수 있는 어떠한 이론들도 없다(p. 66)."라고 결론을 내렸다. 불행하게도 이 책은 DVD가 뇌신경학과 관련되어 있음에도 불구하고 뇌신경학에 관한 부분을 제시하지 않아 교과서로 활용되기에는 그 유용성이 저하된다. 뇌 해부 및 생리학에 대한 기초지식은 DVD를 이해하기 위한 필수요소이며 현재 받아들여지고 있는 운동 이론을 있는 그대로 이해하기 위해서도 필요하다. 가족 및 유전 요인은 제5장에서 다루어졌으며, DVD와 동반되는 신경학적 및 심리적 증상은 제6장에서 주의 깊게 증명되었다. 제7장부터 제9장은 치료와 관련된 다양한 측면에 대해 언급하였다. 요약하자면 이 책은 신경구어장애를 공부하기 시작한 학생들에게 복잡한 장애를 설명하는 개론 서적으로 적합하다.

지난 수년 동안 DVD에 지속적으로 공헌을 해 온 Michael A. Crary는 『발달성 운동구어장애*(Developmental Motor Speech Disorders)*』(1993)라는 책을 통해 아동기 운동구어장애 중 특히 DVD에 대하여 완전하게 정리된 그의 생각을 발표하였다. 제1장은 역사적 관점을 제공하며 DVD로 쉽게 오진되는 선천성 상연수마비(congenital suprabulbar paresis)에 대한 매우 완벽한 설명을 제공하고 있다. Crary는 이 증후군은 영국 신경학자인 C. Worster-Drought(1956)에 의해 처음으로 묘사되었던, 전형적인 뇌성마비 아동의 사지에서 관찰되는 비정상적인 반사와 마비 징후가 동반되지 않는, 상위운동신경원(upper motor neuron) 발달성 마비말장애라고 주장하였다.

Worster-Drought 증후군이 언급된 거의 같은 시기에 Muriel Morley(1957)는 영국의 Newcastle-upon-Tyne에 거주하는 12명의 아동을 대상으로 후천적 조음실행증(acquired articulatory apraxia)을 보고하였다. 그녀의 연구는 현대의 구어병리학과 신경학 분야에서 DVD 개념에 대한 관심을 이끌어 내었다(Love & Webb, 1996, p. 275 참고).

제2장과 제3장에서 Crary는 정상 및 비정상적 뇌 발달에 대한 이론을 설명하였으며, 가능성 있는 발육불량에 관한 여러 이론들과, 이와 관련된 아동기 운동구어장애에 관한 내용을 언급하였다. 제4장에서는 말 실행증을 보이는 아동의 발달 및 임상 특성과 관련된 일련의 말 분석 자료를 제시하였다. 제5장은 운동구어(speech gymnastics), 구어 길항반복운동(speech diadochokinesis)을 포함하는 특정 운동구어 수행력 뿐만 아니라 집행과 운동 계획 기술을 반영하는 구어 수행에 대한 정보를 분석하였다. 제6장의 강조점은 발달성 말 실행증으로 추정되는 아동의 특징을 묘사하기 위해 13개의 음운 처리를 정리한 Crary의 목록을 제시하였다. 제7장은 말 실행증 아동의 언어 수행력에 대해 언급하였다. 제8장에서는 Crary 자신이 사용하는 평가 전략 체계에 대한 설명을 다루고 있다. 이 책은 중재 전략에 대한 논의로 마무리 된다.

Crary는 DVD 주제와 관련하여 학문적이며 읽을 가치가 있는 책을 제공하였고 발달성 말 실행증의 연구를 위한 몇몇 독특한 접근 방식을 소개하였다. 그러나 그의 생각들은 연구적으로 검증되지 못하였다. 더불어 발달성 운동구어장애에 대한 설득력 있는 논의를 포함한 교재라고 하기에는 뇌성마비로 인한 마비말장애와 하위운동신경원 장애에 대한 내용이 매우 적은 부분만이 언급되었다. 그럼에도 불구하고 Crary의 책은 아이오와 책보다 전문적이기 때문에 훈련 과정에 있는 대학원 학생과 DVD에 대한 상당한 경험을 가진 전문가들에게는 더 많은 흥미를 불러일으킬 것으로 여겨진다.

위스콘신 논문

DVD에 대한 설득력 있는 언급을 제시하는 세 번째 주요 연구는 1997년 『구어언어청각연구지(*Journal of Speech, Language and Hearing Research)*』에 단일 주제로 연속적으로 실린 세 편의 논문이다(Shriberg, Aram, & Kwiakowski, 1997). 첫 번째 논문은 지금 DVD의 본질이라고 받아들여지고 있는 요인들에 대해 현재까지 고찰된 내용을 제공하였다. 그리고 저자는 다양한 특징 또는 단일 질병 징후학적 특징을 보이는 하나 또는 그 이상의 DVD 하위 유형에 대해 제안하였다. 대부분의 연구자들은 증후군이란 다양한 증상의 집합이기 때문에 다른 종류의 아동 구어장애와 구분될 수 있는 널리 알려지고, 명백하고, 지속적인 신체적 징후와 결합되어야 한다(Love, 1992)고 생각한 반면 본 저자들은 DVD는 단일한 "질병 징후학적 표식(pathognomic marker)"으로는 특징짓지 못한다고 주장하였다.

DVD의 발병과 진행 과정에 대한 논의에서 저자들은 구어 발달이 이루어지는 이른 시기에 발병한다는 점에는 동의하였지만 성인기까지는 많은 변이음(allophones)이 정상화되지 않기 때문에 구어 발달이 완전하게 이루어지는 시기에 대해서는 의문이 제기된다고 주장하였다. 그들은 DVD로 추정된 사례의 정상화가 자발적 개선에 의한 것인지 아닌지는 불확실하며 이 관점에서 정확하게 늦된 구어 발달인지 늦은 구어 정상화인지를 예측할 수 없다고 주장하였다.

저자는 발달성 음운 목록에서 성비는 명확하지 않지만 남자 대 여자가 2:1에서 3:1로 빈번하게 보고되고 있으며 몇몇 연구자에 의해서는 X 염색체와 관련되거나 X 염색체의 영향을 받는 유전 장애의 비율로 보고되기도

한다고 말하였다. 출현율(prevalence)은 인구의 1에서 1.3% 범위로 추정되고 있다. 반면에 저자는 불확실한 원인에 의한 음운장애가 학령 전기 아동의 5%에 해당한다고 추정하였다. 추정에 따르면 DVD는 신생아 1,000명당 1에서 2%의 출현율로 나타나며 이는 장애 중 낮은 발생률 범주에 속한다고 주장되었다. 복잡하지 않은 음운 구어 지체를 동반하는 아동과 비교했을 때 인구에서 차지하는 DVD의 빈도는 매우 낮다.

저자는 또한 DVD의 몇몇 유형은 가족 집적성(familial aggregations)으로 발생하여 몇몇은 유전 전이의 가능성이 있다고 언급하였다. 표현 표식으로 밝혀진 것이 없기 때문에 DVD는 행동 또는 분자 유전학의 새로운 방식을 사용하여 연구가 진행될 수 없다.

이와 같이 장애 관련 요소를 간결하고 유용하게 정리한 후에 저자는 DVD의 결함을 설명하기 위하여 가능성 있는 몇몇 이론을 제시하였다. 모든 이론적 입장을 고려했을 때 DVD는 가장 일반적으로 조음 전 순서화의 결함(prearticulatory sequencing deficit)으로 받아들여진다고 주장하였다.

논문 연구 연구자들은 그들 연구의 첫 부분에서 DVD에서 빈번하게 사용되는 형용사인 '의심되는(suspected)' 이란 용어를 지지하면서 진단적 표식의 부족을 언급하고, DVD는 언어 단계의 결함을 필수적으로 나타낸다는 주장을 반박하였다. 그들의 이와 같은 생각은 전통적으로 받아들여지고 있는 실행증의 개념에 위배된다.

두 번째와 세 번째의 논문은 DVD 아동을 진단하는 데 유용하게 사용되는 질병 징후 표식을 분리할 것을 주장하는 연구자의 연구 결과가 보고되었다. 언급된 표식은 수십 년 동안 실행증의 특징으로 방해된 운동 유형이 고려되어 왔지만 이에 대한 직접적인 연구는 무시된 채 청지각적 단서에 의해서만 결정되어 왔다는 것이다.

본 연구자의 첫 번째 논문은 구어(음운) 지체를 보이는 73명의 아동에 대한 구어와 운율-음성을 비교한 자료와 DVD로 추정되는 14명 아동에 대한 분석 자료를 제공하였다. 본 연구는 단지 청지각적 특징을 근거로 구분된 두 개의 집단 중 DVD 아동 쪽에서만 부적절한 강세가 있었다고 주장하였다. DVD로 추정된 14명의 아동 중 실제로 단지 6명만이 명백한 발달성 구어장애의 증거를 나타내면서 운율-음성 선별 평가에서 실패하였다는 점에 주목해야 한다(p. 301).

세 번째 논문은 부적절한 강세로 구분되는 DVD의 하위유형에 대한 논생을 제공하였고, DVD 하위유형을 구분하기 위한 진단적 표식으로 강세에 대한 내적 교차 유효성 검사(internal cross-validation test)를 실시하였다. DVD로 추정되는 20명의 아동을 대상으로 다양한 언어평가가 수행되었다. DVD의 "강세 하위유형(stress subtype)"에 관한 교차 유효성 자료는 다양한 지역에서 DVD로 추정되는 19명 아동의 대화 표본을 통해 수집되었다. 비록 연구자들은 강세를 진단적 표식이라고 확신하였지만 그들의 교차 유효성 연구는 진정한 구두 실행증을 보여 주기에는 적은 표본 크기에 근거한 결과라는 명백한 한계점을 지니고 있다는 점을 그들도 인정하였다. 세 번째 연구는 DVD로 의심되는 53명의 아동으로부터 얻은 52개의 구어 표본을 분석하여 부적절한 강세를 확인하였다. 이와 같은 부적절한 강세 빈도는 특발성 원인에 의해 구어 지체를 동반한 아동에게서 수집된 71개 대화 표본의 10%와 엄격하게 비교되었다.

연구 토론 연구자들은 세 편의 연구 결과를 통해 논하였듯이 DVD의 연구에서 그들의 자료가 가지는 의미를 다섯 가지로 가설화한 뒤 최종적으로 세 가지 결론을 도출하였다: (1) 대화 자료에서 구 강세(phrasal stress)는 알 수 없는 원인에 의해 구어 지체를 보이는 동일 연령의 아동과 DVD 아동의 52%를 구분하는 유일한 언어적 변수이다. (2) 다양한 경로를 통해 관찰한 결과 신경학적 및 유전적 원인에 의한 장애이다. (3) DVD의 강세 결함은 음운의 순서화 과정에서 조음 전 단계에 해당하는 언어 표상 단계(linguistic representational levels)에서 발생한다. 연구자들은 성인의 후천적 실행증과 그들이 찾아낸 DVD의 하위 유형 간에는 분명한 차이가 있으며, 실행성 운동구어장애에 대한 의문은 지속적으로 제기된다고 언급하였다.

위스콘신 연구 평가 DVD의 핵심 요소는 첫 논문에 잘 정리되었다는 사실에는 의심의 여지가 없으며, 연구자들이 특히 발병률 및 유전 분야와 관련된 장애 정보를 명료하게 정리하였다. 타당한 진단을 위해 언어치료 전문가가 직면하게 되는 모든 의문점에도 불구하고 연구를 바탕으로 할 때 DVD는 원인이 분명하지 않은 구어(음운) 지체와 비교했을 때 낮은 발생률 범주에 속한다는 사실은 명백하다.

이와 같이 보편적이지 않은 장애가 구어언어장애 분야에서 많은 관심을 불러일으킨다는 점은 놀라운 일이다. 주요 정보가 부족하고, 우리가 가지고 있는 정보는 논쟁의 소지가 있지만, 이와 같은 지속적인 논쟁에도 불구하고 몇몇의 아동에게는 DVD 진단이 타당하고 적절한 것처럼 보이는 것은 흥미로운 점이다. 그러나 만약 누군가가 위스콘신 연구를 주의깊게 살펴본다면 DVD의 많은 부분이 실제적으로 연구를 통해 얼마나 설명이 되었는지, DVD를 둘러싼 논쟁이 연구를 통해 얼마나 해결될지에 대해 의문을 가질 것이다.

Waldron(1998)은 위스콘신 연구의 특정 측면을 맹렬하게 비판하였다. 연구 대상자 선택의 결함을 지적하면서 Waldron은 첫 번째 대상자 표본이 이전 말 실행증 연구에도 포함되었다고 언급하였다. 그녀는 또한 DVD로 추정되는 아동을 분류하기 위해 사용한 실험 잣대(구어장애 분류 체계 Speech Disorders Classification System)의 분명한 약점을 언급하였다. 더불어 그녀는 DVD가 아닌 아동을 선택하기 위해 적용된 단 한 가지 기준이 원인을 알 수 없는 음운 지체였다고 지적하였다. Waldron에 따르면 두 번째 아동 표본 역시 지속적이며 일관되지 않은 기준으로 선택되어져 결과적으로 불분명한 비교 집단이 선정되었다고 주장하였다.

Waldron은 또한 연구에서 지속성과 타당성을 지닌 구어산출 자료가 적절하게 수집되지 않았다고 언급하였다. 그녀는 특정 자질에 대한 선택적 자료 해석, 자료 무시, 그리고 DVD의 진단적 표식을 나타내는 어린 아동과 성숙한 아동 간의 차이가 중증도인지 명료도 때문인지가 명확하지 않다는 점을 비판하였다.

Waldron은 말 속도 자료는 혼동스러우며, DVD로 추정된 자료는 각기 다른 연령층과 배경을 지닌 16명의 아동만을 대상으로 하여 결론을 도출하였다고 언급하였다. 마지막으로 그녀는 단지 8명의 아동들에게 나타난 구 강세는 DVD의 하위유형을 정립하기 위한 기초라고 간주하기에 무리가 있다고 주장하였다. 요약하자면 Waldron은 본 연구가 새로운 형태의 DVD를 구분하였다고 주장하기에는 많은 단계에서 결점을 가지고 있다고 믿었다.

Waldron의 주장에 대응하기 위해 본 연구자들은 그들의 세 연구에 사용된 선택 절차는 숙련된 임상가와 수많은 임상 연구에서 적용된 포함 기준을 참고하여 DVD로 추정되는 아동을 선별하기 위한 신뢰성 있는 기준을 마련하였다고 주장하였다. "문헌을 통해 DAS로 의심되는 아동의 다양한 특징으로 보고된 내용을 연구에 반영하기 위해서 선별 기준을 의도적으로 제한하지 않았다."라고 연구자는 말하였다(Shriberg, Aram, & Kwiatkowski, 1997, p. 961). 그리고 연구자들은 다양한 대상자 집단에서 확인된 부적절한 강세는 DVD의 진단 표식이라고 주장하였다.

Hugo Leipman에 의해 신경학 분야에 소개되었던 것처럼, 진단 표식이 실행증의 운동 방해를 나타낼 수 있는가는 여전히 의문이다. 확실하게 본 저자는 일방적 접근이 연구에서 사용되었다고 믿었다. 사실, 존경받는 언어치료 전문가들이 DVD 개념을 상정하기 위해 늘 필요충분의 근거에 대해 의문을 제기하기 때문에, 하위유형의 조건에 대한 주장은 때가 이른 것처럼 보인다. 단지 지각에 의존하거나 지각된 자료를 언어적 이론에만 근거하여 해석하는 것은 타당하지 않은 연구 결과일 것이다. 게다가 저자는 그들의 진단적 표식이 진정한 실행증 또는 운동 방해를 구분하지 않는다는 것을 인정해야 하는 역설적인 위치에 있다는 것을 발견하였다.

그들의 연구계획에 현재의 기술을 결합했다면 연구자들은 직접적으로 구강운동에서 구어와 비구어를 연구하는 것이 가능했을 것이다. Smith, Goffman, 그리고 Stark(1995)는 머리에 착용하는 기기 없이 운동 또는 구강 구조의 기록이 가능한 시각적 추적장치인 Optotrack을 언급하였다. 본 기기는 소형 발광판을 입술, 혀, 턱에 위치시킨 뒤 카메라로 움직임을 추적한다. 현재 사용되고 있는 또 다른 영상기법인 디지털 비디오투시조영검사(digital videoflouroscopy)는 운동 작용에 대한 직접적인 자료를 제공한다. 이 방법은 과도한 방사선 노출에 대한 두려움 없이 구어와 비구어 구강 움직임을 연속적으로 볼 수 있다. 이 기술은 구개안면기형센터(craniofacial anomaly centers)에서 널리 사용되고 있다.

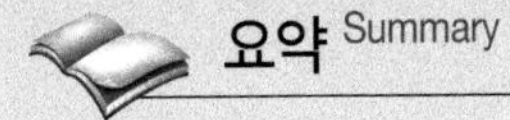

요약 Summary

발달성 구두 실행증(DVD)은 일반적으로 조음자의 어색한 탐색운동과 구어산출을 위한 조음자의 일관적인 위치잡기의 어려움을 특징으로 하는 운동구어장애로 여겨진다. 마비와 약화 또는 불협응 없이, 조음을 하기 위한 적절한 움직임을 수의적으로 실행하는 능력이 없다는 것은 추체(pyramidal), 기저핵(basal ganglia), 또는 소뇌(cerebellar)의 비기능에서 비롯된 것이다. 구두 실행증에서, 구어산출에서 운동은 불가능하지만 자동적인 비구이 행동에서는 운동이 관찰된다. 이와 관련된 개념은 구강 또는 안면(buccofacial) 실행증이다. 구강 비구어 실행증(oral nonspeech apraxia)은 비록 물기, 씹기, 삼키기처럼 보다 자동적인 근육의 움직임은 유지되지만 일반적으로 후두, 인두, 혀, 볼, 입술 근육들을 이용한 지시 따르기에서는 구강운동 수행의 불능으로 정의된다.

발달성 구두 실행증의 개념은 여러 단계에서 논쟁의 여지를 가지고 있다. 가장 빈번하게 브로카 실어증(Broca's aphasia)에서 관찰되는 성인의 말 실행증 상태와 유사한 형태로 생각되지만 편측화되고 국소화된 병변을 보이는 통상적인 성인 말 실행증은 아동에게서 발견되는 신경학적 특징과는 일치하지 않는다. 만약 아동기 구두 실행증이 뇌 해부와 연관이 있다면 몇몇 경미한 수준의 발달적 비정상에 대한 가능성을 제외하고는 대부분 구조적으로 정상과 같은 뇌를 보일 것이다. 유전 요인은 몇몇 사례에서 병인으로서 역할을 한다.

장애와 관련된 결정적인 신체적 징후는 구어 움직임과 구강 움직임에서의 미숙한 운동 프로그램이라고 주장된다. 구강 실행증의 존재는 발달성 구두 실행증의 조작적 정의의 일부분으로 고려되어야 한다고 제안되고 있다. 이 분야에 대해 잘 계획된 연구는 그들의 원안에 구강 실행증 검사를 포함하였다. 운동 프로그래밍 장애는 특정 음운오류 패턴, 언어 결함,

경미한 신경학적 징후 또는 치료에 대한 반응 저하보다는 신뢰성 있는 장애 징후를 나타낸다. 다른 결함이 구어와 구강 운동 프로그래밍 문제와 동반하여 나타날 수 있지만 실행증 군으로서 보편적으로 받아들여지는 징후와 증상으로 이루어진 종합은 존재하지 않는다.

발달성 구두 실행증을 보이는 하위 집단을 기능적 조음장애를 가진 대단위의 인구 집단에서 분리하기 위한 시도는 다양하게 이루어져 왔다. 독특한 음운 오류 패턴을 정의하기 위하여 많은 노력이 이루어졌지만 그 결과들은 제한된 연구 계획으로 인하여 많은 부분에서 논쟁이 있어 왔다. DVD에 대한 많은 연구가 실행증으로 의심되지 않는 동일 통제 집단이 부족했다는 점에서 결함을 가지고 있다. 동일 그룹을 이용한 통제 연구는 오조음을 보인 아동 중 DVD의 전형적인 음운 및 그 이외의 특징들을 되풀이하여 보여 주는 것에 실패하였다. 애매모호한 집단 연구의 결과에 직면하면서 연구자들은 대체 연구를 위한 전략으로서 장애의 자연적인 진전을 자세하게 기록하는 방법인 단일 사례 연구로 방향을 전환하였다. 장애가 과학적으로 묘사되고 의심할 여지없는 타당성이 보유되기 위해서는 혁신적이고 주의 깊은 연구 설계가 절실하게 요구된다.

이 책이 출판된 1992년부터 발생률이 낮은 본 장애의 논쟁에 대한 관심은 조금도 줄어들지 않았다. 두 개의 주요 교재(Hall, Jordan, 1993; Crary, 1993)와 더불어 세 개의 논문(Shriberg, Aram & Kwiatkowski, 1997)으로 구성된 한 개의 주요 연구 프로젝트가 출판되었다. 여러 개의 다른 장과 논문에서 언급되었지만 크레리 책, 아이오와 책, 위스콘신 연구가 이 주제와 관련하여 지금까지 가장 인상 깊은 업적을 남겼다. 비록 위스콘신 논문이 대가의 최신 정보를 적절하게 제공하였지만 부적절한 강세를 DVD 하위유형의 진단적 표식으로 주장한 점은 실망스럽고, 장애의 정의적 특징(구어와 구강 움직임에서의 운동 방해)에 대해서는 완전하게 일축하였다.

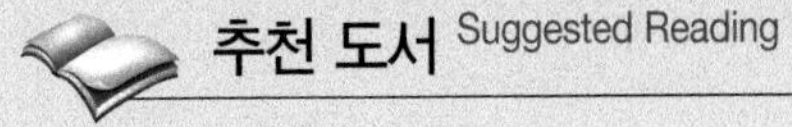

추천 도서 Suggested Reading

Shriberg, L. D., Aram, D. M., & Kwiatkowski, J. (1997). Developmental apraxia of Speech: I. Descriptive and theoretical perspectives. Journal of Speech, Language and Hearing Research, 40, 273-285.

Thompson, C. K. (1988). Articulation disorders in the child with neurogenic pathology. In N. J. Lass, L. V. McReynolds, J. L. Northern, & D. E. Yoder (Eds.), Handbook of speech-language pathology and audiology (pp. 548-590). Burlington, Ontario: B. C. Decker.

참고 문헌 References

Air, D., & Wood, A. (1985). Considerations for organic disorders. In P. Newman, N. Creaghead, & W. Second (Eds.), Assessment and remediation of articulatory and phonological disorders. Columbus, OH: Merrill.

Aram, D. M., & Nation, J. E. (1982). Child language disorders. St Louis, MO: C. V. Mosby.

Bashir, A. S., Grahamjones, F., & Bostwick, R. Y. (1984). A touch-cue method of therapy for developmental verbal apraxia. Seminars in Speech and Language, 5, 127-137.

Benson, D. F. (1979). Aphasia, alexia, and agraphia. New York: Churchill Livingstone.

Bowman, S. N., Parsons, C. L., & Morris, D. A. (1984). Inconsistency of phonological errors in developmental verbal dyspraxic children as a factor of linguistic task and performance load. Australian Journal of Human Communication Disorders, 12, 109-119.

Chappell, G. E. (1973). Childhood verbal apraxia and its treatment. Journal of Speech and Hearing Disorders, 38, 362-368.

Cook, T. D., & Campbell, D. T. (1979). Quasi-experimentation: Design and analysis issues for field settings. Boston: Houghton Mifflin.

Crary, M. A. (1984). Phonological characteristics of developmental verbal apraxia. Seminars in Speech and Language, 5, 71-83.

Crary, M. A. (1993). Developmental motor speech disorders. San Diego, CA: Singular Publishing Group.

Daly, D. A., Cantrill, R. P., Cantrill, M. L., & Aman, L. A. (1972). Structuring speech therapy contingencies with an oral apraxic child. Journal of Speech and Hearing Disorders, 37, 22-32.

Darwish, H., Pearce, P. S., Gaines, R., & Harasym, P. (1982). The speech programming deficit syndrome. Annals of Neurology, 12, 211.

Deputy, P. N. (1984). The need for description in the study of developmental verbal dyspraxia. Australian Journal of Human Communication Disorders, 12, 3-13.

DeRenzi, E., Pieczuro, A., & Vignolo, L. A. (1966). Oral apraxia and aphasia. Cortex, 2, 749-756.

Edwards, M. (1973). Developmental verbal dyspraxia. British Journal of Communication Disorders, 8, 64-70.

Eisenson, J. (1984). Aphasia and related disorders in children (2nd ed.). New York: Harper & Row.

Ekelman, B. L., & Aram, D. M. (1984). Spoken syntax in children with developmental verbal dyspraxia. Seminars in Speech and Language, 5, 97-110.

Ferry, P. C., Hall, S. M., & Hicks, J. L. (1975). "Dilapidated" speech: Developmental verbal dyspraxia. Developmental Medicine and Child Neurology, 17, 749-756.

Frisch, G., & Handler, L. (1974). A neuropsychological investigation of functional disorders of speech articulation. Journal of Speech and Hearing Research, 17, 432-445.

Grunwell, P., & Yavas, J. (1988). Phonotactic restrictions in disordered child phonology: A case study. Clinical Linguistics and Phonetics, 2, 1-16.

Guyette, T. W., & Diedrich, W. H. (1981). A critical review of developmental apraxia of speech. In N. J. Lass (Ed.), Speech and language: Advances in basic research and practice (Vol. 5, pp. 1-48). New York: Academic Press.

Hall, P. K., Hardy, J. C., & LaVelle, W. E. (1990). A child with signs of developmental apraxia of speech with whom a palatal lift prosthesis was used to manage palatal dysfunction. Journal of Speech and Hearing Disorders, 55, 454-460.

Hall, P. K., Jordan, L. S., & Robin, D. A. (1993). Developmental apraxia of speech: Theory and clinical practice. Austin, TX: Pro-ed.

Harlan, N. T. (1984). Treatment approaches for a young child evidencing developmental verbal apraxia. Australian Journal of Human Communication Disorders, 12, 121-127.

Haynes, S. (1985). Developmental apraxia of speech: Symptoms and treatment. In D. F. Johns (Ed.), Clinical management of neurogenic communication disorders (2nd ed., pp. 259-266). Boston: Little, Brown.

Helfrich-Miller, K. (1984). Melodic intonation therapy with developmentally apraxic children. Seminars in Speech and Language, 5, 119-126.

Horwitz, S. J. (1984). Neurologic findings in developmental verbal apraxia. Seminars in Speech and Language, 5, 111-118.

Jaffe, M. B. (1986). Neurological impairment of speech production: Assessment and treatment. In A. Holland & J. M. Costello (Eds.), Handbook of speech and language disorders (pp. 157-186). San Diego, CA: College Hill Press.

Kirshner, H. S. (1986). Behavioral neurology: A practical approach. New York: Churchill Livingstone.

Klick, S. (1985). Adapted cueing technique for use in treatment of dyspraxia. Language, Speech, and Hearing Services in Schools, 16, 256-259.

Lee, L. (1974). Developmental sentence analysis. Evanston, IL: Northwestern University Press.

Lewis, B. A. (1990). Familial phonological disorders: Four pedigrees. Journal of Speech and Hearing Disorders, 55, 160-170.

Love, R. J. (1992). Developmental verbal dyspraxia. In R. I. Love (Ed.) Childhood motor speech disability (pp. 94-111). New York: Macmillan.

Love, R. J., & Fitzgerald, M. (1984). Is the diagnosis of developmental apraxia of speech valid? Australian Journal of Human Communication Disorders, 12, 170-178.

Love, R. J., & Webb, W. G. (1996). Neurology for the speech-language pathologist (3rd ed.). Boston: Butterworth-Heinemann.

Morley, M. E. (1957). The development and disorders of speech in childhood (1st ed.). London: Livingstone.

Morley, M. E. (1972). The development and disorders of speech in childhood (3rd ed.). London: Livingstone.

Oyster, C. K., Hanten, W. P., & Llorens, L. A. (1987). Introduction to research: A guide for the health science professional. Philadelphia: Lippincott.

Panagos, J. M., & Bobkoff, K. (1984). Beliefs about developmental apraxia of speech. Australian Journal of Human Communication Disorders, 12, 39-53.

Parsons, C. L. (1984). A comparison of phonological processes used by developmentally verbal dyspraxic children and non-dyspraxic phonologically impaired children. Australian Journal of Human Communication Disorders, 12, 93-107.

Prichard, C. L., Tekieli, M. E., & Kozup, J. M. (1977). Developmental apraxia: Diagnostic considerations. Journal of Communication Disorders, 12, 337-348.

Rapin, I. (1988). Disorders of higher cerebral function in preschool children. Part I. American Journal of Diseases of Children, 142, 1119-1123.

Rosenbek, J. C., & Wertz, R. T. (1972). A review of 50 cases of developmental apraxia of speech. Language, Speech, and Hearing Services in Schools, 3, 23-33.

Rosenbek, J., Hansen, R., Baughman, C. H., & Lemme, J. (1974). Treatment of developmental apraxia of speech: A case study. Language, Speech, and Hearing Services in Schools, 5, 13-22.

Shelton, M., & Graves, M. (1985). Use of visual techniques in therapy for developmental apraxia of speech. Language, Speech, and Hearing Services in Schools, 16, 129-131.

Shriberg, L. D., Aram, D. A., & Kwiatkowski, J. (1997 a, b, c). Journal of Speech, Language and Hearing Research, 37, 273-337.

Shriberg, L. D., Aram, D. M., & Kwiatkowski, J. (1998). Alternate research perspectives: A response to Waldron. Journal of Speech, Language and Hearing Research, 45, 960-963.

Smith, A., Goffman, L., & Stark, R. E. (1995). Speech motor development. Seminars in Speech and Language, 16, 87-95.

Thompson, C. K. (1988). Articulation disorders in the child with neurogenic pathology. In N. J. Lass, J. L. Northern, & D. E. Yoder (Eds.), Handbook of speech-language pathology and audiology (pp. 548-590). Burlington, Ontario: B. C. Decker.

Waldron, C. M. (1998). Comments regarding the investigation of developmental apraxia of speech: Response to Shriberg, Aram and Kwiatkowski. Journal of Speech Language and Hearing Research, 41, 958-960.

Weiner, P. S. (1969) The perceptual level functioning of dysphasic children. Cortex, 5, 440-457.

Wertz, R. T, LaPointe, L., & Rosenbek, J. C. (1984). Apraxia of speech in adults: The disorder and its management. New York: Grune & Stratton.

Williams, R, Ingham, R. J. & Rosenthal, R. (1981). A further analysis for developmental apraxia of speech in children with defective articulation. Journal of Speech and Hearing Research, 24, 496-505.

Worster-Drought, C. (1956). Congenital supra bulbar paresis. The Journal of Laryngology and Otology, 70, 453-463.

Yoss, K. A., & Darley, F. L. (1974a). Developmental apraxia of speech in children. Journal of Speech and Hearing Research 17, 399-416.

Yoss, K. A., & Darley, F. L. (1974b). Therapy in developmental apraxia of speech. Language, Speech, and Hearing Services in Schools, 5, 23-31.

6 Childhood Motor Speech Disability

평가

진단은 여전히 기본적인 과업이다. … 왜냐하면 최후에 지능적인 치료, 가이드와 충고를 분석하는 것이 정확한 진단에 따른 평가에 의해 이루어져야만 하기 때문이다. 이것은 발달 상황에서 특히 더 그러하다.

—Arnold Gesell & Catherine Amatruda, 1941

아동기 마비말장애 평가의 개요

평가의 계획

명백하거나 혹은 의심스러운 운동구어장애를 나타내는 영아 혹은 아동에 대한 주의 깊고도 포괄적인 평가가 효과적인 의사소통 치료 프로그램의 필수 부분이라는 것이 의심할 여지 없이 수용되어져 왔다. 적어도 평가는 다음의 영역에 대한 평가를 포함해야만 한다. 즉 (1) 수의적인 비구어 운동, 섭식과 삼킴 행동(임상적이고 방사선적인)을 포함한 구강 운동 능력들. 즉, 일차적인 구강 반사와 구강-감각 수용력, (2) 호흡, 후두, 연인두, 조음기능과 말 명료도를 포함한 구어산출 하위체계, (3) 인지-언어학적인 기능이 그것이다.

각 평가의 구조는 평가를 실시하고자 하는 아동의 연령에 따라 다양하다. Jaffe(1986)는 1968년의 장애 아동의 조기 교육법(The Handicapped Children's Early Education Act)이 신경학적으로나 발달상 장애가 있는 아동들을 위한 초기 교육 프로그램의 설립을 야기하였고, 1975년의 장애아동교육법(the Disabilities Education Act, PL 94-142)이 장애의 중등도에 상관없이 21세 이하의 학생들에게 특수교육을 실시하도록 하였다고 설명하였다. 이러한 두 가지 주요한 법률 제정의 결과는 초어 산출 이전의 섭식과 구어산출 행동에 대한 평가와 치료를 통하여 도움받게 된 아동 집단에게 유용한 언어치료 서비스를 제공할 수 있게 되었다. 이러한 법률은 어린 신경학적인 장애를 갖는 아동에 대한 기법, 평가와 치료를 이해하도록 하기 위한 필요에 주목해 왔다.

발성 전 아동의 구강-운동 평가

뇌성마비 아동과 다른 신경학적인 장애를 갖는 아동이 삼킴장애에 대한 초기의 어려움으로 소아과 의사에게 가거나 아동 신경과 전문의에게 진찰

받으러 가는 것은 매우 일반적이지만(Denhoff, 1976; Fenichel, 1997), 그들은 종종 즉각 치료를 받지는 않는다. 일반적으로 부모들은 자녀들의 섭식상 문제점에 대한 도움을 받기 위하여 의료기관을 찾지만, 그 문제를 해결하기 위한 치료는 의사에 의해서 연기된다.

언어치료 분야는 신경학적인 섭식 증상을 가진 발성 전 아동들에 대한 비구어 구강 움직임에 대한 평가에 모호한 입장을 취해 왔다. 선구자적인 언어치료 전문가들(Palmer, 1947; Westlake, 1951)이 구어산출을 위한 구강-운동 기능을 향상시키는 방법으로써 뇌성마비에서 비구어 섭식 문제들에 대한 평가와 치료를 강력하게 주장하였음에도 불구하고, Hixon과 Hardy(1964)는 뇌성마비 아동의 축이 되는 초기 연구에서 비구어 구강-운동 치료의 가치에 대한 의심을 제기하였고, 이것은 많은 대학의 치료 프로그램에 부정적인 영향을 끼쳤다. 명료도와 구어 및 비구어 길항반복운동 비율에 대한 광범위한 상관 통계 분석에 대한 기초에서, Hixon과 Hardy(1964)는 조음 정확성은 비구어 길항반복운동 비율보다 구어 길항반복운동 비율과 강한 관련이 있다는 논쟁을 벌여왔다. 그들은 비구어 움직임들이 신경계 안에서 다른 수준으로 조절되고 움직임상 다른 비율로 산출된다는 입장을 고수하였다. 이러한 연구는 많은 언어치료 전문가들에게 비구어 구강-운동 활동과 섭식 활동이 신경학적으로 장애가 있는 아동을 위한 구어에 대한 직접적인 치료 방법으로써 효과적이지 않다는 것을 확신시켰다. Love, Hagerman과 Tiami(1980)가 조사한 자료는 삼킴장애의 중등도가 마비말장애 정도를 예상할 수 있도록 하고, 비구어 운동 조절이 어느 정도 구어에 영향을 미친다는 주장을 입증하였다. 또한 Abbs와 Rosenbek(1986)은 1964년 Hixon과 Hardy의 연구에서의 몇 가지 관련성에 대한 비교를 통하여 교호운동 활동에서 구어와 비구어 운동 조절 사이의 명백한 차이점에 대한 해석을 지지할 수 없다고 주장하였다. 아울러 Barlow와 Abbs(1984)는 성인 경직형 마비말장애 환자에 대한 자신들의 연구에서 정확한 수의적인 구강 움직임에 대한 비구어 조절이 구어에서의 정확한 수의적인 움직임의 조절과 유사하다는 것을 입증해왔다. 이러한 자료는 Hixon과 Hardy의 연구에 대한 재평가를 이끌어 왔다. 일반적으로 이러한 재평가는 구어가 출현할 때 아동기 마비말장애로 발달될 것 같은 아동의 구어 이전의 구강-운동 활동을 평가하고 치료하는 것의 가치를 지지한다.

수정된 섭식을 통한 평가

평가의 근거 Love와 Webb(1996)은 유아와 어린 아동에게서 구강-운동 조절의 신경학적인 장애와 함께 씹기와 삼키기가 Westlake와 Rutherford(1961)가 **수정된 섭식**(modified feeding)이라고 명명하였던 기법을 통하여 가장 잘 평가될 수 있다고 주장해 왔다. 영아기에 수정된 섭식 평가는 아동의 구강 안에 선택적으로 위치시킨 작은 음식 조각(음식덩이, bolus)을 사용하여 실시한다. 작은 음식덩이는 아동에게 구어산출에 있어서 중요한 기능을 담당하는 조음기관들인 혀와 입술을 동시에 정확하게 움직이도록 하는 것을 수행하도록 요구한다.

저작과 삼킴의 반사적이고 반수의적인(semivoluntary) 움직임이 더 낮은 수준에서 중재되는 것에 반하여, 구어와 수의적인 비구어 움직임 모두는 신경계의 더 높은 수준에서 중재되어 나타난다(Abbs & Rosenbek, 1986). 그러므로 구강 근육에 대한 수정된 섭식 평가는 영아기나 매우 어린 아동 시기의 하위 뇌간 수준에서 일차적으로 조절된 기능을 평가하기 때문에, 이후 구어산출을 위한 근육의 잠재력에 대한 예상을 제공할 수 있다. 그러나 평가는 구어를 포함한 뇌의 운동 신경에 대한 전반적인 임상 평가를 수행하고 운동 손상의 정도를 예상할 수 있는 언어치료 전문가, 소아과 의사나 소아 신경과 전문의에 의해서 이루어질 것이다. 대부분의 신경학적으로 손상을 입은 영아나 어린 아동은 대개 의사의 성인 뇌신경 평가나 언어치료 전문가의 말초 구강 평가에 반응하거나 그것을 이해하지 못하기 때문에, 수정된 섭식 기법은 타당하고 효과적인 방법으로 연수 신경에 대한 관찰을 허용한다.

씹기와 삼키기 활동은 초기 운동 활동에 대한 영아의 제한된 레파토리에서 매우 복잡한 운동 활동이고, 운동 통합에서의 상대적으로 초기 수준이기 때문에 종종 신경학적인 기능 부전에서 매우 민감하게 여겨진다(Denhoff, 1976). 삼킴장애의 증거는 의사들에게 신경학적인 장애에 대한 중요한 초기 징후를 제공한다(Fenichel, 1997).

수정된 섭식 기법을 사용한 뇌신경 평가

수정된 섭식 기법을 사용할 때, 정확한 움직임에 대한 요구는 종종 구어 기제에서 현재 신경학적 기능 부전의 형태를 나타내는 비정상적인 운동 징후를 촉발한다. 2~3개월부터 3세까지의 정상 아동들은 수정된 섭식 평가에 잘 반응한다. 3세 이상의 신경학적인 장애를 입은 아동들은 종종 이러한 평가 기법을 잘 수행한다. 수정된 섭식 평가에서 뇌의 운동 신경이 뇌간에서부터 나오는 신경을 숫자가 매겨진 대로 평가하는 것이 아니라, 씹고 삼키는 활동에서 각 신경 기능들을 평가하는 것이다.

안면신경 구강-운동 문제를 갖고 있는 아동의 안면신경(뇌신경 VII, facial nerve)은 작은 음식 조각을 중심에서 아래쪽 입술에 위치시킬 때 활성화된다. 관찰은 입술과 아래쪽 얼굴의 움직임이 정상적인지 혹은 비정상적인지를 확인하기 위하여 이루어진다. 2~4개월 사이에 웃는 반응의 부족은 부족한 입술 조절과 함께 양쪽 얼굴 마비를 나타낼 수도 있다. 매우 과묵한 표정과 제한된 웃음이나 미소는 상위운동신경원 혹은 하위운동신경원 장애를 예상하도록 하는 신경학적인 징후가 되는지 여부를 주의깊게 평가해야만 한다. 얼굴 아래쪽에서의 움직임 부족이나 특히 얼굴 위쪽중 이마쪽 근육과 같은 얼굴 위쪽의 분명한 비정상적인 움직임은 대개 경직형 아동의 양측성 피질척수로의 손상을 나타낼 것이다. 아동에게서 안면 손상이 출생 전 발병한 편마비를 나타낸다는 새로운 증거가 있다(Lenn & Freinkel, 1989).

팔자주름(nasolabial fold) 혹은 얼굴의 한쪽이 비대칭적으로 평평해지면서 웃는 것은 편마비의 징후가 될 수도 있다. 때때로 이러한 징후는 성인에게서처럼 영아나 아동에게서는 뚜렷하지 않다. 이마의 근육을 주름지게 하는 동측성(homolateral) 움직임의 부족이 수반될 때, 편측성 하위운동신경원 손상이 의심된다. 하위운동뉴런 손상은 또한 이완된 입술, 입을 벌린 자세와 침흘림을 포함한 이완된 얼굴 근육을 수반할 수도 있다. 그러나 근육 약증, 부족한 입술 다물기와 침흘림은 또한 경직형 혹은 무정위운동형 아동에게서도 나타난다.

설하신경 설하신경(뇌신경 XII, hypoglossal nerve)은 혀의 운동 활동을 조절하고 영아와 아동의 수정된 섭식 검사에서 주의깊게 평가되어야 할 중요한 신경 중의 하나이다. 신경학적 장애를 갖고 있는 아동은 종종 입술에서 음식덩이를 가져오기 위하여 작용하는 혀끝의 모양을 형성하고, 오므리거나 해당 지점에 혀를 대고 앞으로나 뒤로 보내며 외측으로 위치하거나 올리는 것이 어렵다. 동적이며 수의적으로 혀를 내미는 것이 부족한 것은 심한 하위운동뉴런장애를 갖는 아동에서와 마찬가지로 경직형과 무정위운동형 아동들에게서 일반적이다. 심한 신경학적 장애를 갖는 영아에게서, 혀는 심하게 우는 동안에도 오므려지지 않는다. 심하게 우는 동안에 혀를 오므리는 것은 정상 아동들에게서 쉽게 관찰될 수 있다.

하위운동신경원 손상을 갖는 편마비 아동에게서, 혀는 손상이 예상되는 쪽과 반대쪽으로 쏠릴 것이다. 때때로 혀의 위축은 양측성 혹은 편측성 하위운동신경원 손상을 갖는 아동들에게서 보여질 수도 있다. 혀의 편측성 위축을 관찰하는 것은 상대적으로 단순하다. 왜냐하면 혀의 정상적인 크기와 함께 혀의 반쪽이 위축된 것을 비교하면 되기 때문이다. 양측성 위축은 드물게 나타나고, 구강에 비하여 혀가 작게 보이는 것이 관찰된다. 영아의 씹기와 삼킴에서 혀의 위축 출현과 혀 기능 사이의 관련성은 아직 명확하지 않다. 또한 혀의 근육 양이 어느 정도 부족해야 이후의 구어산출에서 부족한 운동 기능을 나타낼지에 대한 것도 알려져 있지 않다.

경직형에서, 혀 움직임의 속도, 힘, 범위와 협응은 종종 피질척수계의 양측성 손상이 있을 때 제한된다. 대조적으로, 편측성 손상과 함께 한쪽으로 쏠린 혀를 갖는 경식형 아동은 기능적인 손상을 적게 나타낸다. 구강-운동 문제들은 종종 발병 후에 즉각적으로 더 심각해지지만, 편측성 손상의 경우에는 시간의 경과와 함께 그 문제들이 해결되는 경향이 있다.

일반적으로 기저핵 손상 장애로 인하여 불수의적인 움직임을 보이는 무정위운동형 마비말장애 아동은 혀 움직임에서도 불수의적인 움직임이 나타난다. 이것은 나이 든 무정위운동형 아동과 무정위운동형 성인에게서 두드러지게 나타난다. 선천성 저긴장형을 나타내는 영아는 처음엔 이완되게 보였다가 이후 혀의 불수의적인 움직임이 우세해질 때 더욱 전형적인 무정위운동형으로 발달될 수도 있다.

종종 비정상적인 혀 반사로 불리는, 혀 떠밀기(tongue thrust)는 대개 심한 뇌기능 장애를 갖는 아동에게서 관찰된다. 그것은 특히 무정위운동형에서 일반적이지만, 때때로 심한 경직형 사지마비 아동에게서도 관찰될 수 있다. 개구교합(open bite)의 문제점은 치과교정적인(orthodontics) 문제를 산출하고 종종 심한 침흘림을 수반한다.

삼차신경 삼차신경(뇌신경 V, trigeminal nerve)은 깨물고 씹는 움직임을 담당하고, 그것의 활동은 수정된 섭식 검사에서 쉽게 관찰할 수 있다. 영아에서, 깨물고 씹는 패턴은 아직 완전하게 발달하지 않는다. 영아는 아직이가 나지 않았기 때문에, 음식덩이를 단지 우적거리고 하악 근육은 제한된 움직임을 보인다. 성숙한 깨물기와 씹기는 2~3세 사이에 발달된다. 이 연령에서 신경학적인 손상을 갖는 아동이 저작 근육의 활동으로 단단한 음식덩어리를 분쇄할 수 있는지 여부를 결정하는 것이 필요하다. 또한 혀로 음식을 선택적으로 조작하고 씹기 위하여 이 사이에 음식을 위치시킬 수 있는지 여부를 확인하는 것은 중요하다.

영아기와 생후 1년 동안, 혀는 종종 거상되고 커다란 음식덩이를 으스러뜨리기 위하여(crushing) 음식을 앞쪽 경구개와 혀 등 사이로 밀 것이다. 그리고 음식은 인두쪽으로 곧장 이동한다. 물결과 같은 혀의 연동적인 움직임은 인두로 음식을 전달한다. 나이 든 아동(2~3세)에게서, 크고 단단한 음식덩어리는 혀와 구개 사이에서 부숴지고, 이어서 혀는 음식을 옆으로 보내어 음식을 갈기 위하여 이 사이에 음식을 위치시키고, 하악은 수직, 수평과 회전하는 움직임으로 음식을 분쇄하여 섞는 듯한 방법으로 움직인다. 이러한 일련의 연속적인 움직임은 나이 든 아동들에게 저작 근육에서의 신경학적인 정상성을 확인시켜 준다.

하악 근육의 신경학적 조절 측면에서 잘 알려진 비정상성은 비정상적인 깨물기나 비정상적인 하악 혹은 저작 반사이다. 이것은 과도하고 지나치게 힘을 주어 깨무는 반응이다. 비정상적인 하악 반사는 연수 수준 이상의 상위운동신경원 손상을 의미한다. 하악의 비정상적이고 갑작스런 움직임(jerk)은 종종 신경학적 손상을 입은 영아와 어린 아동에게서 보여지고 종종 정상적인 먹기 패턴을 방해한다. 그것은 과도한 움직임을 보이는 하악 반사(hyperactive jaw reflex)의 출현을 제안하는 하악의 빠르고 만성적인 움직임을 형성한다.

설인신경과 미주신경 설인신경과 미주신경(뇌신경 IX-X, glossopharyngeal and vagus nerve)은 수정된 섭식 평가로 함께 평가할 수 있다. 삼킴(swallowing, deglutition)의 마지막 단계는 음식덩이가 하악의 움직임에 의해서 잘 저작되거나, 영아 시기에는 혀와 경구개 사이에서 으스러뜨려진 후에 발생한다. 이러한 마지막의 불수의적인 삼킴 단계에서, 비인두는 폐쇄되어야만 한다. 즉, 설인신경과 미주신경은 연구개의 거상을 위한 신경학적 자극과 연인두 폐쇄를 수행하는 인두 수축의 활동을 제공한다. 영아와 아동에게서 부족한 연인두 조절에 대해 잘 알려진 징후는 코를 통한 액체 음식의 유출이 있다.

상위운동신경원 혹은 하위운동신경원 유형에서 편측성 인두 마비는 구개궁의 비대칭적인 움직임에 의해서 관찰될 수 있다. 양측성 장애와 함께, 구개는 정상 아동들에게서 기대되는 것보다 더 아래 쪽에 위치할 수도 있다. 연인두패쇄 동안, 마비된 연구개는 양측성 혹은 편측성 손상의 어느 한 양상과 함께 느리게 움직일 수도 있다. 경도에서 중등도의 상위운동신경원 손상에서, 구토 반사는 과도하게 나타날 수도 있다. 그러나 심한 상위운동신경원 손상의 경우에, 운동 손상의 정도가 반사 자극의 시도 후에 근육 활동을 억제하기 때문에 구토 반사는 결코 나타나지 않을 수도 있다.

다음 절에서 삼킴장애 징후를 평가하기 위한 수정된 섭식 평가를 대신할 수 있는 방법을 제공할 것이다.

삼킴장애를 위한 임상적인 평가하기

Love-Hagerman-Tiami의 임상적 삼킴장애 평가

많은 연구자들은 심한 그리고/혹은 영구적인 삼킴장애가 아동기 마비말장애에 대한 예측 변수(predictor)가 될 수 있다고 주장하였다(Alexander, 1987; Ingram, 1962; Morris & Klien, 1987). 제한된 삼킴장애 평가 도구가 그 문헌들에서 언급되었기 때문에, 이러한 주장을 부인하거나 단언하는 것은 어려웠었다. Love 등(1980)은 삼킴장애 증상들이나 비정상적인 구강 반사 증상들이 뇌성마비 환자들에서 마비말장애에 대한 좋은 예측 변수가 될 수 있을지 여부에 대한 의문을 해결하기 위하여 실험적이고 임상적인 삼킴장애 평가 도구를 고안해 왔다. 〈그림 6-1〉에서 나타낸 것처럼, 삼킴장애 평가는 다음과 같은 5가지 섭식 과업을 평가한다. 즉 (1) 물기(biting), (2) 빨기(sucking), (3) 삼키기(swallowing), (4) 부드러운 음식 저작하기, (5) 단단한 음식 저작하기가 그것이다. 그 문헌은 성인 혹은 아동에게 이러한 과업들의 완료를 나타내기 위한 평균 횟수를 결정하고자 하는 제한된 자료들을 제공하였다. 그러나 논리적인 시간 제한은 유용한 자료에 기초하여 결정되었다. 각 섭식 과업은 두 번씩 평가하였다. **완벽한 실패**란 첫 검사와 재검사 상황에서 어느 한 번도 그 과업을 완료할 수 없을 때로 정의하였다.

이러한 특정한 평가 도구는 저자들에게 섭식의 어려움이 존재하는지 여부를 평가하고 이 검사를 시행한 아동이 이후 마비말장애로 발달할지 여부를 예상하도록 하는 데 도움이 되어 왔다. 이러한 평가 도구들에서의 발견점은 삼킴장애에 대한 더욱 종합적인 방사선적인 평가를 위한 의뢰의 필요성을 제안할 수 있다. 더욱 광범위하고 발달을 고려한 섭식 평가 도구는 Morris(1982)에 의해 출간되었고 그 문헌을 통하여 좋은 검토가 이루어져 왔다(Jaffe, 1986). 대조적으로, 현재 검사도구는 60명의 마비말장애를 동반한 뇌성마비 그룹을 대상으로 얻은 예상 가능한 자료를 사용하여서 유용성 측면에서 간결성과 명료성을 갖는다.

비정상적인 구강 반사와 편차를 보이는 구강-운동 행동

신경학적인 손상을 나타내는 영아나 어린 아동들과 함께 일하는 언어치료 전문가는 구강 반사 행동과 그것의 비정상성에 대해 공부해야만 한다. 왜냐하면 이러한 행동들의 적용이 영아의 섭식과 구어 발달을 알아보기 위

[그림 6-1] 아동기 운동구어장애에서 섭식 수행 평가하기

	시도 1	시도 2
	채점 : + 혹은 −	
1. 물기: 2~3초 안에 상 · 하악의 움직임과 함께 Melba 토스트 조각을 완전하게 부순다(평가자는 직접 보여주고 구어 지시를 제공한다).		
2. 빨기: 지름 8.5mm인 플라스틱 빨대를 사용하여 컵에서 Kool-aid 2온스(0.057kg)를 마신다. 얼굴에서 컵과 빨대의 각도는 45도 정도가 되도록 한다. 과업은 60초 이내에 컵에 담긴 모든 음료수를 먹도록 하는 것이다(평가자는 구어 지시를 제공한다).		
3. 삼키기: 컵이나 빨대에서 액체를 마시고 삼킨다. 삼킴은 후두의 위아래 움직임 혹은 후두돌기(laryngeal prominence)에서 외측의 피부 위에 위치시킨 청진기로 삼킴 동안에 들리는 뚜렷한 소리 중 어느 하나를 측정한다. 움직임 혹은 소리가 액체를 삼킨 후 45초 이내에 나타나야만 한다.		
4. 씹기 - 부드러운 음식: 15초 안에 부드러운 음식을 씹는다. 혀의 앞쪽에 작은 마시멜로를 위치시킨 후에 아동에게 그것을 씹으라고 한다. 하악이 3회 내지 4회 정도 부딪힌 후에, 마시멜로를 씹은 것을 확인하기 위하여 아동에게 입을 벌리라고 요구한다.		
5. 씹기 - 단단한 음식: 30초 안에 단단한 음식을 씹는다. 혀의 앞쪽에 1/2 인치 길이의 조리하지 않은 당근 조각을 위치시킨다. 아동에게 그것을 씹으라고 말한다. 하악의 회전 움직임과 함께 5회 내지 6회 정도 부딪힌 후에, 당근을 잘 씹은 것을 확인하기 위하여 아동에게 입을 벌리라고 요구한다.		

다섯 개의 섭식 과제 각각에 대해 2번의 시도를 제공한다. 구인두 움직임과 얼굴에서 기능적으로 충분한 수행이 이루어지는 것이 각 과제에 대한 두 번의 시도 중 적어도 한 번 정도 다섯 가지 과제에서 수행된다. 어린 아동에게서 기능상 적절한 수행보다 더 적게 발생한다면 이후 마비말장애가 빈번하게 수반될 것이다.

주석: 이 평가는 18개월과 그 이상에서 가장 잘 수행된다. 18개월에서, 정상 아동은 영아기 구강 반사들이 더 이상 우세하지 않고 수의적인 섭식 행동들을 사용하기 시작한다.

하여 필요하기 때문이다. 특히 뇌성마비 아동이 비정상적인 반사행동의 징후라는 것을 확신하는 Karel과 Berta Bobath(1972)의 이론적인 생각들에서 기초한 신경발달치료(neuro developmental therapy, NDT)를 배운 언어치료 전문가는 구강 반사의 출현의 부족이 정상적인 섭식 발달을 느리게 할 것이고, 이후 구어 습득의 정상적인 과정을 늦게 할 수도 있다는 것을 주장해 왔다. 그들은 비정상적인 반사가 사라져야 할 시기가 지나도 구강 반사가 지속되는 것은 구인두 발달의 정상적인 과정을 방해할 수도 있고 이후 구어산출을 방해할 수도 있다고 주장하였다(Sheppard, 1964).

또한, 다른 언어 전문가들(Shane & Bashir, 1980)은 취학 전 아동에서 한 가지 혹은 그 이상의 구강 반사가 지속되는 것은 구어 발달이 부족하고 두드러지게 불명료하며 보완대체 의사소통 기기의 사용 가능성이 대두될 것이라는 점을 시사한다고 주장하였다. 다른 연구자들(Love et al., 1980; Neilson & O'Dwyer, 1981)은 비정상적인 구강 반사가 이후에 뇌성마비 아동의 마비말장애를 예상하도록 하거나 심지어 중요한 작용을 하는지 여부에 의문을 품어왔다. 심지어 비정상적인 구강 반사가 약간 혹은 거의 작용을 하지 않거나 이후 마비말장애의 중등도에 작용을 하지 않을지라도, 비정상적인 반사들은 몇몇 영아에서 정상적이며 수의적인 섭식 행동의 발달을 지연시키기 때문에 섭식 치료 프로그램을 정기적으로 제공하는 언어치료 전문가와 작업치료사에게는 상당히 흥미롭게 여겨질 것이다. 비정상적인 구강 반사의 역할에 대한 다양한 논쟁에도 불구하고, 언어치료 전문가가 구강 반사들을 이해하는 것은 중요하다.

비정상적인 영아 섭식과 편차를 보이는 구강 반사 행동에 대하여 문헌에서 몇 가지 설명이 있어 왔지만, 반사에 대한 제한된 동의가 있었다. Workinger(1988)는 몇몇 일반적인 비정상적 구인두 반사 패턴을 함축하여 제시하였고, 비정상적인 구강 반사와 다른 편차를 보이는 구강-운동 행동들에 대한 문헌에 기초한 합리적인 치료를 제시하였다. 그녀의 리스트는 다음 논의를 위한 기초가 된다.

일반적인 비정상 구강 반사들

Workinger는 비정상적인 구강 반사 그리고/혹은 편차를 보이는 구강 행동으로 고려될 수 있는 6개의 일반적인 구강 패턴을 설명하였다. 왜냐하면 그것들이 정상 영아들의 전형적인 구인두 성숙의 부분이 되지 않기 때문이다. 이러한 6개의 구강 패턴들은 정상적인 섭식 행동을 두드러지게 방해한다(Alexander[1987]는 심지어 영아가 먹고 마시는 것에서 위험을 초래할 수 있는 더욱 광범위한 11개의 비정상적인 구강 행동들의 목록을 제공하였다). 부분적으로, Workinger가 설명한 6개의 비정상적인 구강 반사는 신생아에게서 나타나는 6가지 기본적이며 정상적인 구강 반사들의 파생물로 여겨진다. 즉 (1) 포유(rooting), (2) 초기 빨기(suckling), (3) 삼키기(swallowing), (4) 정상적인 혀 떠밀기(tongue thrusting), (5) 물기(biting), (6) 구토하기(gagging)이다(Love & Webb, 1996).

생후 6개월에 정상적인 포유-빨기 반사는 우세하다. 액체는 젖꼭지나 젖병으로 제공되고 빨기로 숟가락에서 음식을 제거한다. 이후에, 잇몸이나 혀에 위치하는 다양한 음식은 우적우적 씹는(munching) 행동을 일으킨다. 입술은 성장에 따라 더 활동적으로 움직인다. 정상적인 포유-빨기 반사와 물기 반사는 빠르게 통합되지만, 대개 생후 6개월만에 사라진다.

생후 첫 두 달, 실제의 수의적인 빨기는 액체를 얻기 위하여 선호하는 패턴으로써 나타난다. 그러나 초기 빨기 행동은 여전히 숟가락으로부터 음식을 제거하고자 할 때 보여지고 컵을 사용하여 마시는 새로운 경험 동안에도 나타날 수도 있다.

영아의 씹기 행동은 위상성 물기(phasic bite)와 풀기 패턴으로써 시작된다. 그 때 수직적인 씹기로의 진전이 이루어지고 성숙한 회전 씹기가 도달되는 2~3세까지 유지된다. 단단한 음식덩이를 처리하는 지속적인 물기는 약 10개월경에 나타난다.

혀의 외측 움직임은 씹기 행동의 성숙과 동반된다. 약 7개월경에, 혀 전체로 굴려서 외측으로 보내는 활동이 나타난다. 시간의 경과에 따라 이러한 움직임은 더욱 성숙해져 옆에서 옆으로 움직이는 것으로 보여진다.

Workinger는 여섯 가지 비정상적인 반사 패턴을 설명하였고, 섭식 장애를 수반하는 아동에게 나타나는 것은 (1) 하악 떠밀기(jaw thrust), (2) 혀 떠밀기(tongue thrust), (3) 입술 뒤당김(lip retraction), (4) 긴장성 깨물기 반응(tonic bite reaction), (5) 혀 뒤당김(tongue retraction), (6) 비강 역류(nasal regurgitation)가 있다.

하악 떠밀기 하악 떠밀기는 강하게 하악이 아래쪽으로 신전하는 것이다. 하악 떠밀기는 신체의 자세 반사에 따라 근육 긴장도의 일부가 변하는 것을 말한다. 예를 들면, 영아 혹은 아동에서 비정상적인 긴장성 미로반사(tonic labyrinthine reflex, TLR) 반응은 종종 과도한 긴장성 신전근을 동반하고, 하악을 내리는 근육에 영향을 끼칠 것이다. 긴장성 미로반사는 영아의 머리를 짧은 시간 동안 45도 신전시킬 때 발생한다(Capute, Accardo, Vining, & Rubenstein, 1978). 하악 떠밀기와 일반적인 신체의 과긴장성은 음식의 소개와 예상에 의해서 종종 발생한다. 하악 떠밀기는 숟가락, 젖병 혹은 컵으로부터 음식이나 액체를 효과적으로 제거하는 것을 방해할 수 있다.

혀 떠밀기 혀 떠밀기나 혀 반사(tongue reflex)는 입으로부터 혀가 강하게 돌출되는 것을 말한다. 혀를 내미는 신전 단계는 일반적으로 후인하는 단계보다 길게 나타난다. 혀를 떠미는 것은 매우 반복적일 수도 있다. 혀의 반사는 종종 정상 영아의 빨고-삼키기 패턴의 부분으로 고려되며 단지 18개월 이후에도 이러한 반응이 존재하는 것이 비정상적이다. 그것은 입안으로 음식과 액체가 유입되는 것을 막을 뿐만 아니라 구강으로부터 인두로 음식과 액체의 적절한 이동을 막을 수도 있다.

입술 뒤당김 비정상적인 입술 뒤당김에서 윗입술은 위쪽으로 당겨져 보이고 입술은 웃는 것처럼 뒤로 당겨진다(Workinger, 1988). 이러한 입술의 자세는 먹는 동안에 입술의 적절한 사용을 방해하는 것으로 언급된다. 이러한 비정상적인 행동은 긴장성 신장 반사(tonic stretch reflex)가 입술에서 드물게 나타나기 때문에 생리적으로 설명하기가 어렵다(Neilson, Andrews, Guitar, & Quinn, 1979). 그것은 상위운동신경원 장애를 갖는 아동에게 일반화된 과긴장성 반응의 부분이 될 수도 있다.

긴장성 깨물기 반응 긴장성 깨물기 반응은 상·하악, 이 혹은 잇몸을 만짐으로써 자극된다. 극단적인 반응에서, 몇 초 간 강하게 이를 깨문다. 이러한 반응은 신경학적인 장애를 갖는 성인에게서 빈번하게 발견되는 하악 혹은 저작 반사(masseter reflex)와 관련된다(Love & Webb, 1996). 섭식에 사용되는 도구들은 먹이는 사람에 의해서 쉽게 구강 안에서 조작될 수 없기 때문에, 이러한 비정상적인 반사의 존재는 빈번하게 아동을 먹일 때 양육자에게 좌절감을 준다.

혀 뒤당김 혀 뒤당김은 제한된 범위의 움직임과 함께 혀를 인두 끝으로 미는 것을 말한다(Workinger, 1988). 이것은 반사적이고 숟가락으로부터 음식을 제거하고 효과적인 구강 운반을 방해한다. 그 반응은 혀 떠밀기처럼 널리 보고되거나 기초가 되는 생리학적 측면이 알려져 있지 않다. 한 가지 알려져 있는 사실은 그것이 뇌교(pontine)나 연수 수준에서 중재되는 구강 반사 행동이기보다 일반적으로 신체의 과도한 긴장도의 결과라고 추측된다는 것이다.

비강 역류 비강 역류는 비강을 통하여 액체나 반쯤 소화된 음식물이 역류되는 것을 말한다. 이러한 행동은 연인두의 비정상적인 기능과 연결된다. 연인두의 적절한 개방과 폐쇄는 구토 반사(gag reflex)의 신경학적인 기제에 달려 있다. 연인두 움직임의 타이밍과 범위의 손상은 아동기 마비말장애의 거의 모든 유형에서 보고되었다.

다른 구강-운동 평가 도구들

몇몇 행동적인 평가 도구들은 이전에 설명된 행동들과 발달과 관련된 평가를 가능하게 하였다. 앞서 설명한 *구어 전 평가 도구(Prespeech Assessment Scale,* Morris, 1982)는 2세 이하의 운동 발달과 구어 전 행동을 평가한다. 섭식, 호흡, 발성과 음성 놀이(sound play)는 대근육 발달의 다양한 척도와 함께 평가된다. 정상과 비정상 발달을 비교하는 유용한 프로파일이 도출될 수 있다. Sheppard(1987)은 몇몇 구강 반사와 다른 초기 행동들에 대한 유도를 강조한 비표준화된 *취학 전 구강 운동 검사(Preschool Oral Motor Examination)*라는 도구를 구안하였다. 이것은 사실적이며 포괄적으로 비정상적인 운동 패턴을 갖는 어린 아동을 관찰하기 위한 광범위한 프로토콜을 제공한다. Mysak(1987)은 *기초적이고 초기의 기술화된 구어 운동 평가(Evaluation of Basic and Early Skilled Speech Movement)* 라고 명명된 비표준화된 검사 도구를 제시하였다. 초기 연구에서 유래되어(Mysak, 1980), 그것은 뇌성마비에 대한 신경진화론적인(neuroevolutionary) 이론에 기초한다. 그것은 구강과 구어 행동의 평가 이전에 등, 팔꿈치, 앉기, 서기와 손 자세를 평가한다. 그러나 이러한 발견점들을 위한 해석상의 지침은 제공되지 않는다. 이러한 세 가지 평가 도구는 수정된 섭식 평가 도구, 임상적인 삼킴장애 검사와 비정상적인 구강 반사 평가로부터 유도된 것과 동일한 정보를 제공한다.

구강-감각 수용력

아동기 마비말장애 연구자들(Hardy, 1983; Stark, 1985)은 마비말장애가 단지 운동 문제이기보다 일반적으로 감각운동 문제라는 것을 지지한다. 1960년대에, 많은 연구들에서 구강-감각 손상이 뇌성마비 아동의 구어 수행에서 영향을 끼친다는 것이 설명되었고, 특히 경직형 편마비 아동에게서 구강-촉각 수용력과 구강-입체 지각력 모두가 손상된 것으로 밝혀졌다.

촉지각은 가장 빈번하게 말-과학 실험에서 촉각계를 사용하여 두 지점 변별하기(two point discrimination) 평가에 의해서 측정된다. 이러한 촉각계는 임상적인 상황에서 쉽게 사용될 수는 없고 마비말장애 아동에서도 기구의 광범위한 사용은 이루어지지 않는다. 그러므로 마비말장애 아동의 많은 하위 집단에서 혀와 다른 조음기관의 감각 손상에 대한 중요도(magnitude)와 효과는 잘 설명되지 않는다.

구강-입체 지각 검사는 구강-감각 수용력의 손상을 검사하는 데 사용되는 것과는 다른 실험 절차가 된다. 입체 지각은 제공되는 그 감각을 통하여 삼차원의 형태를 인식하는 능력이다. 이러한 수용력은 형태를 검사하는 것으로써 그 검사하는 형태에 대한 지식이 없는 아동의 입 안에 기하학적인 형태를 나타내는 작은 아크릴 형태를 구강에 연속적으로 위치시켜서 검사를 시행한다. 구강에 제공된 형태에 대한 인식 부족은 구강-입체 지각의 손상을 나타낸다고 말할 수 있다. 구어장애를 입은 아동에 대한 연구의 결과는 정확하지 않다. 대부분의 경우에서, 구강에서 형태를 인지하는 능력은 구어 수행과 거의 혹은 아무런 상관이 없는 것으로 여겨진다. 사실, 한 연구에서 구강 내의 두 지점 변별하기가 부족하고 구강 형태 인지가 부족하며 혀의 위치를 알려주는 것에 어려움이 있는 경직형 사지마비 아동도 조음검사를 적절하게 수행하였다(Love & Webb, 1996).

임상의 신경과 전문의는 정기적으로 신경학적인 장애에서 가능한 감각 손실을 평가하기 위하여 촉감각에 대한 임상적인 검사를 실시해 왔다. 얼굴의 감각 손실을 평가하기 위하여, 신경과 전문의들은 수년 간 환자에게 눈을 감도록 요청하고, 그들의 얼굴에 면봉을 언제 그리고 어디에 대었는지를 아는지 질문하였다. 때때로 프로브 스틱은 임상적으로, 마비말장애를 갖고 있는 뇌성마비 아동의 구강 주변의 감각 수용력을 평가하기 위한 시도로써 사용되어 왔다. 아동은 언제 그리고 어디에 프로브 스틱이 구강 얼굴 주변에 대어졌는지를 확인하도록 요구받는다.

주의는 체성감각의 손상에 대한 증거로써 이러한 상대적으로 엄정하지 않은 임상적인 검사들을 해석하기 위한 시도를 할 때 권고된다. 손상의 증거는 모든 사례들에서 구어에 대한 중요한 부정적인 효과가 있다는 것을 명백하게 의미하지는 않는다(Hardy, 1983). 이 검사는 언어치료 전문가에게 널리 사용되지는 않는다. 왜냐하면 해석상에서 불분명한 발견점과 어려움이 존재하기 때문이다.

삼킴장애 아동에서 방사선적인 평가

비정상적인 구강 반사에 대해 평가하고, 가능한 구강-감각을 평가하며 특정한 섭식 과업들에 대한 평가인 수정된 섭식 검사는 마비말장애 아동에 대한 반복된 임상 검사의 부분으로써 오랫동안 고려되어 왔다. 그러나 과거 십 년 이상, 아동과 성인에게서 삼킴장애의 문제점과 관련된 흥미로운 발현점들이 증가되었다. Fenichel(1997)은 삼킴장애가 소아 의료분야에서 중요한 문제가 된다고 지적하였다. 평가에서 더욱 가시적이며, 객관적인 도구를 사용한 기법의 필요성은 삼킴장애가 아동에게 발생하는 빈도 때문에 두드러져 왔다. 방사선적인 기법, 특히 비디오투시검사(videofluoroscopy)는 삼킴장애를 보이는 소아 환자의 평가를 위하여 선택적인 절차이다(Tuchman, 1989). 비디오투시검사는 광범위하게 사용되는 평가방법이고 구강, 인두와 식도의 해부학적 기관을 시각화하기 위한 가장 좋은 방법을 제공해왔다. 이 검사는 흡인(aspiration, 폐 안으로 이물질이 유입되는 것)의 출현을 보여 준다. 또한 구강과 인두의 불협응 증거를 제공하고 안전하게 삼키기 위한 음식덩이의 크기와 농도에 대한 특성이 무엇인지에 대한 정보를 제공한다. 그리고 아동이 무증상 흡인을 보인다면 비구강 섭식을 위한 어떠한 가능성을 고려해야만 하는 것을 알려준다(Tuchman, 1989).

검사에 대한 기법

비디오투시검사는 종종 가슴과 목의 정찰사진(scout film)으로 시작되었다. 삼킴 활동 그 자체는 일반적으로 옆쪽에서 녹화되고 가능하다면, 전후투사로도 녹화된다. 비디오투시검사 전에 언어치료 전문가가 실시한 수정된 섭식 검사, 임상적인 삼킴장애 검사와 구강 반사 검사로부터 얻어진 정보는 방사선 전문의에게 도움이 될 수도 있다. 예를 들면, 구토 반응의 부족은 정상적인 삼킴을 금지(contraindication)하도록 하는 것을 고려하게 하고, 과도하게 유도된 구토 반응은 섭식의 어려움에 대한 중요한 징후로 고려될 것이다(Tuchman, 1989).

종종, 비디오투시검사 실시 전에 음식을 주지 않는 것이 영유아나 어린 아동이 바륨을 더 쉽게 마실 수 있도록 촉구한다. 가능한 아동은 일상적으로 먹는 위치에서 검사를 받게 된다. 영유아는 대개 누운 자세를 취하고 아동은 앉는 자세를 취할 것이다. 필요하다면 특별한 정형외과적인 의자들이 사용되며 특별한 장애를 보이는 아동들을 위하여 특별한 섭식 방법과 보조 도구들이 비디오투시검사 동안에 사용될 수도 있다(Kramer, 1989).

방사선적인 삼킴장애 검사는 실제 언어치료 임상에서 상대적으로 새로운 영역이라는 것을 명심해야만 한다. 상당한 경험과 훈련이 삼킴장애 아동의 비디오투시검사의 실시와 정확한 해석을 위하여 필요하다. 언어치료 전문가는 삼킴장애 팀에서 필요로 하는 능숙함을 제공하기 위해서 그리고 삼킴장애 평가의 이러한 유형에 대한 법적인 영향을 이해하기 위해서 특정한 훈련을 받아야만 한다. 워크숍과 관련 교재들은 언어치료에서

〈표 6-1〉 방사선 검사상의 삼킴장애

구강 단계 부족한 빨기 구강 섭식에 대한 거부 더욱 성숙한 섭식 방법을 발달시키는 것에서의 실패 구강 운동 기능 부전 혀의 비정상성 인두로 미숙한 누출
인두 단계 인두 삼킴의 지연된 시작 비정상적인 연구개 기능 비인두 역류 인두 수축과 그에 따라 인두를 비우는 것에서의 어려움 후두에서의 침습 윤상인두 조임근(cricopharyngeal sphincter)의 비정상성
식도 단계 이차적인 흡인 해부학적 혹은 기능상 식도의 비정상성 위식도 역류 **불협응**

원전: Kramer, S.S. (1989). 삼킴장애 아동을 위한 방사선 검사. Dysphagia, 3, 117-125. Reprinted with permission.

이러한 최신의 영역을 훈련받기를 원하는 언어치료 전문가를 위한 도움을 쉽게 제공한다.

삼킴장애의 분류

삼킴장애는 비디오투시검사를 통하여 단독적으로 비정상성이 존재하는지 혹은 복합적으로 비정상성이 존재하는지를 확인할 수 있다. Kramer (1989)는 삼킴의 연속성에서 삼킴장애가 발생하는 지점에 따라서 비정상성을 범주화하는 것이 유용하다는 것을 밝혀 왔다. 〈표 6-1〉에서 보는 것과 같이, 삼킴의 비정상성은 구강, 인두 그리고/혹은 식도 단계 각각이나 혹은 전체로써 발생한다.

뇌성마비에서 방사선적인 삼킴장애 검사

Christensen(1989)는 소아 삼킴장애 팀에서 광범위하면서 가장 어려운 도전을 일으키는 아동 집단이 뇌성마비와 신경학적인 섭식 장애를 수반하는 아동들이라는 것을 지적하였다. Love 등(1980)은 60명의 피험자에 대한 자신들의 샘플에서 뇌성마비를 보이는 아동들의 40% 이상이 적어도 한 가지 삼킴장애 과업에서 비정상성을 보였다고 보고하였다. Christensen은 삼킴장애 징후들을 보이는 아동들은 방사선적인 검사가 요구된다고 주장하였다.

어린 뇌성마비 집단은 종종 이차적인 감염과 폐발달상의 손상과 함께 반복적인 흡인을 나타낸다. 또한 뇌성마비에서 삼킴장애 문제들은 단백질 칼로리 영양실조(protein-calorie malnutrition)와 관련된 문제를 일으키는 불충분한 액체와 열량 섭취를 유도할 수 있다. 뇌성마비 아동들은 또한 위식도역류(gastroesophageal reflux)의 위험이 매우 높고 삼키는 동안 통증을 일으키는 식도염(esophagitis)을 수반할 수 있다.

예상되고 알려진 운동구어장애를 갖는 아동을 위한 소아 삼킴장애 팀은 아동들의 어려움에 대한 전문적인 지식에 따라서 다양하지만, 대개 언어치료 전문가와 방사선 전문의(radiologist), 소아과 의사와 위장병 전문의(gastroenterologist), 영양사, 작업치료사와 소아 간호사는 팀을 구성하기 위한 후보자로 간주된다.

구어산출 아동의 구강운동 평가

Robbins-Klee 실시요강

마비말장애를 동반하는 많은 수의 어린 아동들은 일정 수준의 명료도로 말하고, 그들은 구강과 운동구어 능력에 대한 체계적인 평가가 가능할 정도로 지시사항을 잘 이해한다. 그러나 이와 같은 능력을 정확하게 측정 가능한 아동용 검사는 매우 부족하다. 과거에는 언어치료 전문가가 정식 또는 체계화된 검사를 통하여 이와 같은 능력들을 평가하고자 할 때는, 규준 없이 통상적으로 사용되는 신경학적 뇌신경 검사(neurologic cranial nerve examination)(Love & Webb, 1996) 또는 언어치료 전문가들이 성인을 위해 제작한 운동구어 검사에 의존할 수밖에 없었다(Dworkin & Culatta, 1980; Enderby, 1983; Vitali, 1986).

Robbins과 Klee(1987)는 신경계 성숙을 반영한 아동용 운동구어 검사를 개발하고 이에 대한 표준자료를 제공하였다. 〈표 6-2〉에 제시된 바와 같이 본 검사는 입술부터 호흡-후두 복합체에 이르는 성도의 구조와 기능을 평가하는 86개의 항목으로 구성되어 있다. 이 검사는 구어와 비구어 측면 모두를 평가한다. 표준자료는 신체적으로 정상인 아동을 대상으로 2세 6개월부터 6세 6개월까지 6개월 간격으로 9개로 구분하였다. 음절과 단어에 대한 교대운동속도(alternate motion rates)의 평균과 표준편차, 각 연령 간격에 따른 최대 발성(maximum phonation) 자료가 제공되고 있다. 뇌운동신경의 구조와 기능에 대한 체계적인 정보는 구어산출 하부체계의 감별진단을 위해 사용되었다. 요약하자면 **Robbins-Klee 구강과 운동구어 조절 실시요강**(Robbins-Klee Oral and Speech Motor Control Protocol)은 현재 이용 가능한 어떤 검사보다도 아동기 마비말장애와 발달성 구두 실행증으로 의심되는 사례에 대한 구강인두 체계에 대한 보다 정확하고 표준화된 평가를 제공한다.

〈표 6-2〉 어린 아동용 Robbins-Klee의 구강 및 운동구어 조절 실시요강

입술(뇌신경 VII)

- 휴식 시 구조
  - 1. 대칭
  - 2. 관계(열기 VS. 닫기)
- 구강 기능
  - 3. 둥글게 하기
  - 4. 앞으로 내밀기(불기)
  - 5. 입꼬리 잡아당기기
  - 6. 오므리기/웃기 반복
  - 7. 아랫 입술 물기
  - 8. 입술 닫기
  - 9. 뺨 부풀리기
  - 10. 입술 열고 닫기
- 발 기능
  - 11. 둥글게 하며 / συ /
  - 12. 앞으로 내밀며 / u: /
  - 13. 입꼬리를 잡아당기며 / i: /
  - 14. / u: /, / i: / 반복하기
  - 15. 아랫 입술을 물며 / f /
  - 16. 입술을 열고 닫으며 / mΛ /

하악(뇌신경 V)

- 휴식 시 구조
  - 17. 대칭
  - 18. 닫기
  - 19. 크기(얼굴 생김에 대하여)
- 구강 기능
  - 20. 유동(이로 딸깍 소리내기 5회)

상악

- 구조
  - 21. 대칭
  - 22. 크기

이

- 23. 충치
- 24. 배열
- 25. 간격
- 26. 결손
- 27. 교합(상악 치아에 대하여)

혀(뇌신경 XII)

- 휴식 시 구조
  - 28. 대칭
  - 29. 자세
  - 30. 근섬유다발수축
  - 31. 고랑
  - 32. 위축
  - 33. 비대
- 구강 기능
  - 34. 내밀기
  - 35. 치조 쪽으로 올리기
  - 36. 앞쪽-뒤쪽 쓸기
  - 37. 치간
- 구어 기능
  - 38. 치조 쪽으로 올리기: / n /, / t /, 또는 / l /
  - 39. 혀의 외측 가장자리를 이에 접촉: / s /, 또는 / ʃ /
  - 40. 치간 / θ /
  - 41. 혀의 뒤쪽을 구개쪽으로: / k / 또는 / g /

연인두(뇌신경 X)

- 휴식 시 구조
  - 42. 대칭
  - 43. 목젖
  - 44. 편도
  - 45. 구개활 높이
  - 46. 구개 이음부
- 구강 기능
  - 47. 찬 거울 불기
  - 48. 빨대로 빨기
- 구어 기능
  - 49. / a :/
  - 50. /ha.ha.ha/

후두-호흡(뇌신경 X)

〈표 6-2〉 어린 아동용 Robbins-Klee의 구강 및 운동구어 조절 실시요강 (계속)

휴식 시 구조
- 51. 조용한 호흡 시의 자세

구강 기능
- 52. 기침, 웃기, 또는 울기

구어 기능
- 81. 최대발성시간(초): / a:/
- 53. 음도변이
- 54. 강도변이
- 55. /ha.ha.ha/

협응된 구어 움직임
- 56. (82)[a] /pʌ/ 반복
- 57. (83)[a] /tʌ/ 반복
- 58. (84)[a] /kʌ/ 반복
- 59. (85)[a] /pərəkə/ 반복
- 60. (86)[a] *patticake* 반복
- 61. you
- 62. top
- 63. beef
- 64. fume
- 65. cowboy
- 66. band-aid
- 67. half time
- 68. banana
- 69. kitty cat
- 70. puppy dog
- 71. communicate
- 72. 1950
- 73. potato head
- 74. Winnie the Pooh

구어 표본

운율
- 75. 속도
- 76. 억양

음성
- 77. 음도
- 78. 음강
- 79. 음질
- 80. 비강공명

56-60의 [a]는 조음정확도를, 82-86은 3초 이상의 수행에서 초당 평균반복 횟수를 점수화함.

아동기 마비말장애의 구어산출 하부체계 평가

운동구어장애 전문가들(Hardy, 1983; Netsell, Lotz, & Barlow, 1989; Stark, 1985; Thompson, 1988)은 구어산출에 관여하는 신체 하부체계에 대한 주의 깊은 평가는 각각의 마비말장애 사례가 지닌 독특성과 다양함을 이해하는 데 매우 중요한 역할을 실시한다고 제안하였다. Thompson은 구어산출에 관여하는 하부체계 분석을 위한 두 가지 접근법을 언급하였다: 기기적 평가법(instrumental evaluation methods)과 청지각적 분석법(perceptual analysis methods). Netsell 등(1989)과 Lotz와 Netsell(1989)의 업적은 기기적 접근의 전형적인 예를 보여 준다. 그러나 이 접근법은 아동기 마비말장애를 다루는 모든 언어치료 전문가들이 항상 이용 가능한 방법이 아니기 때문에 대부분의 임상가들은 의심할 여지없이 아동의 호흡, 발성, 공명, 조음의 하부체계를 평가할 때는 청지각적 분석을 사용한다(Darley, Aronson, & Brown, 1975). Thompson(1988)이 지적한 것처럼 주관적인 방법인 청지각적 분석을 이용하여 구어산출 하부체계를 명확하게 구분하여 평가한다는 것은 불가능하지 않지만 힘든 일이다. Thompson에 의해 언급된 다른 중요한 요점은 하부체계 분석은 매우 주관적이며 비정상의 판단에서 오류가 흔하게 발생한다는 점이다. 마비말장애와 관련된 복합 요소의 평가에서 검사자 간 신뢰도(interjudge reliability)는 일반적으로 낮다.

이 문제에 대한 해결책은 신경구어장애에 대한 청지각적 평가를 통해 임상가를 잘 훈련시키는 것이다. 그러나 대학의 훈련 프로그램은 마비말장애 구어의 청지각적 평가에 대한 신뢰성을 확보하기 위해 훈련 시간을 따로 배정하고 있지 않아 학생들은 언어치료 전문가가 된 이후에 마비말장애 아동을 치료할 때 그들이 가진 기술에 대한 확신을 갖지 못한다. 다음의 내용은 마비말장애 아동의 구어를 다양한 측면에서 평가할 때 기기적 평가에만 과도하게 의존하지 않으면서 청지각적 분석을 일정 부분 포함하는 단순한 과제들을 제시하고 있다.

호흡 비기능

Hardy(1983)는 기기를 사용하지 못하는 언어치료 전문가를 위한 평가 절차를 제안하면서 마비말장애 아동의 호흡기능이 얼마만큼 심각한지에 대한 정확한 평가는 중요하지 않다고 하였다. 왜냐하면 대부분의 아동이 일정 부분의 호흡 문제를 동반하고 있기 때문이다. 여기서 보다 더 중요한 목표는 호흡 문제가 구어산출에 얼마나 영향을 주며, 아동의 구어산출 능력 향상에 어떤 제한을 가질 것인가에 대해 결정하는 것이다.

간단하지만 다양한 과제들을 통해 언어치료 전문가들은 아동의 일상적인 구어수행 능력에 영향을 미치는 호흡 조절 특성을 확인할 수 있다. 이와 같이 단순한 과제로 평가를 할 때는 호흡과 발성 체계가 서로 맞물려 있다는 사실을 기억하는 것이 중요하다. 최종적으로 산출되는 결과물이 구어이기 때문에 하나에서 다른 하나의 영향을 분리하는 것은 매우 어렵다.

중성 모음의 연장 연장 발성 시간(prolonged phonation time)은 마비말장애의 구어에서 호흡 지지를 확인하기 위한 방법으로 오랫동안 사용되고 있다. 일반적으로 수행력은 시간으로 측정되기 때문에 아동의 능력이 생활연령보다 심각하게 결함을 보이는가는 참고 자료에 근거하여 비교가 가능하다. 두 종류로 발성 시간이 측정된다: (a) 일상적 발성 시간(routine phonation time), (b) 최대 노력 발성 시간(maximum-effort phonation time). 두 시간의 비교는 발성을 할 때 구어산출을 위한 호흡 지지에서 상대적으로 아동의 어떤 호흡이 보존되어 있는가를 추정할 수 있다. 일상과 최대 상태에서의 연장 발성 시간은 다양한 상황 하에서 성도로 밀어내는 호흡체계의 사용뿐만 아니라 후두가 기류를 수정하는 아동의 능력을 보여준다(Hardy, 1983). 모음 연장은 일반적으로 마비말장애 아동을 대상으로 호흡 수행력을 가장 쉽게 평가할 수 있는 과제 중의 하나이다. 왜냐하면 다양한 음소 맥락에서 운동동작의 빠른 변화가 요구되는 구어에 비해서 신체적으로 큰 노력이 요구되지 않기 때문이다.

1에서 10까지 숫자 세기 Hardy(1983)는 숫자 세기는 음절 연쇄에서 아동의 호흡 지지 능력을 검사할 수 있는 좋은 구어산출 과제라고 제안하였다. 이 과제는 다음의 두 가지 조건 하에서 검사된다: (a) 그만이라고 말할 때까지 숫자 세기 (b) 숨을 깊게 마신 후 가능한 최대한 길게 숫자 세기.

첫 번째 지시는 일상적인 수행력을 확인하는 것으로 언어치료 전문가는 대략적으로 한 호흡군에서 얼마나 많은 음절 발화가 가능한가를 평가한다. 두 번째 지시는 높은 수준의 폐 용적에서 구어산출을 위한 아동의 호흡 능력을 검사한다.

유성 CV 반복과 무성 CV 반복 비교 모음 연장이 힘든 아동은 유성과 무성 CV를 반복적으로 산출하는 것이 매우 어렵다(Hardy, 1983). 유성 또는 무성 CV 반복에서 초당 산출되는 평균 음절 수는 비교가 필요하다(Thompson, 1988). 일반적으로 유성 CV 음절은 무성 CV 음절보다 산출이 쉬우며, 유성/무성 과제에서 형태소의 수를 계산하는 것은 모음 연장 과제의 결과 처리보다 어렵다.

읽기와 대화에서 문맥발화 산출 문맥발화(contextual speech) 산출 과제는 Darley 등(1975)이 성인 마비말장애 환자를 평가하기 위해 사용한 것으로 특별한 측정 방법이 존재하지 않는다. Thompson(1988)은 문맥발화란 각 호흡당 발화의 평균 길이를 알 수 있는 유의미한 측정 방법이라고 제안하였다. 이것은 숫자 세기에서 각 호흡당 평균발화 길이와 비교될 수 있다. 이 두 가지 측정 결과를 비교하는 것은 발화 길이와 복잡성이 호흡의 제한에 어떻게 영향을 받는지를 보여 준다.

깊은 호흡의 흡기와 호기 음성과 호흡을 혼동하지 않고 호흡체계의 효율성을 검사하기 위한 방법으로 폐활량 증진력과 호기 조질이 이용된다. 흡기의 시간 조정(timing)과 호기 구간에 대한 평가는 매우 유용한 정보를 포함하는데 왜냐하면 흡기 시에 폐 용적(lung volume)을 증가시키기 위해 일반적으로 호기 호흡군의 길이를 증가시키기 때문이다. 이는 더 많은 음절을 한 호흡군에서 발화하게 하며 구어 운율을 향상시킨다(Hardy, 1983).

마지막으로, 검사가 실시되는 동안 지속적인 관찰을 통해 호흡 결함의 유형을 확인해야 한다. 짧은 각 발화 사이에서 들을 수 있는 또는 볼 수 있는 흡기, 느린 구어 속도, 구의 끝 부분에서 쥐어짜는 음질들이 종종 관찰된다. 이는 호흡기능의 결함을 반영하는 일반적 증상이다. 더불어 음절 반복의 감소, 전반적인 속도 감소, 그리고 조절되지 못한 호기는 호흡 조절의 결함을 반영하는 주요 증상이다.

어린 아동의 경우는 가슴에 대한 직접적인 신체 검사가 비정상적인 호흡 역동성을 이해하는 데 도움을 준다. 초기 문헌(McDonald & Chance, 1964; Westlake & Rutherford, 1961)에서 갓난 아이의 빠른 호흡 속도는 종종 신경학적 결함을 보이는 아동에게 지속되는 경향을 보이며 흡기와 호기 주기에서 보다 긴 호기를 위한 단계발달을 방해한다고 주장하였다. 일반적으로 구어산출을 위한 호흡 조절에서 분당 30회 이상의 흡기를 나타내었다(McDonald & Chance, 1964). 본 결과는 얕은 호흡과 짧은 호기에 대한 결과이며 뿐만 아니라 아동의 발성이 지속적으로 방해 된 결과이다. 발성을 다양화하는 과제에서 성공적이지 못한 수행 또는 호흡 조절 능력의 결함을 반영하는 신호이다. 지속적으로 관찰되는 부드러운 기식성 음성은 호흡 지지력의 부족에 기반한 것이다. 이와 같은 증상은 마비말장애 아동의 연인두 또는 입술 막음의 결함 때문이기도 하다.

후두 비기능

앞서 언급한 것처럼 마비말장애 아동의 후두 비기능에 대한 연구는 제한적으로 진행되었다. 반면 성인 마비말장애의 발성에 대한 연구는 꽤 신뢰있는 가정이 만들어졌다. 호흡 비기능을 평가하기 위해 앞서 제안된 다섯 개의 성대 과제는 발성문제에 대한 결과를 제공한다. 왜냐하면 호흡과 후두 체계는 상호의존적인 관계에 놓여 있기 때문이다. Hardy(1983)는 중성 모음을 연장할 때 음성 톤(vocal tone)을 청지각적 방법으로 평가하는 방법이 후두내근(intrinsic laryngeal muscle)의 비기능을 확인하는 가장 좋은 신호라는 사실을 관찰하였다. 중성 모음은 혀 또는 목 근육의 과긴장으로 인해 발생하는 혀 위치의 비정상적인 자리잡기를 방해하기 때문에 중성모음 연장은 상대적으로 후두 조절의 영향받지 않는 검사이다.

유성 CV 반복과 무성 CV 반복 간의 명백한 차이는 성대의 외전(abduction)과 내전(adduction)의 문제를 보여 준다. Westlake와 Rutherford (1961)에 의해서 사용된 추가 검사는 이 이론에 대한 확증적인 증거를 제공한다: 아동에게 기관총 소리를 모방하도록 설명한 뒤 'ah-ah-ah-ah-ah'를 가능한 빨리 말해 달라고 요구하면 결과적으로 느리고, 약하며, 기식적이거나 쥐어짜는 듯한 소리를 산출할 것이다. 이 검사는 성대를 빨리 외전 및 내전하는 것을 평가한다. 더불어 Westlake와 Rutherford는 성대 내전은 신전과 관련이 있으며, 무정위에서 저긴장형 근육을 보이는 아동은 가슴과 목이 신전되면서 내전이 유발된다고 언급하였다. Hardy (1983)는 발성에서 성문음화(glottal) 또는 쥐어짜기의 시작은 성대의 과내전 또는 과긴장 문제를 보여 주는 또 다른 신호라고 하였다. 반대로 지속적으로 관찰되는 기식성은 일반적으로 후두근육의 저기능을 반영한다.

후두 비기능은 또한 감소된 음도와 강도의 범위로도 진단이 가능하지만 언어치료 전문가들은 호흡이 강도와 음도의 변화에서 함께 역할을 한다는 것을 기억할 필요가 있다. 낮은 음도는 세로 긴장(longitudinal tension) 정도의 감소에 따른 성대 약화를 시사하기도 한다. 이와 같은 형태의 약화는 하부운동신경장애로 인한 마비말장애 아동에게 일반적이다.

쉰, 거친 또는 쥐어짜는 듯한 음질은 경직형 성인에서 일반적으로 들을 수 있으며 이보다 정도는 약하지만 아동에게서도 관찰된다. 갑작스러우며 조절되지 못한 변화, 발성 깨짐, 그리고 떨림을 동반하는 가변적인 음성 유형은 무정위 운동장애에게 전형적이지만 Meyer(1983)의 연구는 이를 증명하지 못하였다(Thompson, 1988). 그녀의 업적은 음성 수행에서 경직형과 이상운동 간의 매우 경미한 차이만을 보여 주었다. 경직형과 운동이상형 아동 간의 음성 수행력에 대한 청지각적 차이를 입증하거나 부정하기 위해서는 앞으로 더 많은 연구가 필요하다.

연인두 비기능

앞서 언급한 것처럼 Netsell(1969)은 뇌성마비로 인해 마비말장애 아동이 나타낼 수 있는 다양한 유형의 연인두 비기능을 구분하였다. 마비말장애의 연인두 비기능에 대한 최근 연구들을 포함한 그의 연구는 구개인두근(palatopharyngeal muscles)의 부적절한 기능으로 인해 과다비성과 조음 문제가 유발되면 말 명료도에서 매우 심각한 결과가 초래된다고 주장하였다.

부적절한 연인두 기능은 다양한 과제를 사용함으로써 임상에서 확인이 가능하다. 과다비성과 들을 수 있는 비성누출(audible nasal emission)은 다음 과제를 사용하여 연인두 비기능을 확인할 수 있다.

1. 지속성을 가진 무성 /ㅅ/의 연장. 이 음소를 적절하게 산출하기 위해서는 매우 단단한 연인두 막음이 필요하며, 막음 또는 일정 시간 동안의 유지 불능은 연인두의 문제를 반영하는 것이라는 점은 잘 알려진 사실이다.
2. 1에서 10까지 숫자 세기. 마찰음, 파찰음, 그리고 파열음을 적절하게 포함하고 있어 구개인두 문제를 검사하기 위해 사용된다. 마찰음, 파찰음, 파열음은 상대적으로 높은 수준의 구강 내압을 필요로 하기 때문에 연인두 비기능을 확인할 수 있는 민감한 과제이다. 연인두 불능이 의심되는 경우에 결과 해석에서 주의가 요구되는데 왜냐하면 연인두의 불능보다는 조음오류 또는 일부는 입술과 혀의 움직임 때문일 수도 있다. Hardy(1983, p. 129)는 마비말장애 아동 중에서 연인두의 비기능이 의심될 때에 정상에 근거한 과다비성과 조

음의 편차를 제시하였다.

3. 숫자 세기 또는 여러 종류의 말 과제에서 코로 공기가 지속적으로 누출되는 것을 눈으로 확인하기. 차갑게 만든 치과용 거울 또는 누출에 민감한 다른 종류의 거울을 콧구멍 아래에 놓으면 공기의 누출을 시각적으로 확인할 수 있다. 비음이 아닌 음을 산출하는 동안에 거울이 흐릿해진다면 비성누출의 문제를 의심할 수 있다.

이 기술은 연인두 기능이 적절한지에 대한 간접적인 정보만을 제공한다. 만약 연인두의 비기능으로 인해 발생하는 문제들이 말 명료도에 주요하게 부정적인 영향을 준다면 방사선을 활용한 평가가 고려되어야 한다. 연인두 비디오투시검사는 일상적으로 사용되고 있고, 마비말장애 뿐만 아니라 구개열 아동에게도 사용할 수 있다. 비록 아동기 마비말장애를 대상으로 하는 연인두 기능 평가는 구개안면기형처럼 방사선과 의사들이 빈번하게 접하는 사례는 아니지만 최근 들어 구개열 팀 구성원이 마비말장애 환자들을 접하는 빈도는 증가하고 있으며, 마비말장애의 연인두 기능 평가에서 그들이 차지하는 전문기술 영역은 점차적으로 확대되고 있다.

조음 비기능

조음검사 언어치료 전문가들은 일반적으로 아동기 마비말장애의 조음을 평가할 때 상업화된 검사 도구를 사용한다. 평가 초반에는 단단어를 사용하여 조음을 검사하는 것이 일반적이지만, 기초적인 조음검사에서도 문장 검사와 음운처리 평가를 포함할 것이 권고된다. 구어산출에서의 운동 복잡성은 일반적으로 단어 수준 이상에서 증가하고, 문장 검사 결과는 운동 결함을 보이는 아동이 음소를 산출하기 위한 운동조절 과정에서 어떤 문제를 보이는지에 대한 명확한 그림을 제공한다. 검사 유형에 대한 주의 깊은 선택은 조음 오류 유형분석을 보다 쉽게, 그리고 보다 명확하게 밝혀 낼 것이다.

두 개의 검사가 가장 빈번하게 사용된다; *The Fisher-Logemann Test of Articulation Competence*(Fisher & Logemann, 1971)와 McDonald's *Screening Deep Test of Articulation*(McDonald, 1968). Fisher-Logemann 검사 채점 지는 조음 위치 및 방법에 대한 오류분석을 매우 효과적으로 가시화 하는 방식을 사용하고 있다. 마비말장애는 기본적으로 운동 문제에 기인하며, 종종 조음 방법보다는 조음 위치의 오류로 특징지어진다(Platt, Andrews, Young, & Quinn, 1980). Fisher-Logemann 검사는 또한 정밀전사(narrow transcription)를 위한 편리한 목록을 제공한다; 정밀전사는 마비말장애의 복잡한 조음 오류를 이해하는 데 도움이 된다(8장에서 보다 논의가 이루어짐).

*Screening Deep Test of Articulation*은 다양한 맥락에서 단일 음소 표본을 제공하고, 구어산출에서 운동 복잡성이 증가할 때 나타나는 말소리 산출의 오류를 밝혀내는 데 유용하다.

음운 처리 분석 음운 처리 분석(phonologic process analysis)은 아동기 마비말장애 사례에 첨가되는 정보이다. 처리 분석은 음운산출에서의 수정과 단순화를 확인 가능하게 한다. Thompson(1988)은 마비말장애 아동의 말에서 나타나는 음운 처리 오류는 일반적으로 자음군 축약(cluster reduction), 종성 자음군 생략(final cluster deletion), 그리고 정지음화(stopping)를 포함한다고 하였다. 음운 처리 분석에서 오류를 해석할 때는 주의가 요구되는데 왜냐하면 Stark(1985)에 따르면 음운 처리 분석이라 할지라도 아동의 운동조절 결함에 대한 관계적인 해석이 필요하다고 하였다. 즉, 마비말장애 아동의 구어 수행은 아동이 환경에서 터득한 음운 체계에 대한 지식만을 반영하는 것은 아니다는 것이다(8장 참조).

기기를 사용한 음향학적 분석 음향학적 분석을 보다 넓은 관점에서 본다면 조음 평가에서 청자의 청지각적 판단을 보충하기 위한 목적으로 사용된다. 1975년 Kent와 Netsell은 실조형 마비말장애를 대상으로 한 연구를 통해 마비말장애의 조음운동 유형은 활동투시(cinefluoroscopic)적인 증거뿐만 아니라 분광사진술(spectrographic) 관찰을 활용한 평가가 가능하다는 것을 보여 주었다. 비디오투시분석이 운동구어검사에서 매우 유용하다는 입장은 동일 저자들이 다섯 명의 무정위를 대상으로 한 활동투시경 연구에 의해서도 지지되었다(Kent & Netsell, 1978). 이와 같은 연구들은 마비말장애를 대상으로 한 기본적인 조음검사와 청지각적 분석에서는 나타나지 않는 아동의 보상적 조음 동작(compensatory articulatory gestures)과 운동 결함으로 인해 제한된 조음 유형을 밝혀낸다.

기타 분석 드물지만, 특정 음절을 산출할 때 입술, 턱, 혀와 같은 조음기관의 동작에 대한 시간 조정을 자세하게 연구하기 위한 목적으로 EMG가 조음장애에 사용되고 있다. 하악 또는 혀에 위치한 변형계 감지기(strain gauge sensors)는 조음에 사용된 속도와 힘에 대한 정보를 제공한다.

말 명료도

임상 또는 연구 보고서에서 일반적으로 마비말장애 아동의 명료도 수준을 보고하지는 않지만 본 평가가 지닌 장점은 명백하다. 전문가와 비전문가 모두가 즉각 이해가 가능하며, 말의 모든 면을 포함한다는 측면에서 말의 변화를 측정하는 훌륭한 방법이다. Yorkston과 Beukelman(1981)은 *Assessment of Intelligibility of Dysarthric Speech*라고 이름이 붙여진 검사 도구를 개발하여 검사자를 따라서 반복하거나 읽는 자극을 통해 단어와 문장 명료도에 대한 평가를 가능하게 하였다. 이 검사 도구를 사용하면 단단어의 명료도에 대한 백분율, 명료한 말과 불명료한 말의 명료도 비율 점수, 그리고 의사소통 효율 비율의 계산이 가능하다.

이보다 다소 형식에서 덜 구애를 받는 단단어로 명료도만을 평가하는 검사 도구가 동일 저자인 Yorkston과 Beukelman(1980)에 의해서 개발되었다. 단단어의 명료도는 10개 단어 읽기 또는 50개 단어 목록에서 명명된 그림을 근거로 계산된다. 검사자는 들은 것을 받아 적는다. 이후에 명료도는 목표 단어에 대한 검사자의 반응을 비교하여 결정된다.

인지-언어 평가

평가 목적

신경학적 결함을 보이는 많은 수의 영아와 아동이 지적장애와 운동결함을 동반하기 때문에 인지와 언어를 평가하는 것은 중요한 의미를 지닌다. 그러나 뇌성마비 집단에 대한 충분한 경험을 지닌 대부분의 심리학자와 언어치료 전문가들은 IQ 또는 생활연령과 관련된 언어 점수를 획득하는 것은 중요하지 않다는 것을 안다. 왜냐하면 표준화된 검사는 높은 신뢰성으로 정상 인구 내에서 아동의 수행력을 예측 가능하게 하지만 신경학적 결함을 가진 집단의 정신 성장 속도는 종종 한결 같지 않으며, 표준화된 검사가 지닌 예측 가능성이 일반적으로 적용되지 않기 때문이다.

공식검사는 일반적으로 점수획득을 목적으로 하기보다는 시각 또는 청각과 같은 특별히 강조된 양상(modalities)에 근거하여 현 상태에서 관찰되는 인지 또는 언어와 관련된 아동의 강점과 약점을 평가한다. 일반적으로 각 양상은 각각 독립적으로 평가된다. Stark(1985)는 평가에서 정보처리접근법(information processing approach) 사용을 주장하였다. 이 접근은 자극들의 연합에서부터 단순한 자극의 변별, 복잡한 전체에 자극 통합하기, 지각적 유입으로부터 개념을 이끌어내는 능력뿐만 아니라 서로 개념을 통합하는 단계, 그리고 마지막으로 주의, 기억, 상위 뇌기능, 그리고 구성능력에 대한 평가를 포함하고 있다.

신경심리 발달 평가

Wilson과 Davidovicz(1987)는 신경학적 결함을 보이는 아동의 인지 언어 능력을 신경심리학적으로 평가하기 위한 체계를 제시하였다. 신경심리발달에 근거하는 이 체계는 Stark에 의해 주장된 계층적 처리접근주장을 증명하고 있다. 이 모델은 아동용 웩슬러 지능검사-수정판*(Wechsler Intelligence Scale for Children-Revised)*(Wechsler, 1974) 또는 Hiskey-Nebraska 학습태도 검사*(Hiskey-Nebraska Test of Learning Aptitude)*(Hiskey, 1966)의 복잡한 행동 선별을 포함하고 있다. 이와 같은 상위 뇌기능 검사는 두드림 청각(tap auditory), 시각 기억, 수용 언어, 소근육 운동과 글쓰기 기술, 그리고 학업 성취들과 같은 선택된 평가에 의해 보충되었다(〈표 6-3 참조〉). 현재까지 주요 신경심리 변수들을 체계적으로 모두 평가가 가능한 단 하나의 검사는 존재하지 않기 때문에 이 검사 도구가 사용되고 있다. 이 도구에 사용된 많은 표준화된 검사는 각기 다른 측정 기준에 근거하고 있기 때문에 각 검사 점수는 Z 점수로 변환되고, 아동 수행에 대한 정보수집이 이루어져야 한다. 그래프화된 그림은 신경학적 결함을 보이는 아동의 강점과 약점을 제공한다(〈그림 6-2 참조〉).

Wilson과 Davidovicz(1987)는 신경학적 결함을 보이는 아동을 평가할 때는 종합 검사에서 어떤 검사를 사용할 것인가를 선택하는 것뿐만 아니라 평가 방법에서도 융통성을 가질 것을 주장하였다. 더불어 Stark(1985)는 운동 결함을 보이는 아동들을 위하여 표준화되지는 않았지만 언어와 인지를 타당성 있게 검사할 수 있는 방법을 개발하는 것이 중요하다고 지적하였다. 시간 제한을 연장하거나, 과제를 반복하거나, 주의집중을 특별히 유도하거나, 고립된 기술(isolated skills) 또는 조각난 기술(splinter skills)에 대한 주의 깊은 해석이 요구된다. 유용한 인지 기능에 통합되지

〈표 6-3〉 임상적으로 지정된 구인과 요소에 대한 하위 검사*

구인	요소	하위 검사
청각적 지각	AP1	ITPA 소리 혼합
		GFW 소리 모방
	AP2	ITPA 청각적 마무리
청각적 변별	ADQ	청각적 변별의 GFW 검사–조용한 상태의 하위 검사
	ADN	청각적 변별의 GFW 검사–소음이 있는 상태의 하위 검사
청각적 인지	AC1	WPPSI 유사
		ITPA 청각적 연합
	AC2	WPPSI 정보
		ITPA 청각적 연합
	AC3	WPPSI 어휘
		WPPSI 이해
청각적 기억	AM1	WPPSI 문장
		McC 구어 기억 1
	AM2	McC 구어 기억 2
	AM3	ITPA 청각적 순서 기억
인출	SR	McC 구어 유창성
	PR	NCCEA 단어 유창성
	VR	보스톤 이름대기 검사
시각적 변별	VD	H-N 그림 구분
		PTI 형태 변별
시공간	VSp1	WPPSI 블록 설계
		H-N 블록 유형
	VSp2	McC 퍼즐 풀기
	VSp3	NCCEA 좌-우 지남력
		McC 좌-우 지남력
시각적 인지	VC1	WPPSI 그림 완성
		ITPA 시각적 수용
	VC2	ITPA 시각적 연합
		H-N 그림 연합
		PTI 유사
	VC3	ITPA 손짓 표현
시각적 기억	VM1	H-N 시각적 주의집중 기간

〈표 6-3〉 임상적으로 지정된 구인과 요소에 대한 하위 검사* (계속)

구인	요소	하위 검사
	VM2	H-N 색깔 기억 ITPA 시각적 순서 기억
	VM3	PTI 즉각적 회상
쓰기	GrM1	WPPSI 기하 설계 McC 그리기-A-설계
	GrM2	McC 그리기-A-인물
소근육 운동	FM	퍼듀 나무 못 꽂기

출처: Wilson, B. D., & Davidovicz, H. M., in *Seminars in Speech and Language* (Vol. 8. 1). New York: Thieme Medical Publishers, Inc., 1987. 허락 하에 출판됨.

* Illinois Test of Psycholinguistic Abilities (ITPA); Goldman-Fristoe-Woodcock Test of Auditory Discrimination (GFW); Wechsler Preschool and Primary Scales of Intelligence (WPPSI); McCarthy Scales of Children' s Abilities (McC); Hiskey-Nebraska Test of Learning Aptitude (H-N); Pictorial Test of Intelligence (PTI); Neurosensory Center Comprehensive Examination of Aphaisa (NCCEA; Children' s norms)

검사 목록은 취학 전 아동의 정보수집에 사용되는 구인과 요소를 제안하고 있다. 학령기 아동은 하부검사를 대체한 세트를 사용한다.

못하는 기타 기술은 아동의 인지-언어 능력에 대하여 과도하게 낙관적인 평가를 제공할 수 있기 때문에 포함되지 말아야 한다(Stark, 1985).

발달성 구두 실행증 평가

현재 사용되는 검사

DVD의 징후와 증상에 대한 논쟁은 만족할 만한 진단용 종합검사가 존재하기 어렵다는 사실을 제안한다. 오직 단 한 개의 상업적 검사 도구만이 DVD를 구분하기 위한 목적으로 상용화되었다: *발달성 말 실행증을 위한*

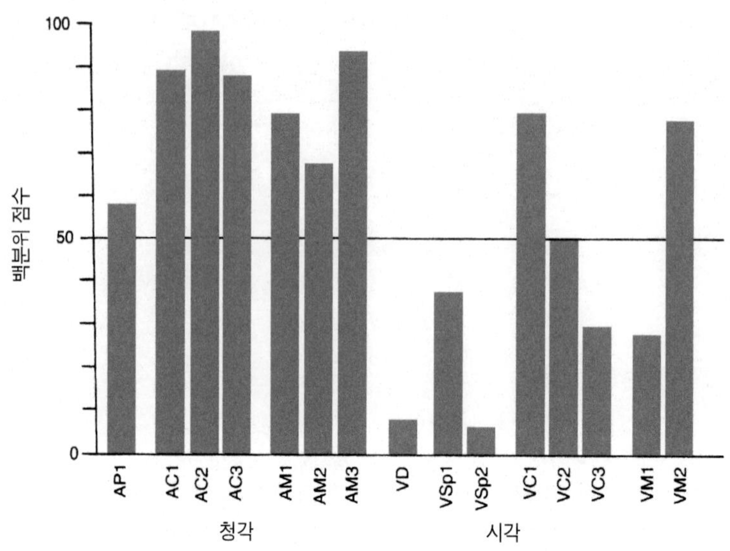

[그림 6-2] 신경학적 결함을 지닌 아동의 정보수집

시각 변별(visual discrimination)과 시공간 기능(visual spatial function)에서 결함을 보인 뇌성마비 및 왼쪽 경직반마비(spastic hemiplegia)를 동반한 6세 3개월 아동의 정보수집

출처: Wilson, B. C., Davidovicz, H. M., in *Seminars in Speech and Language* (Vol. 8. 1). New York: Thieme Medical Publishers, Inc., 1987. 허락 하에 출판됨.

선별검사(the Screening Test for Developmental Apraxia of Speech) (Blakeley, 1980). 이 검사는 언어치료 전문가 집단에서 DVD로 정의할 수 있는 징후와 증상에 관한 의견이 일치한다는 가정을 근거로 하고 있다. 5장의 논의를 통해서 독자는 DVD의 징후와 증상에 대한 의견은 거의 또는 전혀 일치하지 않는다는 점을 확신할 수 있었다. 즉, 본 선별검사의 바탕이 된 가정은 비판의 여지가 있다는 점은 분명하다.

Blakeley 선별검사는 8개의 하위 검사로 구성되어 있다:

I. 표현언어 불일치

II. 모음과 이중모음

Ⅲ. 구강-운동 움직임

Ⅳ. 구어산출 순서화

Ⅴ. 조음

Ⅵ. 운동학적으로 복잡한 단어

Ⅶ. 치환

Ⅷ. 운율

이 검사는 Guyette와 Diedrich(1983)에 의해서 매서운 비판을 받았다. 그들은 이 검사의 구조, 체제, 점수 기준선, 그리고 해석에서 결함이 존재한다는 사실을 발견하였다. 본 검사는 다양한 조음 오류를 보이며, 광범위한 지능 범주에 속하는 4세에서 12세 사이의 아동 표본을 표준화하여 개발되었다(Blakeley, 1980). 집단에게 특징적으로 나타나는 조음 오류의 유형에 대한 정의뿐만 아니라 연령과 성별에 따른 오류 분포도 제시되어 있지 않다. 표준화된 집단이 다수의 기능적 오조음을 보인다고 가정된 아동의 집단에서 무작위적으로 선택된 것인지 아니면 DVD로 추정된 아동을 대상자로 선택한 것인지는 분명하지 않다.

검사-재검사 신뢰도 자료는 보고되지 않았으며 사용된 하위검사의 타당도를 검증하기 위한 어떤 시도도 없었다. 점수 기준선은 불분명하며, 아동이 DVD의 범주에 속한다고 결정하기 위하여 사용된 통계처리 과정은 혼란스럽다. 본 검사는 선별검사로 이름이 붙여졌으며, 아직까지 추후 검사에 대한 안내와 DVD 진단을 수립하기 위한 내용을 소개하지 않았다. 본 선별검사는 연구 설계의 적합성 측면에서 중대한 결함을 가지고 있다. 본 검사는 검사가 갖추어야 할 기준을 충족하지 못하고 있는 것이 분명하다. 아동기 운동구어장애전문가들은 DVD를 선별하기 위한 목적으로 현재의 이 양식을 사용하지 않아야 한다고 주장하였다(Jaffe, 1986; Thompson, 1988).

제안된 평가 검사

잘 설계되고 잘 표준화된 검사가 개발될 때까지 언어치료 전문가들은 개별적으로 선택한 종합 검사와 임상적 판단에 의존하도록 강요되고 있다. Haynes(1985)는 진단적 종합 평가를 포함하는 평가별 영역 목록을 제시하였고, Love와 Fitzgerald(1984)는 DVD로 추정되는 아동을 진단하기 위한 논리적 근거뿐만 아니라 그들이 한 사례에서 사용했던 목록검사를 보충하였다. 양쪽 접근법에 사용된 평가의 공통점은 다음과 같다.

1. 비구어와 구어 단계에서 독립적 및 연속적인 구강 근육의 수의적인 움직임
2. 비구어와 구어 활동에서의 구강 교대운동속도
3. 독립 음소, 다음절 단어, 그리고 연속발화에서의 조음 능숙(Love와 Fitzgerald는 조음 위치, 방법, 그리고 오류 유형뿐만 아니라 전반적인 말 명료도도 판단할 것을 제안하였다.)
4. 표준화된 언어검사
5. '연성' 신경학적 징후의 있음 또는 없음

추가적으로 Haynes는 구강감각 지각(orosensory perception)과 구강 인식(oral awareness) 평가를 제안하였다. Love와 Fitzgerald는 경직 또는 이완, 소뇌 비기능 또는 기저핵 장애로 인한 불협응과 관련된 징후는 제외해야 한다고 제안하였다. 음성에 대한 청지각적 분석은 마비말장애의 음성 징후에서는 제외되어야 한다(Darley 등, 1975). 만약 종단적 평가가 완료되거나 DVD로 추정되는 사례가 진단적 치료로 자리를 잡는다면 진단의 의미는 더욱 강화될 것이다(Love & Fitzgerald, 1984).

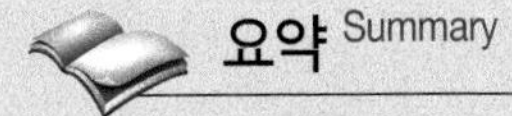

요약 Summary

이 장에서 설명된 운동구어장애 아동의 평가 계획은 (1) 마비말장애의 위험을 지닌 구어 전 단계의 아동 (2) 마비말장애 아동에 대한 구강-운동 평가를 다루고 있다. 첫째, 구강-운동 발달장애를 보이는 영아와 학령전기 아동에게 일차적으로 적용 가능한 연속적인 절차에 대해 설명하였다. 이 절차들은 궁극적으로 구어산출에 사용되는 구강 근육에 대한 수정된 섭식 검사를 포함하고 있다. 뇌신경 형식에 의해 체계화된 이 단순한 임상검사는 위험에 있는 영아 또는 아동의 씹기와 삼킴에 사용되는 연수근육(bulbar muscles)에 대한 관찰을 가능하게 한다. 본 검사는 신경과 의사에 의하여 표준화된 뇌신경 검사 또는 언어치료 전문가에 의해 이루어지는 일상적인 말초 구강 검사에서는 얻지 못하는 정보를 제공하고 있다. 더불어 수정된 섭식 상황은 영아의 구강 반사 발달을 관찰할 수 있는 기회를 제공한다. 예상되는 연령에서 출현하지 않거나 정상적으로는 사라져야 할 때에 지속되는 비정상적인 반사들은 수정된 섭식 검사 과정을 통해 언어치료 전문가에 의해서 연구될 수 있다. 비록 다양한 비정상적인 구강 행동들이 위험에 있는 영아와 아동을 설명해 왔지만 다음의 사항들은 반드시 언급되어야 한다: 하악 떠밀기(jaw thrust), 혀 떠밀기(tongue thrust), 긴장성 깨물기 반응(tonic bite reaction), 혀 뒤당김(tongue retraction) 및 비강 역류(nasal regurgitation). 수정된 섭식 검사에서 심각한 삼킴장애의 가능성이 시사된다면 Love-Hagerman-Tiami 임상 섭식 평가(Love-Hagerman-Tiami Clinical Dysphagia Examination)를 사용하여 어떤 섭식 과제에서 가장 빈번하고 심각한 섭식장애 증상을 보이는지를 결정하여야 한다. 이 평가 척도는 18개월 이상의 아동을 위해 고안된 것으로 다섯 가지 씹기와 삼킴 과제에 대한 정보를 제공한다. 이 평가를 통해 획득된 점수는 영아기 이후의 마비말장애를 비정상적인 구강반사보다 더 잘 예측하는 것으로 여겨진다.

신경학적 결함을 보이는 아동의 보다 확실한 삼킴 검사는 삼킴 기능을 방사선으로 검사하는 것을 포함한다. 이 검사는 흡인(aspiration) 유무, 그리고 삼킴의 각 단계에서의 구강-인두 근육의 비협응의 유형과 정도를 증명한다. 언어치료 전문가가 삼킴 팀에 완전하게 소속되기 위해서는 특별한 훈련이 요구된다.

최근 검사인 Robbins-Klee 구강과 구어 운동 조절 실시요강(Robbins-Klee Oral and Speech Motor Control Protocol)은 어린 마비말장애 화자를 평가하기 위해 표준화된 매우 훌륭한 검사 도구이다. 2세 6개월에서 6세 6개월 사이의 신체적으로 정상인 아동의 수행 자료가 본 검사에 보고되어 있다.

마비말장애 아동 평가의 다음 단계는 구어산출을 방해하는 각각의 생리적 하위 체계를 주의깊고 체계적으로 평가하는 것이다. 이 평가는 호흡 비기능, 후두 비기능, 연인두 비기능, 그리고 조음기관 비기능 평가와 더불어 말 명료도 측정을 통해 장애를 보이는 하부체계를 살펴본다. 하부체계 평가를 위한 연속적 과제는 마비말장애 아동을 대상으로 한 최근의 구어연구로부터 도입되었다. 구어산출에 관여하는 각 신체 하부체계는 구어 실험실에서 첨단 기술 기기장치의 광범위한 사용 없이도 평가가 가능하다.

마비말장애 아동을 대상으로 한 종합 평가는 인지-언어 수준을 확인하기 위하여 신경심리평가를 종종 사용한다. 최근 보고된 Wilson과 Davidovicz의 신경심리발달 종합 검사는 신경학적 결함을 보이는 아동에게 매우 적합한 평가로 인정되어 사용이 권고된다.

마지막으로, 발달성 구두 실행증으로 의심되는 아동의 평가에 대한 주제에 대해 논의하고자 한다. DVD를 확인하기 위해 현재 상업적으로 시판되고 있는 종합 검사는 적절하지 못한 것으로 증명되었다. DVD로 추정되는 아동을 평가할 때는 구어진단 검사에서 일반적으로 사용하는 임상 검사들을 종합할 것을 제안한다.

추천 도서 Suggested Reading

Hardy, J. C. (1983). Cerebral palsy. Englewood Cliffs, NJ: Prentice-Hall.

Netsell, R., Lotz, W. K., & Barlow, S. M. (1989). A speech physiology examination for individuals with dysarthria. In K. M. Yorkston & D. R. Beukelman (Eds.), Recent advances in clinical dysarthria (pp. 3-37). Boston: Little, Brown.

참고 문헌 References

Abbs, J. H., & Rosenbek, J. C. (1986). Some motor perspectives on apraxia of speech and dysarthria. In J. M. Costello & A. L. Holland (Eds.), Handbook of speech and language disorders (pp. 371-407). San Diego: College Hill Press.

Alexander, R. (1987). Oral-motor treatment for infants and young children. Seminars in Speech and Language, 8, 87-100.

Barlow, S. M., & Abbs, J. H. (1984). Orofacial fine motor control impairments in congenital spasticity: Evidence against hypertonus, related deficits. Journal of Neurology, 34, 145-150.

Blakeley, R. W. (1980). Screening test for developmental apraxia of speech. Tigard, OR: C C Publications.

Bobath, K., & Bobath, B. (1972). Cerebral palsy. In P. H. Pearson & C. F. Williams (Eds.), Physical therapy services in the developmental disabilities. Springfield, IL: Charles C. Thomas.

Capute, A. J., Accardo, P., Vining, E. P. G., & Rubenstein, J. E. (1978). Primitive reflex profile. Baltimore: University Park Press.

Christensen, J. R. (1989). Developmental approach to pediatric neurogenic dysphagia. Dysphagia, 3, 131-134.

Darley, F. L., Aronson, A. E., & Brown, J. R. (1975). Motor speech disorders. Philadelphia: W. B. Saunders.

Denhoff, E. (1976). Medical aspects. In W. M. Cruickshank (Ed.), Cerebral palsy: A developmental disability (3rd rev. ed.) (pp. 31-71). Syracuse, NY: Syracuse University Press.

Dworkin, J., & Culatta, R. (1980). Dworkin-Culatta Oral Mechanism Examination. Nicholasville, KY: Edgewood Press.

Enderby, P. (1983). Frenchay Dysarthria Assessment. San Diego, CA: College Hill Press.

Fenichel, G. M. (1997). Clinical pediatric neurology (3rd ed.). Philadelphia: W. B. Saunders.

Fisher, H. B., & Logemann, J. A. (1971). Fisher-Logemann Test of Articulation Competence. Boston: Houghton Mifflin.

Gesell, A. L., & Aramatruda, C. S. (1941). Developmental diagnosis: Normal and abnormal development. New York: Paul B. Hoeber.

Guyette, T. W., & Diedrich, W. A. (1983). A review of the Screening Test for Developmental Apraxia of Speech. Language, Speech, and Services in Schools, 14, 202-209.

Hardy, J. C. (1983). Cerebral palsy. Englewood Cliffs, NJ: Prentice-Hall.

Haynes, S. (1985). Developmental apraxia: Symptoms and treatment. In D. F. Johns (Ed.), Clinical management of neurogenic communication disorders (2nd ed.) (pp. 259-266). Boston: Little, Brown.

Hiskey, M. S. (1966). Hiskey-Nebraska Test of Learning Aptitude. Lincoln, NE: Union College Press.

Hixon, T., & Hardy, J. (1964). Restricted motility of the speech articulators in cerebral palsy. Journal of Speech and Hearing Disorders, 29, 293-306.

Ingram, T. T. S. (1962). Clinical significance of the infantile feeding reflexes. Developniental Medicine and Child Neurology, 4, 159-169.

Jaffe, M. B. (1986). Neurological impairment of speech production: Assessment and treatment. In J. M. Costello & A. L. Holland (Eds.), Handbook of speech and language disorders (pp. 157-186). San Diego: College Hill Press.

Kent, R., & Netsell, R. (1975). A case study of an ataxic dysarthric: Cineradiographic and spectographic. Journal of Speech and Hearing Disorders, 40, 115-134.

Kent, R., & Netsell, R. (1978). Articulatory abnormalities in athetoid cerebral palsy. Journal of Speech and Hearing Disorders, 43, 353-373.

Kramer, S. (1989). Radiologic examination of the swallowing impaired child. Dysphagia, 3, 117-125.

Lenn, N. J., & Freinkel, A. (1989). Facial sparing in patients with prenatal onset hemiparesis. Pediatric Neurology, 5, 291-295.

Lotz, W. K., & Netsell, R. (1989). Velopharyngeal management for a child with dysarthria and cerebral palsy. In K. M. Yorkston & D. R. Beukelman (Eds.), Recent advances in clinical dysarthria (pp. 139-143). Boston: Little, Brown.

Love, R. J., & Fitzgerald, M. (1984). Is the diagnosis of developmental apraxia of speech valid? Australian Journal of Human Communication Disorders, 12, 170-178.

Love, R. J., Hagerman, E. L., & Tiami E. G. (1980). Speech performance, dysphagia and oral reflexes in cerebral palsy. Journal of Speech and Hearing Disorders, 45, 59-75.

Love, R. J., & Webb, W. G. (1996). Neurology for the speech-language pathologist (3rd ed.). Boston: Butterworth.

McDonald, E. T. (1968). Screening Deep Test of Articulation. Pittsburgh: Stanwick House.

McDonald, E. T., & Chance, B., Jr. (1964). Cerebral palsy. Englewood Cliffs, NJ: Prentice-Hall.

Meyer, L. A. (1983). A study of vocal, prosodic and articulatory parameters of the speech of spastic and athetotic cerebral palsied individuals. Unpublished doctoral dissertation, Vanderbilt University, Nashville, TN.

Morris, S. E. (1982). Prespeech Assessment Scale: A rating scale for the measurement of prespeech behaviors from birth through two years. Clifton, NJ: Preston.

Morris, S. E., & Klien, M. D. (1987). Pre-feeding skills. Tucson, AZ: Therapy Skill Builders.

Mysak, E. D. (1980). Neurospeech therapy for the cerebral palsied. New York: Teachers College Press.

Mysak, E. D. (1987). Assessment of speech readiness in cerebral palsy. Seminars in Speech and Language, 8, 43-56.

Neilson, P. D., Andrews, G., Guitar, B. E., Quinn, P. T. (1979). Tonic stretch reflexes in lip, tongue and jaw muscles. Brain Research, 178, 311-327.

Neilson, P. D., & O'Dwyer, N. J. (1981). Physiopathology of dysarthria in cerebral palsy. Journal of Neurology, Neurosurgery and Psychiatry, 44, 1013-1019.

Netsell, R. (1969). Evaluation of velopharyngeal function in dysarthria. Journal of Speech and Hearing Disorders, 34, 113-122.

Netsell, R., Lotz, W. K., & Barlow, S. (1989). A speech physiology examination for individuals with dysarthria. In K. M. Yorkston & D. R. Beukelman (Eds.), Recent advances in clinical dysarthria (pp. 3-37). Boston: Little, Brown.

Palmer, N. (1947). Studies in clinical techniques: II. Normalization of chewing, sucking and swallowing reflexes in cerebral palsy: A home program. Journal of Speech Disorders, 12, 415-418.

Platt, J. F., Andrews, G., Young, M., & Quinn, P. T. (1980). Dysarthria in cerebral palsy: I. Intelligibility and articulatory impairment. Journal of Speech and Hearing Research, 23, 28-38.

Robbins, J., & Klee, T. (1987). Clinical assessment of oropharyngeal motor development in young children. Journal of Speech and Hearing Disorders, 52, 271-277.

Shane, H. C., & Bashir, A. S. (1980). Election criteria for adoption of an augmentative communication system: Preliminary considerations. Journal of Speech and Hearing Disorders, 45, 408-414.

Sheppard, J. J. (1964). Craniopharyngeal motor patterns in dysarthria associated with cerebral palsy. Journal of Speech and Hearing Research, 7, 373-380.

Sheppard, J. J. (1987). Assessment of oral motor behaviors in cerebral palsy. Seminars in Speech and Language, 8, 57-70.

Stark, R. E. (1985). Dysarthria in children. In J. B. Darby (Ed.), Speech and language evaluation in neurology: Childhood disorders (pp. 185-217). New York: Grune & Stratton.

Thompson, C. K. (1988). Articulation disorders in the child with neurogenic pathology. In N. J. Lass, L. V. McReynolds, J. L. Northern, & D. E. Yoder (Eds.), Handbook of speech-language pathology and audiology (pp. 548-591). Toronto: B. C. Decker.

Tuchman, D. N. (1989). Cough, choke sputter: The evaluation of the child with dysfunctional swallowing. Dysphagia, 3, 111-116.

Vitali, G. J. (1986). Test of Oral Structures and Functions. East Aurora, NY: Slosson Education Publications.

Wechsler, D. (1974). Manual for the Wechsler Intelligence Scale for Children—Revised. New York: Psychological Corp.

Westlake, H. (1951). Muscle training for cerebral palsied speech cases. Journal of Speech and Hearing Disorders, 16, 103-109.

Westlake, H., & Rutherford, D. (1961). Speech therapy for the cerebral palsied. Chicago: National Easter Seal Society for Crippled Children and Adults.

Wilson, B. D., & Davidovicz, H. M. (1987). Neuropsychological assessment of the child with cerebral palsy. Seminars in Speech and Language, 8, 1-18.

Workinger, M. S. (1988). Feeding disorders in the infant and young child. In D. Yoder & R. Kent (Eds.), Decision making in speech-language pathology (pp. 110-111). Toronto: B. C. Decker.

Yorkston, K. M., & Beukelman, D. R. (1980). A clinician judged technique for quantifying dysarthric speech based on single word intelligibility. Journal of Communication Disorders, 13, 15-31.

Yorkston, K. M., & Beukelman, D. R. (1981). Assessment of intelligibility of dysarthric speech. Tigard, OR: C C Publications.

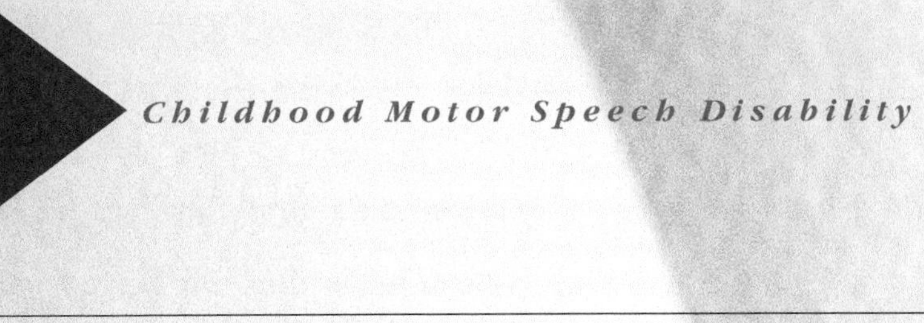

아동기 마비말장애의 구어 관리에 대한 쟁점

일단 목표가 설정되면 종합적 관리 프로그램은 다양하고
가능한 접근법 중에서 선택되고 마련되어야 한다.
"정답"이란 절대 존재하지 않는다.
—Janet Lord, 1984

서론

언어치료학을 공부하는 학생과 전문가들은 아동기 마비말장애를 위한 구어 관리 현황을 직면하게 되면 자주 혼란을 겪는다. 신경학적으로 구어 결함을 보이는 아동의 "올바른(right)" 관리에 대한 치료적 논쟁과 더불어 종종 임상적으로 증명되지 못하는 고집스러운 의견들이 지배적이기 때문이다. 이 장의 목적은 관리적 접근법(management approaches)을 둘러싼 현재의 여러 논쟁점을 확인하고, 현 시점에서 가장 논리적이고 타당한 접근법을 제안하고자 한다. 여섯 가지 주제가 다루어진다: (1) 영아 섭식에서 구강운동 훈련, (2) 조기중재 효율성, (3) 구강운동 연습, (4) 침흘림 치료, (5) 생체역유입(biofeedback) 기술, (6) 의사소통 보조 기술.

구어 전 단계 구강-운동 훈련과 조기중재

영아 섭식에서 구강-운동 훈련

구어 관리에서 가장 중요한 쟁점 중 하나는 섭식 프로그램(feeding programs)이 뇌 손상으로 의심되거나 확진된 영아와 어린 아동을 위한 구강운동 훈련에서 주요 초점이 되어야 하는가에 대한 것이다. 이전 장에서 언급하였던 것처럼 아동 마비말장애 분야에서 선구적인 역할을 담당했던 전문가들은 섭식을 구어산출을 향상시키기 위한 구강운동의 수단으로서 지지하였다. 최근 들어 전문가는 구어산출에 있어 구강 움직임과 먹는 행동 사이에 직접적인 관련성이 있다는 개념에 이의를 제기하였다(Jaffe, 1986). 이 이의는 마비말장애 아동의 교대운동속도 움직임은 구어와 비구어에서 차이가 있다는 점을 발견한 뒤 구어 움직임 조절은 비구어 움직임 조절과 다른 신경계 단계에서 중재된다고 주장한 Hixon과 Hardy(1964)에 의한 초기 주축 연구(pivotal study)를 통해 발전하였다. 비록 이와 같은 결론이 도출된 통계적 분석에는 의문이 제기되지만, 씹기 및 삼킴과 관련된 유아기 반사는 뇌간 단계에서 중재되는 것이지 구어산출에서 구강운동을 조절하는 대뇌 단계는 아니라는 점은 분명하다(Dubner, Sessle, & Storey, 1978). Hardy(1983)가 언급한 것처럼 유아기의 씹기 및 삼킴 행동의 개선은 구어산출을 위한 신경망(neural networks)의 발전에는 기여하지 않는 것 같다. Love, Hagerman, Tiami(1980)은 구강반사, 씹기 및 삼킴 행동은 구어산출 기제로부터 비교적 독립적이라는 관점을 주장하였다. 그들은 지속적으로 유지되는 비정상적 구강반사의 중증도와 구어 수행력 또는 삼킴장애 증상 간에는 강력하거나 체계적인 관련성이 없음을 확인하였다. 60명의 뇌성마비 대상자를 대상으로 한 연구에 따르면 삼킴장애 증상은 지속적인 구강 반사보다는 마비말장애의 중증도를 조금 더 예측할 수 있는 요인이었지만 그 둘 모두 마비말장애의 중증도와는 강력한 상관관계가 없었다. 요약하자면 현재까지 이루어진 연구들은 구어 전 단계에서의 구강운동 훈련에 대한 쟁점을 논쟁화하였다.

정상 아동의 하악(mandibular) 동작 발달에 대한 최근 연구 결과는 구어 활동을 위한 운동 협응은 비구어 활동을 할 때와 명백하게 차이가 있다(Moore & Ruark, 1996)고 주장하였다. 그럼에도 불구하고, 구강 문제가 결부된 뇌성마비 아동의 씹기, 삼키기, 빨기, 불기, 그리고 구강근을 사용한 교대운동속도와 같은 운동 활동이 입술, 혀, 턱, 그리고 연구개를 포함하는 구어 전 단계의 근육을 훈련하기 위해 필요하다는 주장을 완전하게 부정하지는 못하고 있다. 구어산출에 관여하는 근육은 또한 비구어 행동에도 관여한다는 점은 분명한 사실이다.

조기중재

최근 들어 확진되거나 뇌 손상이 의심되는 영아를 대상으로 한 조기중재 프로그램(early programmatic intervention)이 증가하고 있다. 대부분의 조기중재 프로그램은 보바스의 신경발달 치료법(Bobath neurodevelopmental therapy approach(Bobath, 1967, 1971, 1980; Bobath & Bobath, 1972))에서 유래한 물리치료 원칙에 근거하여 계획되었다. 영아는 일반적으로 생후 첫해 이내에 이 프로그램에 참여하고 종종 이른 경우에는 생후 2개월부터 시작하는 경우도 있다(Erenberg, 1984).

전부는 아니지만 섭식을 통한 구강운동 훈련을 주장하는 많은 수의 언어치료 전문가들은 신경발달치료(neurodevelopmental therapy, NDT)를 지지하고 있으며 섭식관리를 전체 신경발달프로그램의 일부분으로 간주하고 있다(Alexander, 1987a & b; Morris, 1987). 예를 들면, Morris(1987)는 다양한 발달 활동을 포함하는 포괄적인 프로그램을 강조하고 있다. 이 활동은 가능한 빨리, 정상적인 운동 발달의 순서를 촉진하는 것을 포함한다. 신체 자세, 운동 반응, 구강 운동 활동에 대한 집중적 연구가 행해졌다. Bobath(1971, 1980)는 비정상적인 반응 자세와 구강 반응을 수정하기 위한 방법을 고안하였다. 이 치료 방법은 가능한 조기에 실시된다. 부모들은 자녀의 관리에 적극적으로 참여한다. 부모들은 정상적인 자세를 사용하는 법과 그들 아동을 적절하게 다루는 방법에 대하여 지도를 받는다. Morris(1987)는 아동을 다루기 위한 다양한 자세는 특정 상황에 따라 달라지며, 각각은 주의 깊게 결정되어야 한다고 언급하였다. 게다가, 아동의 감각운동 인식(sensorimotor awareness)을 증진시키기 위한 청각, 시각, 촉각, 그리고 기타 감각 자극이 강조되었다. 특히 구강운동 훈련은 아동이 보이는 비정상적인 구강 반사를 감소시키고, 정상적인 구어 전단계와 섭식 행동을 촉진하는 것을 포함한다.

구어 전과 섭식 관리 훈련 많은 대학의 훈련 프로그램은 교육 과정에 섭식 지도를 포함하는 것을 주저한다. 그 이유는 섭식과 구어 발달에 대한 논쟁뿐만 아니라 신경 발달 구어 프로그램의 효과에 대한 연구가 부족하기 때문이다. 이와 같은 프로그램은 물리치료의 관점에서 관리를 위한 포괄적 접근이 이루어지기 때문에 매우 전문적이면서 집중적인 특수 훈련이 요구된다. 비정상적인 원시 및 자세 반사(primitive and postural reflexes)를 구분하고 관리하는 능력과 같은 많은 기술들을 대부분의 언어치료 전문가들이 갖추지 못한 것은 사실이다. 대학 프로그램은 이와 같이 높은 수준의 전문화된 훈련을 낮은 발생률을 보이는 장애에 제공하는 것을 주저하고 있다.

그러나 삼킴장애와 그다지 심하지는 않지만 비정상적인 구강 반사는 신경학적 결함을 가진 아동들에게 보편적으로 관찰되기 때문에 중요하게 다루어져야 할 장애임은 분명하다(Love et al., 1980; Sheppard, 1964). 섭식과 비정상적인 구강 반사의 조기 관리는 위험에 처한 아동들에게 있어 다양한 이점을 지니고 있다. 영양섭취는 영아기의 결정적인 시기에 개선될 것이며, 어렵고 장시간이 소요되던 섭식 시간은 아동과 양육자 모두에게 보다 쉬워지고, 구강 움직임을 조절하는 능력은 보다 정상화될 가능성이 높다. 개선된 구강운동 조절은 구어가 시작되었을 때 구어산출 개선에 활용될 것이다.

최근 신경발달 치료사들(neurodevelopmental therapists)이 구어 전 섭식 관리에 관여하면서 핵심적인 역할을 담당하고 있으며, 많은 사례에서 신경발달 접근이 신경학적으로 결함이 있거나 위험한 상태의 영아를 치료하는 최선의 방법이라는 사실은 명백하다.

언어치료 전문가들은 종종 이와 같은 프로그램에서 주요한 역할을 담당한다. 치료를 목적으로 하는 섭식 프로그램은 일반적으로 이 현장에서 일하는 한 명 또는 두 명의 언어치료 전문가 또는 작업치료사와 같은 전문가들에 의해 진행된다. 언어치료 전문가들은 영아와 어린 아동의 의사소통 기술 분야에 대하여 추가적인 특수 훈련을 받았기 때문에 이 프로그램에서 중요한 역할을 담당한다는 것은 확실히 바람직한 일이다. 대학 훈련 프로그램에서 구어 전 및 섭식과 관련된 교육을 이수하지 못한 언어치료 전문가들을 위하여 NDT 전문가들이 진행하는 많은 수의 대학원 연수 과정이 있다. 더불어 구강운동 훈련과 섭식 치료와 관련된 기술에 대한 도움이 필요한 언어치료 전문가를 위한 엄청난 양의 문헌이 존재한다. 이 장의 끝 부분에는 섭식과 관련된 논문들의 목록, 장, 그리고 치료 방법에 관한 책자를 제공하는 추천도서(Suggested Reading) 목록이 있다. 비록 지금 이 장에서는 이용 가능한 방대한 양의 문헌을 고찰할 수 있는 충분한 공간이 허락되지는 않지만, 「섭식 전 기술(prefeeding Skills)」(Morris & Klien, 1987)이라는 훌륭한 설명서에 대하여 간단하게 언급을 하고자 한다. 이 설명서는 신경학적 결함을 가진 영아를 치료하기 위한 섭식 프로그램의 개발에 관심이 있는 언어치료 전문가와 부모 모두를 위한 매우 종합적이고, 실제적이며, 잘 묘사된 가이드를 제공하고 있다.

섭식 프로그램이 신경학적 결함을 보이는 아동의 구어 관리를 위한 계획에서 부활하였다(Alexander, 1987a & b; Morris, 1982, 1985, 1987; Morris & Klien, 1987). 따라서 섭식을 위한 구강운동 훈련 기간에 구어 전 단계의 말소리를 만들기 위한 진지한 관심이 기울여진다면 섭식 치료는 정상적인 구어산출이라는 최종 목적의 달성에서 성공을 거둘 수 있다는 점을 염두에 두는 것은 중요하다(Stark, 1985). 특히 조기에 아동의 말소리를 만들어 내려는 시도는 강조되어야 한다. 조기에 말소리를 만들기 위해서는 양육자에 의해 흉내 내어지고, 강화되고, 그리고 빈번하게 자극되어야 한다. 확실하게 이에 반대되는 주장이 제기되기까지는 섭식 치료와 조기에 음성발화를 발달 순서에 따라 촉진하는 것은 동등하게 강조되어야 한다. 평행적 프로그램이라는 개념에서 섭식 치료를 이용한 구강운동 훈련과 발달에 근거한 말소리 만들기는 섭식과 구어는 두 개의 서로 다른 회로의 지배를 받는다는 신경학의 견해를 지지한다(Hardy, 1983).

조기중재 효율성 영아를 대상으로 한 구어 전과 섭식 프로그램의 가치에 대한 명확한 자료는 현재까지 없는 상태이지만, 신경학적 발달에 근거한 조기중재가 일반적으로 조기 신경학적 증상의 해결에 얼마나 효율적인가에 대한 질문은 가능하다. 이와 같은 프로그램이 전 세계적으로 받아들여지고 있음에도 불구하고 그 효율성을 확인할 수 있는 증거는 제한적이다. 지난 4반세기 이상 동안 이 프로그램의 가치와 이를 지지하는 과학적 증거의 부족에 대하여 의학계는 반복적으로 의문을 제기하였다(Bax & MacKeith, 1967; Browne, 1966; Ferry, 1981; Pearson, 1982; Taft, 1972).

이와 같은 프로그램에 대한 근거는 Bobath(1967)의 초기 언급에서 부분적으로 유래하고 있다. 그녀는 위험군인 아동을 위한 조기중재는 다음과 같은 원칙을 따라야 한다고 믿었다.

1. 영아의 신경계는 나이가 든 아동에 비해 더 많은 가소성을 지닌다.
2. 조기치료는 중요한 감각운동에 대한 경험을 제공하여 비정상적인 운동 양식을 배우고 강화하는 것을 감소시킨다.
3. 조기중재는 뇌 손상으로 유발된 비정상적인 자세를 보다 덜 심각한 상태로 호전시키며, 보다 빨리 개선될 수 있다는 사실에 근거한다.
4. 조기중재를 통해 구축(영구적인 근육 수축)을 예방한다.

영아의 신경학적 결함으로 발생한 증상을 감소시키거나 되돌리기 위한 신경발달적 치료의 효과를 살펴본 초기 연구들은 종종 무작위 통제 집단의 부족으로 인해 모순되거나 결론이 나지 않는 결과를 보여 주고 있다(Kong, 1966; Scherzer, Mike, & Ilson, 1976; Wright & Nicholson, 1973). 최근의 한 연구(Katona, 1989)는 뇌성마비 영아의 모든 사지에서 동조 움직임(synchronous movement)을 활성화하고 유지하는 훈련을 통해 중도의 성공을 거두었다고 보고하였다. 이 프로그램은 생후 16개월에서 24개월 사이인, 지체된 운동능력을 보인 45%의 영아들이 재활을 통해 완전한 정상 운동 발달을 이루었다고 보고하였다. 나머지 22%는 2세까지 운동 재활이 더 요구되었다고 한다. 그들의 운동 지체는 3세 또는 4세까지 지속되었으며 일부 아동은 이보다 더 기간이 길었다고 한다. 이 표본의 75%에서 운동 지체가 해결되었고 나머지 25%는 운동 증상이 남아 앉기, 걷기, 운동 유연성을 방해하였다고 한다. 전체 표본의 나머지 32%는 지지 없이 움직이기 위해 요구되는 운동조절 능력 수준에 미치지 못해 최종적으로 운동 지체로 남았다고 한다. Katona는 그의 영아 신경재활 프로그램의 효율성에 대한 최종 확인은 확률화 통제 연쇄를 통해 확인되어야 한다는 것을 인정하였다. 확률화 통제 집단의 부족으로 결과의 해석에서 주의가 요구되기는 하지만 본 결과는 조기중재가 결함을 지닌 영아의 운동 재활에 있어서 중요한 역할을 수행한다는 점을 제시하였다.

더불어 물리치료 프로그램의 이득 효과에 대한 고찰은 운동 이상의 것에 대한 고려가 이루어져야 한다고 언급되었다(Russman & Romnes, 1998). 장애를 가진 아동을 양육하는 심리적 충격은 가히 파괴적이다. 종종 진단명보다는 일상생활에서 나타나는 아동의 의존성이 부모의 스트레스를 더 유발한다. 이와 같은 경우 치료 프로그램은 발달의 촉진보다는 부모가 아동과 지낼 수 있는 보다 쉬운 방법을 제공하는 것이 보다 유용하다. 영아를 대상으로 한 조기 신경재활의 효율성에 대해 현재까지 결론나지 않는 결과를 직면하게 될 때 언어치료 전문가와 다른 전문가들은 조기중재에 대한 Browne(1966, p. 473)의 조언을 따르는 것이 현명하다. "아무것도 하지 않았을 때의 결과가 불확실하다면 예외없이 모든 사례는 다루어지는 것이 마땅하다. 대부분 자발적으로 개선되기도 하지만 만약 어떤 것이 개선되고, 어떤 것이 개선되지 않을지를 지켜보기 위해 내버려둔다면 되돌릴 수 없는 재앙이 될 것이다."

이후의 구강-운동 관리

구강-운동 연습

구강 기제(oral mechanism)의 효율성을 개선시키기 위해 마비말장애 대상자에게 근육 훈련 프로그램을 적용하는 것이 타당한가에 대한 논란은 지속되고 있다(Yorkston, Beukelman, & Bell, 1986). 지난 수십 년 동안 근육 훈련이 뇌성마비로 인한 아동기 마비말장애의 치료 프로그램으로서 언어치료 전문가들에 의해서 옹호되어 왔다(Cass, 1951; McDonald & Chance, 1964; Westlake & Rutherford, 1961).

근육 훈련은 물리 의학과 재활에서 핵심적인 치료 양식으로 오랫동안 받아들여져 왔지만 매우 소수의 임상 연구만이 아동기 마비말장애에 미치는 효과를 연구하였다. Krusen, Kottke, Ellwood(1982)는 일반적인 근육 훈련 프로그램은 근력(strength), 근육량(mass), 근지구력(endurance), 그리고 근육 길이(length)를 증가시킬 수 있다고 지적하였다. 근육 훈련은 감각 역유입과 감각 조절을 개선시킨다. 근육 훈련은 특정 상황 내에서 과제를 성취하기 위한 협응 양식을 발달시키고 잃어버린 능력에 대한 신경 회복을 돕는다. 그러나 근육이 이러한 각각의 목표를 성취하기 위해서는 특별한 훈련이 필요하다. 근력과 근육량을 증진시키기 위해서 근육은 저항에 대항하여 작동하는 동안 비교적 적게 반복적으로 움직이지만 최대로 수축해야 한다. 근육을 여러 번 수축하게 하면서 낮은 저항에 대응하도록 반복적으로 훈련한다면 지구력은 향상될 것이다. 증진된 근육 길이 또는 수축성은 근육 늘이기를 포함한다. 근육 협응은 복잡한 운동 양식에 포함되기 이전에 반복적으로 학습되고 훈련되어야 한다. 일반적으로 근육의 감각기능을 증진시키거나 수정하기 위하여 촉감 또는 전기 자극을 사용한다.

연구 결과의 논쟁점 뇌성마비 대상자의 비구어 구강운동 기능을 향상시키기 위한 근육 훈련 프로그램은 과거에 많은 언어치료 전문가들에 의해서 제안되었다. 예를 들면, Westlake와 Rutherford(1961)는 구어 속도를 증진시키기 위해 비구어 운동 속도를 증가시킬 것을 주장하였고, 구강근육의 운동 범위를 증가시키기 위해 길항운동을 근육 훈련에 이용하였다. 그들의 출판물에는 근육을 강화하기 위한 구강운동저항 기술에 대한 설명이 포함되어 있다. Hixon과 Hardy(1964)는 비구어 활동 훈련이 구어산출을 위한 운동 조절에 주요한 영향을 준다는 것을 부정하였다. 그러나 개별 대상자를 대상으로 한 보다 최근 연구에서 Barlow와 Abbs(1986)는 구강안면 근육의 움직임과 힘 조절은 말 명료도와 매우 관련되어 있다는 것을 발견하였다. 반대로 뇌성마비 화자를 대상으로 한 그들의 연구에 대해 O'Dwyer, Neilson, Guitar, Quinn, 그리고 Andrews(1983)는 근육의 약화와 구강 및 하악 근육의 병리적인 근육 불균형이 운동구어에 있어서 결정적인 요소라는 사실에 의문을 제기하였다.

근육의 약화, 그 밖의 구강-운동 수행력, 그리고 이것이 말에 미치는 영향에 관한 상반된 연구 결과들은 근력과 움직임 증가를 목적으로 구강운동을 추천하기 위해서는 마비말장애 아동의 근력과 움직임 속도에 대한 주의 깊은 분석이 필요함을 시사하고 있다. 만약 근육 약화가 명백하다 할지라도 이 약화가 구어 기능을 방해하는지를 확인해야 한다(Yorkston et al., 1986). Barlow와 Abbs(1983)는 구어산출을 위한 입술 움직임은 단지 최대 힘의 10~20%만 필요하다고 하였다. 구어 수행력에 있어서 보다 중요한 것은 근력이 아니라 움직임의 속도, 정확성, 그리고 협응이라는 점이다.

이완형 마비말장애 아동은 저항을 이용한 직접적인 강화 훈련을 통해 이득을 볼 수 있다. 강직(spasticity)을 보이는 아동 역시 근육의 약화가 동반된다면(Barlow & Abbs, 1986) 강화 훈련을 통해 효과를 얻을 수 있다. 운동이상형(dyskinetic)과 실조형 마비말장애(ataxic dysarthric) 아동은 뚜렷한 근육 약화를 나타낼 가능성이 낮다. 조음기관의 운동 속도를 증진시키기 위한 구강운동 훈련 또는 움직임의 정확성을 증진시키기 위한 훈련은 근력을 증진시키는 훈련보다 마비말장애 아동에게 더 중요할 수도 있다.

훈련을 계획할 때는 과도하게 단조롭거나 좌절감을 주지 않도록 특별한 주의가 요구된다. 뇌성마비 아동은 종종 언어치료 시간을 부정적인 경험으로 생각하기도 하는데 이는 구강운동 반복(oral motor drills)이 지나치게 강조되기 때문이다(Richardson, 1972).

요약하자면, 마비말장애 아동을 위해 사용되고 있는 관리 프로그램들은 구어산출 능력을 증진시키기 위하여 다양한 기술을 사용한다. 과거에는 구상 훈련이 프로그램에서 중요한 위치를 차지했던 것에 비해 현재는 마비말장애 관리 프로그램에서 제한적인 비중만을 차지하고 있다(Yorkston et al., 1986).

침흘림 치료

과도한 침흘림은 종종 마비말장애 아동에게 있어서 만성적이며 매우 심각한 문제이다. 종종 언어치료 전문가는 침흘림 문제를 치료하는 책임을 맡거나 다른 전문가들에게 침흘림을 관리하는 방법을 제공하는 역할을 담당한다. 침흘림 관리 역시 신경학적 결함을 보이는 아동들을 위하여 수년 간 연구되었음에도 불구하고 명백한 치료법이 존재하지 않는다.

침흘림은 아동에게 불편함과 부끄러움을 유발하고, 사회적인 오명을 남긴다. 만성적으로 침을 흘리는 아동은 영아용 턱받이를 착용하거나 종종 젖은 옷을 갈아 입는다. 침흘림은 학교, 집, 그리고 치료실에서 책, 장난감, 그리고 다른 사물의 사용을 제한하며, 종종 대체보완의사소통 기기(alternate or augmentative communication devices)의 사용을 어렵게 만든다. 종종 대중들은 침흘림을 지적장애와 결부시켜 실제적으로는 인지에 문제가 없음에도 불구하고 만성적으로 침흘리는 아동은 지체되었다고 생각하게 한다. 게다가 말할 필요도 없이 침흘리는 아동의 축축함과 침으로 인한 악취로 인해 애정과 신체적 접촉을 감소시킨다.

일반적으로 만성적인 침흘림은 인두 단계의 삼킴 운동 조절 능력의 부족으로 생각되어져 왔다. 그러나 다른 요소가 아동의 침흘림을 지속시키는 데 주요한 역할을 하기도 한다. 입술 조절 능력의 부족, 개방교합(open bite), 치아 손실, 안면 약화, 안면의 아랫 부분 감각 손실, 음식물에 의해 야기된 과도한 침 분비 등 이 모두가 침흘림 문제의 원인이 될 수 있다. 침흘림에 기여하는 요인들을 알고 있음에도 불구하고 뚜렷하게 감소시키거나 완전하게 침흘림을 제거하는 것은 어려움으로 남아 있다.

대부분의 침흘림 관리는 행동 수정과 관계된다. 침흘림용 마스크 착용, 삼킴을 훈련시키기 위한 행동 수정, 그리고 화려한 턱받이로 아동의 옷을 보호하거나 혹은 아동을 부끄럽게 만들어 침흘림을 인식시키고 조절한다. 일반적으로 의학과 수술적인 접근법은 급진적으로 여겨졌지만 이러한 기술 중 몇몇은 성공을 거두었다. 대표적으로 고막신경절제술(tympanic neurectomy), 침샘방사선치료(radiation of the salivary glands), 직접 수술중재법(direct surgical intervention)이 있다. Theodore Wilkie(1967)의 성형수술 방법은 귀밑샘(parotid glands)의 위치를 옮겨 침흐름 방향을 수정하는 접근법을 사용하였다. 이 방법은 항상 성공적이지는 않았다(Wilkie & Brody, 1977). Brown과 그의 동료들(1985)은 Wilkie의 절차를 수정하여 6세에서 11세 사이의 10명의 아동에게 실시한 연구결과를 보고하였다. 침흘림의 양은 수술 전과 수술 후로 측정되었다. 수술을 통해 연구에 참여한 모든 아동의 침흘림이 상당히 감소된 것으로 보고되었다. 아동의 외모에 대한 긍정적인 언급과 더 빈번해진 신체 접촉으로 인해 모든 아동이 심리적으로 이득을 얻었다고 보고되었다. 침흘리는 다른 아동이 이 결과를 지켜본 뒤 본인도 수술을 받기를 원했다고 한다. 섭식과 조음에 대한 긍정적인 결과는 아직 보고되지 않았다. 더욱 건조해진 조음자의 접촉은 조음에서 보다 많은 감각 정보를 제공해 줄 것이라고 Brown과 그의 동료들은 추측하였다. 이 수술 방법은 유용한 것처럼 보여지기는 하지만 해결되지 않는 문제를 풀어주는 치료법으로 선택되기 이전에 보다 더 충분하게 연구가 이루어질 필요성이 있다.

이 책의 초판에서 언급되었던 모든 치료적 기술법 중에서 심한 침흘림에 시행되는 수술이 가장 비판을 받았었다. 많은 수의 의사들이 귀밑샘을 재배치시키는 것은 침이 수행하는 정상적인 청결 과정을 방해한다고 주장하였다. 그러나 경험 있는 치과 자문위원은 뇌성마비로 침을 심하게 흘리는 경우 적절한 칫솔질과 규칙적인 불소 치료를 포함하는 좋은 구강위생이 집에서는 거의 이루어지지 않는다고 주장하였다. 이러한 치아 프로그램을 위한 준비가 되어 있을 때 침흘림을 조절하기 위한 급진적인 수술은 성공을 거둘 것이라고 언급하였다(R. Swang, D. D. S., Personal communication, August 1998).

아동기 마비말장애를 위한 기술

생체역유입 기술

생체역유입(biofeedback)은 신경학적 결함이 있는 경우에 사용될 수 있는 유용한 훈련 기술이다. 이 기술은 마비말장애 아동보다는 마비말장애 성인에게 보다 널리 사용되는 것으로 보고되었다. 예를 들어 성인 대상자에게 생체역유입을 제공한 결과 구어산출과 관련된 측면에서 조절 능력이 개선되었다고 Netsell과 Daniel(1979)이 보고하였다. 그들은 생체역유입이 장애를 보이는 근육 활동과 정상적인 근육 활동을 간단하고 즉각적으로 비교할 수 있기 때문에 개개인이 보다 문제에 초점을 맞출 수 있다고 주장하였다. 그러나 의학전문가는 신경학적 결함을 보이는 아동을 위한 생체역유입은 실험적 단계에 있다고 주장하였다(Lord, 1984).

뇌성마비의 운동 조절 결함은 부적절한 고유감각 기능(proprioceptive sensory function) 또는 근육 수축을 부적절하게 억제하여 나타내는 이차적인 현상일 수 있다. 강직된 근육은 작용근이 수의적으로 수축을 할 때 대항근이 동시에 수축하면서 생겨난다. 생체역유입은 고유감각 정보 또는 근육 이완 정도에 대한 지식을 전달하기 위해서 시각적, 청각적 신호를 제공하며, 생체역유입은 머리 조절, 각 근육의 강직, 특정 조음 운동을 통제한다는 증거가 존재한다(Neilson & McCaughey, 1982; Netsell & Daniel, 1979; Woolridge & Russell, 1976).

생체역유입 기술의 전망은 매우 유망하며 아동기 운동 장애 연구에서 보다 관심을 받을 가치를 지니고 있다. 신경학적 결함을 보이는 아동 중에는 낮은 동기와 낮은 지적 능력 때문에 사용의 제한이 있을 수 있기 때문에 동기와 인지는 생체역유입의 성공에 있어 중요하다(Lord, 1984). 일반적으로 생체역유입 기술은 장애를 위한 통합 관리 프로그램에서 다른 기술들과 함께 사용되고 있다(Yorkston et al., 1986).

의사소통 보조 기술

운동구어장애 아동 중 몇몇은 구강 구어 발달 측면에서 좋지 않은 예후와 함께 심각한 운동 결함을 나타낸다. 마비말장애 아동 중 무발화이거나 심각하게 말 명료도가 저하된 경우에는 보완 또는 대체 의사소통 기기가 오랫동안 구강 구어를 대신하는 방법으로 선택되었다. 이미 1950년대부터 뇌성마비를 위하여 미국의 병원과 학교에서는 간단한 그림판, 단어판, 또는 이 두 가지를 결합한 형태로 단어 또는 그림을 지적할 수 있는 사지 지시기(extremity pointers) 또는 머리 지시기(head pointers)를 사용하여 의사소통을 할 수 있도록 조음불능(anarthric) 상태의 아동을 지도하였다. 의사소통판의 선택 사항을 설명한 자료와 기사는 그 후 20년 간 문헌(Dixon & Curry, 1965; Feallock, 1958; Goldberg & Fenton, n. d.; McDonald & Schutz, 1973; Vicker, 1974)에 언급되었다. 단순한 전기 기기, 신호 언어 절차를 포함하는 다른 종류의 의사소통 방법이 조음불능, 실행증, 그리고 지적장애 아동에게도 사용되도록 권고되었다.

출판된 이와 같은 자료는 비록 단순한 보완 의사소통 기기라도 신경학적 결함을 가진 많은 아동들에게 명백한 도움이 된다는 증거를 의사소통장애 분야에 제공하였다. 보조적이며 도움을 제공하는 의사소통 방법은 아동의 주의집중을 증진시키고, 좌절감을 감소시키고, 동기 수준을 향상시킨다. Shane(1987)은 대체적이며 보조적인 의사소통 방법에 대한 다양한 경험은 각 방법의 장점을 명확하게 해 준다는 사실을 언급하였다. 이와 같은 양식은 표현 언어로 작용하여 말하기를 대체하거나 현재 사용하고 있는 표현 언어를 증진시킬 것이다. 이 방법들은 종종 언어 이해를 향상시키며 언어 이해와 표현 사이의 현저한 불일치를 감소시키는 언어 조직자로서 역할을 한다.

역사적으로, 의사소통판이 널리 사용된 이후부터 단순하지만 자동화된 의사소통 기기의 사용이 가능하게 되었다. 이 기기들은 운동구어장애를 보이지만 읽고 쓸 수 있는 아동이 전자형 필기도구 또는 단순한 스캔 기기를 활용하여 의사소통을 할 수 있게 하였다. 다양한 유형의 지적기는 운동 결함을 보이는 아동이 독립적으로 쓰거나 사전에 메시지를 준비하게 하였다. 스캐닝 기기는 극심한 장애를 보이는 아동들이 그들의 요구를 알리고 그들의 생각을 표현할 수 있게 하였다.

스캐닝 기기는 일반적으로 화면판, 지시기, 그리고 작동 스위치로 구성된다. 정보는 화면판에 아동이 의도한 정보에 편리하게 접근할 수 있도록 배치된다. 지시기는 일반적으로 화살표, 빛 또는 커서(cursor) 형태이며, 전기로 충전이 된다. 스캐닝 기기에 대한 자세한 설명과 기타 의사소통 기술은 Musselwhite와 St. Louis(1988)를 참고하기 바란다.

좀 더 복잡한 기술에 바탕을 둔 의사소통 기기들이 지난 몇십 년 동안 널리 사용되고 있다. 이 기기들은 개별 사용을 위하여 마이크로프로세서화되었다. 고도의 기술은 속도 향상과 함께 합성 또는 디지털화된 음성을 제공한다. 이와 같은 의사소통 기기는 단 한 명의 장애인을 위해 사용되기 때문에 일반적으로 **전용**(dedicated systems)이라고 불린다.

맞춤용 소프트웨어와 하드웨어를 포함하는 개인용 컴퓨터의 사용이 보편화되면서 의사소통 장애인들을 위한 또 다른 선택이 가능하게 되었다. 현재의 컴퓨터 기술은 많은 보완 의사소통 체계가 지닌 시간지연의 문제를 감소시켰다. 전용 소프트웨어 프로그램은 문자 또는 언어적 형태로 메시지가 빠르게 전송된다. 특수화된 어휘를 사용한 빠른 정보 전송도 역시 가능하다. 구어출력을 제공하는 경우에는 일반적으로 뇌성마비 아동이 사용하는 블리스 상징(Blissymbolics(Kates & McNaughton, 1974))은 제공하지 않는다.

디지털화되거나 합성된 말소리 모두는 현재 사용되고 있는 컴퓨터를 통해 만들어 낼 수 있다. 그러나 디지털화된 말로 표현되는 어휘는 우선적으로 개발될 필요가 있다. 컴퓨터는 음소 결합으로 단어를 형성할 수 없기 때문에 어휘는 고정되고 영구적이다. 반면에 합성된 구어 체계는 한정된 세트의 기호 묶음에서 무한하게 메시지를 창조할 수 있다. 이용 가능한 대부분 세트의 말소리 질은 연령과 성별에 적합한 음성을 산출하지 못한다(Shane, 1987). 따라서 이와 같은 기기를 사용하는 것은 아마도 어느 정도 사회적인 부끄러움과 결부될 수 있지만 이 체계를 둘러싼 주위의 부정적인 반응보다는 의사소통을 통한 이득이 보다 중요하다고 할 수 있다.

컴퓨터는 심각한 운동구어장애 아동에게 상당한 잠재력을 명백하게 제공한다. 컴퓨터는 빠르게 비구어 의사소통을 이끌어낼 수 있으며 또한 몇몇의 경우는 음성 출력을 제공한다. 무발화 개인에게 있어서 컴퓨터는 일반적인 의사소통 보조기구보다 더 많은 역할을 수행한다. 특정 상황에서 학습을 향상시키고 궁극적으로는 심각한 장애를 동반한 성인에게 직업 준비를 위한 기반을 제공한다.

모든 구어 전문가들은 컴퓨터 또는 보조 의사소통 기기를 운동구어장애인을 위한 만병통치약으로 생각하지 않는다. Hardy(1983), Netsell, Lotz, 그리고 Barlow(1989), Thompson(1988), Yorkston 등(1986)은 마비말장애 개인의 전체적인 구어 관리 계획안에서 필요 요소로써 대체 의사소통을 사용할 것을 지지하였지만 만약 아동이 말을 사용하지 않는 의사소통만이 가능한 경우가 아니라면 가능한 의사소통 기기의 도움을 최소화하여 구강구어를 사용한 의사소통을 궁극적인 목표로 설정할 것을 제안하였다.

Thompson(1988)은 소수의 언어치료 전문가만이 무발화와 마비말장애 아동들에게 비구어 의사소통 체계를 제공했을 때의 이득을 문서화 하였다고 언급하였다. Culp(1987)는 의사소통판이 종종 거부된다고 주장하였고, Udwin(1987)은 뇌성마비 아동에게 브리스 상징과 수화를 널리 사용하고 있는 영국에서는 의사소통판과 같은 방법은 단지 인위적인 교수환경에서만 사용된다고 보고하였다. 의사소통판의 공식적 사용은 주당 몇 분만 이루어지고 있어, 아동들은 이와 같은 비구어 방법을 의사소통에서 유용하게 사용할 수 있음에도 불구하고 일반적으로 널리 이용하지 않는다고 한다. 실제 생활에서의 적용은 시도되지 않는 것으로 보인다.

운동구어장애를 보이는 아동에게 의사소통 기술을 권고할지를 결정짓는 것은 매우 중요하며 보안대체의사소통 방법에 대한 선택으로 이끄는 결정 절차는 주의깊은 고려가 요구된다. 많은 저자들이 결정 절차를 제안하였다. 결정 행렬가지를 사용하여 결정 과정을 공식화한 Shane과 Bashir(1980)의 연구가 특히 도움이 된다. 〈그림 7-1〉에 수정된 결정 행렬(decision matrix)을 제시하였다.

Shane-Bashir의 결정 행렬은 대체 의사소통의 최종 결정에서 임상 기술 및 과학이 결합되어야 하기 때문에 임상 현장에서 보조적인 수단으로 사용되어야 한다. 결정 행렬은 10개의 범주 또는 단계(단계 I-X), 각 범주의 특정 요소, 그리고 대체 가지로 구성되어 있다. 최종 결정은 세 가지 선택으로 이루어져 있다: (1) 선택 (2) 보류 (3) 보완 또는 대체 의사소통의 거부.

일반적으로 Shane-Bashir의 결정 행렬은 잘 고안된 임상 보조방법으로서 언어치료 전문가의 의사결정 과정에 도움을 제공한다. 그러나 수정 전 원본 행렬에 포함된 범주 중 하나는 문제점이 지적된다. 원본 행렬을 살펴보면 단계 II의 구강반사 요소는 아동에게 지속되는 구강반사가 보완 또는 대체 의사소통 체계를 선택하기 위한 즉각적인 결정으로 이어진다. Shane과 Bashir는 아동기 마비말장애 영역의 많은 전문가들이 지속적인 구강 반사는 구강 구어 발달에 있어서 매우 부정적인 예후를 제시한다고 믿기 때문에 의사소통 기술의 선택에 있어 이보다 더 강력한 영향을 주는 다른 요소는 없다고 생각하였다. 따라서 비정상적인 구강 반사가 있는 경우에는 원본 행렬에서 단계 II의 보완 의사소통을 선택해야 하며, 보완 또는 대체 의사소통의 시행을 논의하는 단계 X을 제외한 다른 단계들은 무시되어야 한다고 제안하였다. 그러나 Love 등(1980)의 연구는 지속적인 구강반사의 존재는 뇌성마비 개개인에 있어서 구강 구어 발달에서 반드시 부정적인 예후를 예측하는 것은 아니라고 주장하였다. 대부분의 뇌성마비 개개인은 마비말장애를 보이지만 지속적인 구강반사가 항상 마비말장애의 중증도에 기여하는 것은 아니다. 사실 삼킴장애 증상의 존재가 마비말장애의 중증도를 더 잘 예측한다. 이런 이유로, 비정상적인 구강반사의 존재는 보완 또는 대체 의사소통을 선택함에 있어서 불확실한 요소이며, 결정 행렬에서 고려되는 다른 요소들도 의사소통 기술을 선택하기 위한 최종 결정에서 상당히 중요시 되어야 한다는 점을 나타내기 위해서 〈그림

7-1〉은 수정되었다.

요약하자면, 아동기 운동구어장애 영역에 대한 관심 증가와 의사소통 보조 기술의 보다 폭넓은 사용에도 불구하고, 이에 대한 연구의 부족으로 인해 잠재적인 사용 가능성과 장점에 대한 논란이 존재하고 있다. 박식하고 신중한 임상가들(Buzolich, 1987; Montgomery, 1987)의 관리 하에서 보완 또는 대체 의사소통 기기의 사용은 유용한 것으로 보여졌는데, 특히 구강 구어가 자연스럽게 발달하지 않는 경우에 그러하였다. 일부 아동에게 사용된 의사소통 보조기구는 매우 효과적이고 적절하였다. 대부분의 마비말장애 아동에게 있어 최종 목표는 구강 구어의 사용이다.

새로운 발달

이 글이 처음으로 출판된 이후부터 뇌성마비 개인에 대한 보완 의사소통 기술의 치료 유효성은 지속적으로 보고되고 있다(Yorkston, 1996). 보완 및 대체 의사소통에 대한 많은 방법이 발달되고 비교되고 있다. Angelo(1996)는 뇌성마비 대상자에게 사용되는 세 가지 스캐닝 방식을 연구하였고 뇌성마비 유형에 따라서 각 방식의 효과가 달라진다는 것을 발견하였다. Light와 Lindsay(1992)에 따르면 메시지를 부호화하는 몇몇 방식은 학습을 증가시키는 반면에 다른 것들은 그렇지 못했다. 문자를 부호화하는 것은 아이콘을 부호화하는 것보다 상위라는 점은 분명하다. 더욱이 McNaughton과 Tawney(1993)는 두 개의 철자 기술이 거의 같은 학습 속도를 갖지만 하나가 더 잘 유지됨을 보여 주었다.

뇌성마비 개인과 동반자를 포함한 보완 대체의 사용에 대한 연구가 최근들어 진행되고 있다. Light, Datillo, English, Guiterrez와 Hartz(1992)는 훈련 후에 뇌성마비 대상자와 그들 동반자 간에 주고받기(turn-taking)와 시작(initiation)이 보다 상호적이었다는 점을 보여 주었다. 그러나 Bedrosian, Hoag, Johnson, 그리고 Calculator(1998)는 추가된 정보 길이

단계 I 인지 요소

감각운동 지능은 적어도 단계 V이다?

적어도 18개월의 정신연령 또는 적어도 사진을 인식할 수 있는 능력이 있다?

예 → II로 가세요

아니요 → 보류

단계 II 구강반사 요소

지속적인 (1) 음식 찾기 (2) 구토 (3) 물기 (4) 빨기/삼키기 (5) 턱 신전반사?

불확실 → III으로 가세요

아니요 → III을 계속하세요

단계 III 언어와 운동구어산출 요소

A 수용과 표현 기술 사이에 불일치가 있다?

예 → III의 B로 가세요

아니요 → V로 가세요

B 불일치는 운동구어장애를 근거로 대부분 설명이 된다?

예 → V로 가세요

아니요 → III의 C로 가세요

불확실 → IV로 가세요

C 불일치는 표현 언어장애를 근거로 대부분 설명이 된다?

예 → VII로 가세요

아니요 → VI으로 가세요

불확실 → V로 가세요

단계 IV 운동구어-몇몇 기여 요소

자세 긴장도 그리고/또는 자세 안정에 영향을 주는 신경근육의 관여가 존재한다?

실행 방해가 존재한다?

산출되는 음성은 주로 모음으로 구성되어 있다?

산출되는 음성은 주로 구분이 어려운 소리들로 구성되어 있다?

섭식 어려움에 대한 배경력이 있다?

과도한 침흘림이 있다?

예 → 운동구어의 관여를 뒷받침하는 증거가 있다(V로 가세요)

아니요 → 운동구어의 관여를 부정하는 증거가 있다(V로 가세요)

단계 V 산출-몇몇 기여 요소

가족과 절친을 제외하고는 말이 불명료하다?

대부분의 의사소통 양식은 지적하기, 몸짓, 얼굴-몸 표정을 통해 이루어진다?

대부분 단일 단어 발화로 이루어진다?

말을 하지 못하는 것과 연관된 좌절감이 있다?

예 → (선택의 증거가 있다면) VII로 가세요

아니요 → (보류 또는 거절의 증거가 있다면) VII로 가세요

[그림 7-1] 의사소통 기술 선택을 위한 결정 행렬

단계 VI 감정 요소

A 말 표현이 현저하게 감소한 배경력이 있다?
- 예 → VIII로 가세요
- 아니요 → VI의 B로 가세요

B 특정 사람에게만 말을 하거나 말하는 것을 거부하는가?
- 예 → VIII로 가세요
- 아니요 → V로 가세요

단계 VII 생활연령 요소

A 생활연령이 3세 미만인가?
- 예 → VIII의 A로 가세요

B 생활연령이 3세에서 5세 사이인가?
- 예 → VIII의 A로 가세요

C 생활연령이 5세를 초과한다?
- 예 → VIII의 A로 가세요

단계 VIII 이전 치료 요소

A 이전에 치료를 받은 경험이 있는가?
- 예 → VIII의 B로 가세요
- 아니요 → IX로 가세요, 중요한 증거(시도적 치료에서 보류 또는 선택인 경우)가 있는 경우에는 X으로 가세요

B 이전 치료가 적합하였다?
- 예 → VIII의 C로 가세요
- 아니요 → 시도적 치료에서 보류

C 치료 진행과정이 너무도 느려서 효과적인 의사소통이 가능하지 않다?
- 예 → 선택 =〉 X으로 가세요
- 아니요 → 보류 =〉 치료를 계속하세요

D 치료가 적절하게 보류되었다?
- 예 → 선택 =〉 X으로 가세요
- 아니요 → 시도적 치료에서 보류

단계 IX 이전 치료-몇몇 기여 요소

말소리 또는 단어, 대근육 또는 구강운동 움직임을 (정확하게) 모방 가능하다?
- 예 → (보류 증거) VIII로 가세요
- 아니요 → (선택 증거) VIII로 가세요

단계 X 실행요소-환경

가족은 보완의사소통 체계 권고의 실행(사용, 소개 받음)에 긍정적이다?
- 예 → 실행
- 아니요 → 조언

[그림 7-1] 의사소통 기술 선택을 위한 결정 행렬 (계속)

"Election criteria for the adoption of an augmentative communication system: Preliminary considerations" by H. C. Shane and A. S. Bashir(1980), *Journal of Speech and Hearing Disorders*, 45, 409를 개조함.

와 동반자 역유입이 뇌성마비 개인의 의사소통 능력에 미치는 효과를 연구한 결과, 의사소통 능력 속도는 추가된 정보의 길이와 동반자의 역유입에 영향을 받지 않는다고 하였다. Light, Binger, Agate, 그리고 Ramsay(1999)는 뇌성마비 또는 보완 및 대체 의사소통을 사용하는 개인에게 동료에 초점을 맞추어 질문을 하도록 가르친 것이 보다 성공적이었다고 보고하였다. 교육 프로그램에 참가한 모든 참가자들은 이 프로그램에 대한 높은 만족감을 보고하였고 일반 대중으로 구성된 인원들은 참가자의 대부분이 교육 후에 보다 능숙한 의사소통자가 되었다고 평가하였다.

요약하자면, 심각한 의사소통 문제를 지닌 개인이 사용하는 보완 및 대체 의사소통 기술의 효과적 사용에 영향을 미치는 다양한 요인을 파악하기 위한 연구 증가는 주목할 만하다. 뇌성마비로 심각한 결함을 지닌 개인이 사용할 수 있는 미세 조정 컴퓨터에 대한 보다 많은 연구는 분명히 필요하다.

요약 Summary

이 장에서는 마비말장애 또는 마비말장애의 위험에 처한 아동의 관리 방안을 여섯 개의 주제로 논의하였다: (1) 영아의 섭식에서 구강운동 훈련 (2) 조기중재 효율성 (3) 구강운동 연습 (4) 침흘림 치료 (5) 생체역유입 기술 (6) 의사소통 보조 기술. 정도의 차이는 있지만 각 주제에 대한 논란은 존재하며 적어도 신경학적 결함으로 인해서 구어장애를 동반하는 아동의 전문적 관리에 대한 다양한 의견을 발생시켰다. 이 논쟁들은 여전히 언어치료 전문가들이 마비말장애 아동의 치료와 관련된 모든 '정답'을 가지고 있지 못하다는 사실을 보여 주고 있다. 마비말장애 아동은 종종 의사소통장애 영역에서 가장 심한 구어장애를 보이는 장애군 중의 하나이며, 이 아동들을 위한 관리 프로그램은 효과가 증명되어야 하기 때문에 이 주제들은 중요한 의미를 지닌다. 이 주제들을 둘러싼 논쟁은 아동기 마비말장애 치료가 매우 효과적이며 과학에 기반을 둔 것이라고 받아들여지기 전에 연구를 통해 해결되어야 한다.

조기중재 프로그램과 최근에 개발된 기술의 적용으로 인하여 현재의 아동기 마비말장애 관리는 과거에 비해 더 성공을 거두고 있다. 이 책이 출판된 이후로 심도의 의사소통장애를 보이는 뇌성마비 개인을 위한 컴퓨터 관련 기술 연구에 보다 특별한 관심이 주어지고 있다.

추천 도서 Suggested Reading

Thompson, C. K. (1988). Articulation disorders in the child with neurogenic pathology. In N. J. Lass, L. V. Reynolds, J. L. Northern, & D. E. Yoder (Eds.), Handbook of Speech-Language Pathology and Audiology (pp. 548-589). Toronto: B. C. Decker.

섭식 치료 Feeding Therapy

Alexander, R. (1987a). Developing prespeech and feeding abilities in children. In S. Shanks (Ed.). Nursing and the management of pediatric communication disorders. San Diego, CA: College Hill Press.

Alexander, R. (1987b). Prespeech and feeding development. In E. McDonald (Ed.), Treating cerebral palsy. Austin, TX: Pro-ed.

Alexander, R. (1987c). Oral-motor treatment for infants and young children. Seminars in Speech and Language, 8, 87-100.

Morris, S. (1982). The normal acquisitions of oral feeding skills: Implications for assessment and treatment. Central Islip, NY: Therapeutic Media.

Morris, S. (1985). Developmental implications for the management of feeding problems in neurologically impaired children. Seminars in Speech and Language, 6, 293-315.

Morris, S. (1987). Therapy for the child with cerebral palsy: Interacting frameworks. Seminars in Speech and Language, 8, 71-86.

Morris, S., & Klien, M. D. (1987). Prefeeding skills. Tucson, AZ: Therapy Skill Builders.

Mueller, H. (1975). Feeding. In N. Finnie (Ed.), Handling the young cerebral-palsied child at home (2nd ed., pp. 113-132). New York: E. P. Dutton.

참고 문헌 References

Abbs, J. H., & Rosenbek, J. C. (1986). Some motor control perspectives on apraxia of speech and dysarthria. In J. M. Costello & A. Holland (Eds.), Handbook of speech and language disorders (pp. 371-407). San Diego: College Hill Press.

Alexander, R. (1987a). Prespeech and feeding development. In E. McDonald (Ed.), Treating cerebral palsy. Austin, TX: Pro-ed.

Alexander, R. (1987b). Oral-motor treatment for infants and young children with cerebral palsy. Seminars in Speech and Language, 8, 87-100.

Angelo, J. (1992). Comparison of three computer scanning modes as an interface method for persons with cerebral palsy. American Journal of Occupational Therapy, 46, 217-222.

Barlow, S. M., & Abbs, J. H. (1983). Force transducers for the evaluation of labial, lingual and mandibular function in dysarthria. Journal of Speech and Hearing Research, 26, 616-621.

Barlow, S. M., & Abbs, J. H. (1986). Fine force and position control of selected oral facial structures in upper motor neuron syndrome. Experimental Neurology, 94, 699-713.

Bax, M., & MacKeith, R. (1967). The results of treatment. Developmental Medicine and Child Neurology, 9, 1-2.

Bedrosian, J. L., Hoag, L. A., Johnson, D., & Calculator, S. (1998). Communicative competence as perceived by adults with severe speech impairments associated with cerebral palsy. Journal of Speech, Language and Hearing Research, 41, 667-675.

Bobath, B. (1967). Very early treatment of cerebral palsy. Developmental Medicine and Child Neurology, 9, 373-390.

Bobath, B. (1971). Abnormal postural reflex activity caused by brain lesions. London: Heinemann.

Bobath, K. (1980). A neurophysiological basis for the treatment of cerebral palsy (2nd ed.). Philadelphia: J. B. Lippencott.

Bobath, K., & Bobath, B. (1972). Cerebral palsy. In P. H. Pearson & C. F. Williams (Eds.), Physical therapy services in the developmental disabilities. Springfield, IL: Charles C. Thomas.

Brown, A. S., Silverman, J., Greenberg, S., Malamud, D. F., Album, M.,

Lloyd, R. W., & Sarshik, M. (1985). A team approach to drool control in cerebral palsy. Annals of Plastic Surgery, 15, 423-430.

Browne, D. (1966). Very early treatment of cerebral palsy. Developmental Medicine and Child Neurology, 8, 473.

Buzolich, M. J. (1987). Children in transition: Implementing augmentative communication systems with severely speech-handicapped children. Seminars in Speech and Language, 8, 199-213.

Cass, M. T. (1951). Speech habilitation in cerebral palsy. New York: Columbia University Press.

Culp, P. M. (1987). Outcome measurement: The impact of communication augmentation. Seminars in Speech and Language, 8, 169-181.

Dixon, C., & Curry, B. (1965). Some thoughts on the communication board. Cerebral Palsy Journal, 26, 12-15.

Dubner, R., Sessle, B. J., & Storey, A. T. (1978). The neural basis of oral and facial function. New York: Plenum.

Erenberg, G. (1984). Cerebral palsy. Postgraduate Medicine, 75, 87-93.

Feallock, B. (1958). Communication for the non-verbal individual. American Journal of Occupational Therapy, 12, 60-63, 83.

Ferry, P. C. (1981). On growing new neurons: Are early intervention programs effective? Pediatrics, 67, 38-41.

Goldberg, H. R., & Fenton, J. (n.d.). Aphonic communication for those with cerebral palsy: Guide for the development of a conservation board. New York: United Cerebral Palsy Association of New York.

Hardy, J. (1983). Cerebral palsy. Englewood Cliffs, NJ: Prentice Hall.

Hixon, T., & Hardy, J. (1964). Restricted motility of the speech articulators in cerebral palsy. Journal of Speech and Hearing Disorders, 29, 293-306.

Jaffe, M. B. (1986). Neurologic impairment of speech production: Assessment and treatment. In J. Costello & A. Holland (Eds.), Handbook of speech and language disorders (pp. 157-186). San Diego: College Hill Press.

Kates, B., & McNaughton, S. (1974). The first application of Blissymbolics as a communication medium for the nonspeaking child: History and development 1971-1974. Toronto: Blissymbolics Communication International.

Katona, F. (1989). Clinical neuro-developmental diagnosis and treatment. In P. R. Zelazo & R. G. Barr (Eds.), Challenges to developmental paradigms: Implications for theory, assessment and treatment (pp. 167-187).

Hillsdale, NJ: Lawrence Erlbaum Associates.

Kong, E. (1966). Very early treatment of cerebral palsies. Developmental Medicine and Child Neurology, 8, 198-202.

Krusen, F., Kottke, F., & Ellwood, P. (1982). Handbook of physical medicine and rehabilitation. Philadelphia: W. B. Saunders.

Light, J. C., Binger, C., Agate, T. L., & Ramsay, K. N. (1999). Teaching partner-focused questions to individuals who use augmentative and alternative communication to enhance their communicative competence. Journal of Speech, Language and Hearing Research, 42, 241-255.

Light, J., Datillo, J., English, J., Guiterrez, L., & Hartz, J. (1992). Instructing facilitators to support the communication of people who use augmentative communication systems. Journal of Speech and Hearing Research, 35, 865-875.

Light, J., & Lindsay, P. (1992). Message encoding techniques for augmentative communication systems: The recall performance of adults with speech impairments. Journal of Speech and Hearing Research, 35, 853-864.

Lord, J. (1984). Cerebral palsy: A clinical approach. Archives of Physical Medicine and Rehabilitation, 65, 542-548.

Love, R. J., Hagerman, E. L., & Tiami, E. G. (1980). Speech performance, dysphagia, and oral reflexes in cerebral palsy. Journal of Speech and Hearing Disorders, 45, 59-75.

McDonald, E. T., & Chance, B., Jr. (1964). Cerebral palsy. Englewood Cliffs, NJ: Prentice-Hall.

McDonald, E. T., & Schutz, A. R. (1973). Communication boards for cerebral-palsied children. Journal of Speech and Hearing Disorders, 38, 73-88.

McNaughton, D., & Tawney, J. (1993). Comparison of two spelling instruction techniques for adults who use augmentative and alternative communication. Augmentative and Alternate Communication, 9, 72-82.

Montgomery, J. K. (1987). Augmentative communication: Selecting successful interventions. Seminars in Speech and Language, 8, 187-197.

Moore, C. A., & Ruark, J. L. (1996). Does speech emerge from earlier appearing oral motor behaviors? Journal of Speech and Hearing Research, 39, 1034-1047.

Morris, S. E. (1982). Prespeech assessment scale: A rating scale for the measurement of prespeech behaviors from birth through two years. Clifton, NJ: Preston.

Morris, S. E. (1985). Developmental implications for the management of feeding problems in neurologically impaired infants. Seminars in Speech and Language, 6, 293-315.

Morris, S. E. (1987). Therapy for children with cerebral palsy: Interacting frameworks. Seminars in Speech and Language, 8, 71-86.

Morris, S., & Klien, M. D. (1987). Prefeeding skills. Tucson, AZ: Therapy Skill Builders.

Musselwhite, C. R., & St. Louis, K. W. (1988). Communication programming for persons with severe handicaps: Vocal and augmentative strategies (2nd ed.). Boston: Little, Brown.

Neilson, P. D., & McCaughey, J. (1982). Self-regulation of spasm and spasticity in cerebral palsy. Journal of Neurology, Neurosurgery and Psychiatry, 45, 320-330.

Netsell, R., & Daniel, B. (1979). Dysarthria in adults: Physiologic approach to rehabilitation. Archives of Physical Medicine & Rehabilitation, 60, 502-508.

Netsell, R., Lotz, W. K., & Barlow, S. M. (1989). A speech physiology examination for individuals with dysarthria. In K. M. Yorkston & D. R. Beukelman (Eds.), Recent advances in clinical dysarthria (pp. 3-37). Boston: Little, Brown.

O'Dwyer, N. J., Neilson, P D., Guitar, B., Quinn, P. T., & Andrews, G. (1983). Control of upper airway structures during nonspeech tasks in normal and cerebral-palsied subjects: EMC findings. Journal of Speech and Hearing Research, 26, 160-170.

Pearson, P H. (1982). The results of treatment: The horns of our dilemma. Developmental Medicine and Child Neurology, 24, 417-418.

Richardson, S. A. (1972). People with cerebral palsy talk for themselves. Developmental Medicine and Child Neurology, 14, 525.

Russman, B. S., & Romnes, M. (1998). Neurorehabilitation for the child with cerebral palsy. In G. Miller & G. D. Clark (Eds.), The cerebral palsies. Boston: ButterworthHeinemanri.

Scherzer, A. L., Mike, V., & Ilson, J. (1976). Physical therapy as a determinant of change in the cerebral-palsied infant. Pediatrics, 58, 47-52.

Shane, H. (1987). Trends in communication aid technology for the severely speech-impaired. In W. Yule & M. Rutter (Eds.), Language development and its disorders: Clinics in developmental medicine (pp. 408-421).

Philadelphia: Lippincott.

Shane, H. C., & Bashir, A. S. (1980). Election criteria for the adoption of an augmentative communications system: Preliminary considerations. Journal of Speech and Hearing Disorders, 45, 408-415.

Sheppard, J. J. (1964). Cranio-oropharyngeal motor patterns in dysarthria in cerebral palsy. Journal of Speech and Hearing Research, 7, 373-380.

Stark, R. E. (1985). Dysarthria in children. In J. C. Darby (Ed.), Speech and language evaluation in neurology: Childhood disorders (pp. 185-217). New York: Grune & Stratton.

Taft, L. T. (1972). Are we handicapping the handicapped? Developmental Medicine and Child Neurology, 14, 703-704.

Thompson, C. K. (1988). Articulation disorders in the child with neurogenic pathology. In N. J. Lass, L. V. McReynolds, J. L. Northern, & D. E. Yoder (Eds.), Handbook of speech-language pathology and audiology (pp. 548-591). Toronto: B. C. Decker.

Udwin, O. (1987). Analysis of the experimental adequacy of alternative communication training studies. Child Language Teaching and Therapy, 3, 18-29.

Vicker, B. (1974). Nonoral communication systems project 1964/1972. Iowa City: Campus Stores.

Westlake, H., & Rutherford, D. R. (1961). Speech therapy for the cerebral-palsied. Chicago: National Society for Crippled Children and Adults.

Wilkie, T. F. (1967). The problem of drooling in cerebral palsy: A surgical approach. Canadian Journal of Surgery, 10, 60-65.

Wilkie, T. F., & Brody, G. S. (1977). The surgical treatment of drooling—A ten year review. Plastic and Reconstructive Surgery, 58, 791-800.

Woolridge, C. P., & Russell, G. (1976). Head position training with the cerebral-palsied child: Application of biofeedback techniques. Archives of Physical Medicine and Rehabilitation, 57, 407-414.

Wright, T., & Nicholson, J. (1973). Physiotherapy for the spastic child: Evaluation. Developmental Medicine and Child Neurology, 15, 146-163.

Yorkston, K. M. (1996). Treatment efficacy: Dysarthria. Journal of Speech and Hearing Research, 5, 546-557.

Yorkston, K. M., Beukelman, D. R., & Bell, K. R. (1986). Clinical management of dysarthric speakers. Boston: Little, Brown.

8 *Childhood Motor Speech Disability*

아동기 운동구어장애 치료

아동기 운동구어장애 치료 접근은 말초 구어 기제의 요인 대 요인 분석을 강조하고 있다. 각 요인 관련 생리학적 본질과 손상 정도에 따라 적절한 치료의 선택 그리고 연계적 치료 절차가 실시되어야 한다.

—Ronald Netsell & Billie Daniel, 1979

아동기 마비말장애 치료의 하위 체계 접근

아동기 마비말장애 분석과 중재에 대한 하위 체계적 접근은 임상 구어신경학 분야에서 오랫동안 실시되고 있다(Froeschels, 1952; McDonald & Chance, 1964; Westlake & Rutherford, 1961). 현재 아동기 마비말장애 분석과 치료를 위한 다양한 접근들은 성인 마비말장애 하위 체계적 접근에 관한 자료들 뿐만 아니라 초기 연구에 기초한 내용들도 포함하고 있다. 다음은 위의 관련 연구 중 Barlow(1989)의 연구들을 반영하고 있다; Barlow and Farley (1989); Darley, Aronson, and Brown (1975); Hardy (1983); Netsell, Lotz, and Barlow (1989); and Yorkston, Beukelman, and Bell(1986). 이미 보고된 여러 실험적인 접근들이 아동기 마비말장애 치료를 보장하는 듯해도 이 치료방법들이 실제 아동들의 구어치료에서 항상 유용하지는 않다. 이 장에서 제안하는 여러 가지 치료 접근법들은 잘 갖춰진 치료 장비를 사용해야 하는 것은 아니다. 또한 마비말장애 아동을 치료할 때에 항상 실험적인(연구적인) 접근이 필요하지는 않다. 더불어 기억해야 할 점은 대개 연구에서 보고된 치료효과는 그 연구 대상과 유사한 집단에만 적합하다고 볼 수 있다(Thompson, 1988).

경우에 따라 신경학적 손상이 있는 어린 유아들이나 아동들을 대상으로 구어산출 하위 체계를 세밀하게 평가하기가 어렵다. 더군다나 어린 아동들에게 구어산출 하위 체계별로 치료를 실시했을 때 그 효과를 증거할 만한 연구보고들이 매우 제한적이다. 보통 언어치료 전문가들은 성공적인 치료효과가 보고된 마비말장애 임상연구들이나 경험이 많은 임상가들의 사례보고를 토대로 나름 마비말장애 아동들의 치료의 합리적 근간을 마련하게 된다.

구어산출 하위 체계를 중재하는 전통적인 치료 접근을 다루는 문헌들이 부족하기에 몇몇 언어치료 전문가는 아주 어린 유아임에도 불구하고 구두 발달을 고려한 중재 프로그램을 시도해 보지 않고 보완 대체 의사소통(augmentative and alternative communication, AAC) 도구에 전적으로 의존하는 경우가 있다(Musselwhite & St. Louis, 1988). 구어산출 하위 체계의 체계적인 접근법을 선호하는 전문가들은 아동이 신경학적 손상에 의해 제한된 신체운동 능력 안에서 최대한 구강을 통해 발화할 수 있도록 하는 것이 일차적인 목표가 된다. AAC 도구는 대상 아동의 구어발달의 잠재성이 거의 없다고 판단되는 경우 그들의 발화 산출을 돕기 위한 보조적인 역할을 담당하게 된다(Hardy, 1983; Lotz & Netsell, 1989; Yorkston et al., 1986). 만약 아동이 구어장애가 심하여 구강을 통해 구어산출하는 것이 매우 힘든 경우에는 의사소통 보조 기술이 도움이 될 수 있다(7장 참조).

하위체계 중재전략은 구어산출 과정에 속하는 5개의 기능적인 요소들을 포함하고 있으며, 언어치료 전문가는 평가와 치료에서 5개의 기능적인 요소들을 충분히 다룰 수 있어야 한다. 5개의 기능적인 영역은 다음과 같다. (1) 호흡, (2) 발성, (3) 조음, (4) 공명, (5) 운율.

이와 더불어 Netsell과 Daniel(1979)은 관련 영역들의 평가와 치료에서 중요한 역할을 담당하는 10개의 발성 및 발화 산출 기관들에 대해 다음과 같이 제시하였다.

1. 복부 근육
2. 횡격막
3. 늑골
4. 후두
5. 혀 / 인두
6. 혀뒤쪽
7. 혀앞쪽
8. 연인두

9. 턱
10. 입술

위 연구자들은 성도(vocal tract)에서 이루어지는 다양한 근육 막음 체계의 기능이상(malfunctioning)을 진단하기 위해 알아둘 필요가 있는 기류역학적 평가들을 다음과 같이 제시하였다.

(1) 성문하압(subglottal air pressure), (2) 구강 내 압력(intraoral air pressure), (3) 성문기류(glottal air flow), (4) 구강기류(oral air flow), (5) 비강기류(nasal air flow).

아동기 마비말장애 구어 중재는 구어산출에 필요한 기류를 생성하고 막음작용하는 10개의 성도 관련 근육들의 기능을 개선시키는 것을 목표로 해야 한다. 적절한 중재 기술은 두 개의 압력 측정치와 세 개의 기류 측정치를 가능한 한 정상화(normalize) 해야 한다. Netsell과 Daniel(1979)은 호흡, 발성, 공명, 조음, 그리고 운율의 영역별 기능들을 향상시키기 위해서는 각기 다른 치료기술이 필요함을 지적하였다.

호흡장애

대부분의 언어치료 전문가들은 UMN(상위운동신경원)이나 또는 LMN(하위운동신경원) 손상이 있는 마비말장애 아동에게서 호흡장애(breathing disturbances)가 나타나며, 결과적으로 구어산출의 문제 있음에 의견을 일치하고 있다. 하지만 그러한 호흡 문제를 개선시기키 위해서 어떤 치료 접근법이 가장 효과적이라고 단언하지는 못한다. Hardy(1964)는 아동이기에 매우 조심스럽게 호흡 문제를 연구해야 하며, 치료에 적용하고자 할 때에는 보다 신중해야 함을 강조하였다. 그의 관점에서 보자면, 아동기 마비말장애 치료에 있어서 호흡 중재의 비중은 상당하기 때문이다(Hardy,

1964, 1983; Hardy & Edmonds, 1968).

적절한 호흡기능을 위한 앉기

호흡치료에 앞서서 언어치료 전문가는 아동이 말하기에 적합한 자세를 잡도록 도와주어야 한다. 적절한 머리 조절(head control)과 함께 안정된 착석 형성이 안 되는 경우 운동 손상이 있는 아동들의 바른 자세 확립은 점점 더 어려워지게 된다. 이로 인해 마비말장애 아동들에게서 상체가 구부정한 착석이나 혹은 베개, 벨트, 캔버스 지지대에 의지한 불완전한 자세를 쉽게 발견하게 된다. 아동이 바른 자세를 확립할 수 있도록 적절한 보조물을 활용하는 것이 매우 중요하다. 이를 통해 안정된 몸통 지지와 척수(spinal) 안정성 뿐만 아니라 정상적인 목의 신장(neck elongation)과 머리와 어깨 정렬(alignment)을 이루게 된다. 착석에서 적절하고 안정된 자세 형성이 중요한데, 이는 상지, 머리 조정, 눈 맞추기, 그리고 발성 향상에 중요하기 때문이다. 안정된 착석 자세를 위해 골반이 중립적인 위치가 되도록 하며 엉치뼈에 반하는 좌골 융기(ischial tuberosities)가 닿도록 한다. 엉덩이는 다소 굴곡되거나 외전될 수 있다. 바른 자세를 유지하는 동안 착석 벨트로 골반 지지를 돕도록 한다. 착석 의자의 등받이와 좌석 사이의 각도가 90°보다 적은 각도를 유지하도록 조정한다. 이것은 몸체 신전(body extension)이 나타날 때 의자로부터 몸이 앞으로 튀어나오는 것을 방지할 수 있다(Porter, Wurth, & Stowers, 1988). 측면지지(side supports)는 척추측만증(scoliosis)을 교정하거나 가능한 한 몸통을 대칭적으로 유지하는 데 도움이 된다. 스트랩핑 체계(strapping systems)는 후만증(kyphosis)과 척추전만(lordosis)을 조정하는 데 가끔 활용된다. 비록 몇몇 전문가들은 착석 자세를 곧게 하는 것이 발성을 위한 호흡지지에 항상 도움이 되는가에 대해 늘 의견이 분분했지만, Hardy(1983)는 뇌성마비로 인한 마비말장애 아동의 경우 그들의 호흡지지력이 누운 자세(supine), 엎드린 자세(prone), 혹은 착석 자세에서 매번 유의미하게 변화하지 않는다고 생각했다. 하지만 Yorkstone과 그 외 연구자들(1986)은 성인 마비말장애의 경우 누운 자세가 때로는 발성을 촉진시킨다고 언급했으며, Putnam과 Hixon (1984)은 신경학적 손상으로 인해 근육약화가 나타날 경우 자세 변화는 호흡지지에 긍정적인 효과가 있음을 강조하였다. 그렇기에 다양한 자세에서 적절한 호흡지지를 할 수 있는지(호흡기능이 원활한지)를 평가하는 것은 중요한 과업이다.

구어산출을 위한 생리학적 호흡지지력 향상시키기

Westlake와 Rutherford(1961)는 마비말장애 구어기제 치료에서 최소운동요구량 이상의 훈련개념을 소개하였다. 다시말해서, 그들은 구어산출에 필요한 생리학적 운동능력을 어느 정도까지 증진시켜야 하는지에 대해 논의하였다. Canter(1965)는 구어산출이 시작되기 전 호흡조절에 필요한 신체생리적인 지지능력의 훈련의 타당성을 설명하였다. 저자의 생각에는 일반적인 언어치료실에서 실시하는 호흡훈련 기술을 통해 호흡능력이 좋아졌다고 해서 그것이 항상 구어산출 능력으로 이어진다고 볼 수는 없다. 단지 드문 경우이지만 호흡능력이 정말 눈에 띄게 변화된 결과로 구어호흡(speech breath)이 좋아진 경우를 본 적이 있다. 한 사례의 경우, 중등도의 심각한 뇌성마비 아동이 수영 수업을 받게 되었고, 거기에서 오스트레일리아식 크롤(Australian crawl: 팔을 한 번 저을 때마다 반대쪽 다리를 두 번 치는 수영법)을 마스터했는데 그 수영법은 호흡패턴과 밀접한 관련성이 있었다. 또 다른 사례에서는 뇌성마비 학생이 자유형급 웨이트 트레이닝 프로그램에 참여하였고, 그 훈련을 통해 상지의 힘이 크게 증가하고 근력이 발달하였다. 이 두 개의 사례에서는 눈에 띄게 근력이 증가하고 호흡근 조절력이 좋아졌으며 그로 인해 구어능력이 개선되었다. 이러한 예들이 비일상적인 경우이긴 하지만 일반적인 치료실에서 실시되는 방법보다는 더 효과적이었다.

비록 앞서 언급한 경우처럼 호흡능력이 극적으로 변화되는 것을 모든 아동에게서 기대하기는 어려울지라도, 수행력의 최대치를 요구하는 발성기술(phonatory drills)은 치료실에서 항상 안정적으로 실시할 수 있다. 이러한 기법들은 구어 행위에 필요한 생리학적 지지력을 확대하기 위한 발성기술들을 익히는 것이다. 이는 마비말장애 아동 자신의 호흡-후두 체계의 기능적인 한계치를 넘어 말하기 상황을 잘 대처하기 위해서 중요하다. 이 방법은 특히 경도수준의 운동문제가 있는 아동에게 매우 중요한데, 그들의 구어산출 능력은 정상 발화 아동의 수준과 충분히 견줄만한 수준으로 훈련될 수 있기 때문이다.

자체 호흡능력 내에서 말하기

일반적인 구어치료에서 호흡능력의 극적인 개선을 이루기 어렵다면 아동의 기본적인 호흡기능 내에서 말하는 기술을 익히도록 해야 한다(Hardy, 1983). Thompson(1988)은 아동의 호흡능력 범위 내에서 말하는 기술을 수정할 수 있는 몇 가지 기술을 보고하였다. 우선적으로 공기 흡입량을 증가시키는 훈련을 한다. 아동의 평균 흡입 기간을 기준으로 치료시 목표 흡입 시간을 정하고 난 뒤 숨을 깊이 들이마시도록 훈련한다. 활동 때마다 지속적인 피드백을 제공하도록 한다. 예를 들어, 공기 흡입 과정을 조절하기 위한 시도에서 늑골과 목부의 움직임을 감지할 수 있도록 아동의 손을 상복 부위에 위치시킬 수 있다. 건식 폐활량계(dry spirometer)를 이용해서 흡입력 개선에 대한 피드백을 제공할 수 있다. 얼굴 마스크 형태의 습식 폐활량계는 일반적으로 금하고 있다. 이것은 아동의 자연적인 호흡행동을 방해하고, 어리고 섬세하지 못한 아동들에게 적절한 피드백을 제공하지 못한다.

다음 단계로 발성 훈련이 소개되는데, 대개는 모음 연장 발성 훈련을 실시한다. 이 훈련은 호흡하는 동안 호기 구간(phase)을 인식하도록 한다. 거울 앞에서 비교적 깊은 폐활량 수준으로 흡기하고 발성 연습하는 과정에서 흉곽과 복부 호흡 패턴을 관찰함으로써 흡기와 호기 과정 사이의 관계에 대해 민감할 수 있도록 한다. Hardy(1983)는 그러한 흡기와 호기의 관련을 인식할 수 있는 훈련 기술을 몇 가지 소개하였다. 연필이나 크레용을 이용해서 흡기하는 만큼의 그 짧은 길이를 표시하고 또한 호기하는 만큼의 긴 구간을 길이로 표시하는 방법으로 이는 아동들의 구어 호흡(speech breathing) 훈련 패턴을 익힐 수 있는 효과적인 방법의 하나일 것이다.

과거에는 연장 발성에 반하는 지속적인 불기 활동을 호기 훈련 방법으로 자주 활용하였다. 지금도 불기 활동을 임상에서 가끔씩 사용하고 있지만(역자), 사실상 불기 발화에 충분한 호흡의 흡기 기간을 증가시킨다는 확실한(실질적인) 연구들이 거의 없다. 사실, 불기와 발화의 성도 막음은 매우 다르다. 발화와 모음 연장 발성에서의 연인두 기능은 특히 불기와는 다르다. 혀와 입술 막음 또한 말을 할 때와 불기 활동을 할 때 명백히 다르다. 비록 불기 활동이 호흡과 후두 운동 조절력에 도움이 된다 할지라도, 구어산출을 지지하는 연장 호흡 능력에 필요한 운동 조절과는 다르다.

앞서 언급한 바와 같이, Hardy(1983)는 어떤 구어산출 과업에 적합할 정도의 비교적 높은 수준의 폐활량이 증가되었을 때 발성 및 발화 수행력이 향상된 결과를 제시하였다. 하지만 Hardy는 아동이 말하기 전 최대한 깊은 호흡을 하도록 권면하지는 않는다. 오히려 그는 적절히 높은 수준의 폐활량을 만들기 위한 최선의 전략으로 아동이 습관적으로 연속 구어산출이 가능할 때까지 그 훈련을 연기할 것을 제시했다. 연속적인 구어산출이 필요한 시점에서 훈련을 시작하는 것은, 그 시기에 아동은 자연스럽게 적절한 호흡 능력이 필요하게 되고, 점진적으로 자모음 연결, 음절, 단어, 단어 결합, 구문 수준에서 자신의 언어를 표현할 수 있는 수준까지 발전하게 될 것이다.

어떤 경우에는 아동에게 가능한 구어산출 능력을 지원할 만큼 폐용적을 확장시키는 것이 매우 어려울 수 있다. 어떤 아동들은 다른 방식으로 호흡조절을 좋아지게 해서 나름대로 그러한 어려움을 피할 수 있다. 조음정확도 개선은 사용 가능한 기류를 효율적으로 사용해서 구어산출에 필요한 기류 막음으로 이루어진다. 구개거상보철기(palatal lift prosthesis)나 인두피판(pharyngeal flap)은 연구개 마비나 불협응으로 인한 비강기류 누출이 있는 아동에게 적용할 수 있는데, 이 기구의 착용은 발화 동안 구강 내 기류 막음과 활용력을 향상시킬 수 있다.

잘 구조화된 치료를 계획할 때 호흡지지력과 호기 조절력 증가에 대한 측정은 반드시 실시되어야 한다(Thompson, 1988). Hixon, Hawley, and Wilson(1982)는 직접 만든 도구(〈그림 8-1 참조〉)를 제시했는데, 이 도구는 유리컵, 빨대, 종이 클립으로 구성되어 있으며, 언어치료 전문가가 나름대로 성문하압력(subglottal air pressure)을 유도하면서 호흡을 추정할 수 있다. 경험으로 보아 약 5초 동안 5-10cm 물 높이의 성문하압을 만들어낼 수 있다면 이는 정상 성인들의 범위에 근접하는 것이다(Rosenbek & LaPointe, 1985). 그러나 저자 관점에서 봤을 때 이를 정상 아동들에게도 동일하게 적용하는 것은 곤란하다. 이 외의 압력 측정을 위한 약간 더 세련된 장치를 소개하자면 누출막음(leak valve)이 있는 구강 압력계(oral manometer)이다. 구강 압력계는 저렴한 가격은 아니며, 대개 지역 의료지원센터에서 손쉽게 활용할 수 있다. 이 기구는 매우 잘 갖춰진 언어과학 실험실이 없는 경우 활용하면 좋다. 그 외 보다 더 정교한 호흡 측정기구들은 Yorkston 등(1986)에서 언급된 임상실험실에서 소개된 바 있다.

구어 구문 조절하기

말하는 동안 호흡 기류 조절을 위한 시간 절감과 동시에 효율적인 기술의 하나가 구어 구문 조절하기(speech phrasing) 방법이다. 이 기술의 핵심은

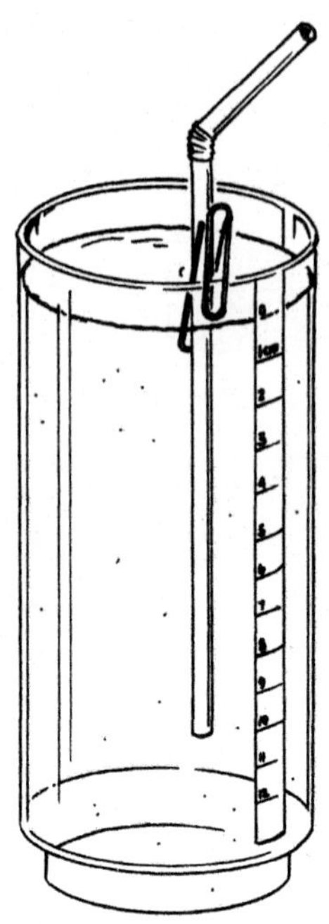

[그림 8-1] 마비말장애 아동의 호흡 동안 압력에 대한 임상예측 장치

출처: "An around-the-house device for the clinical determination of respiratory driving pressure: A note on making simple even simpler". *Journal of Speech and Hearing Disorders*, 47, 413.

말을 할 때 습관적인 흡기 횟수를 늘려서 발화 중간 중간마다 짧은 단락을 만드는 것이다. 구어 시 구문마다 타이밍을 잘 맞추어 흡기를 해서 만들어진 짧은 단락으로 마비말장애 아동의 말 명료도 저하를 줄이면서 의사소통할 수 있다(이런 효과는 화자가 충분한 호흡 지지력이 없이 말을 할 때 발음 하나하나씩 산출하고자 하는 경우에 기대할 수 있다). 이 훈련을 마비말장애 아동에게 실시하고자 할 때에는 그들이 치료 목표와 발화구어조절 기제를 분명하게 이해할 수 있도록 세심한 지도가 필요하다. 어떤 경우 이러한 방법이 합리적이라고 생각하지 않고 거부하는 나이 든 아동들이 있을 수 있다. 왜냐하면 그들의 현재 구어속도 자체가 정상에 비해 느리다는 것을 알고 있기에 구어 구문 조절하기법을 사용해서 말을 한다면 속도가 더 느려질까봐 두려워하기 때문이다.

나이 든 아동은 대체로 마비말장애로 인한 느린 구어속도가 청자에게는 부정적인 인상을 주는 것으로 생각하는 경향이 있다. 사실상 마비말장애의 지나치게 느린 구어속도는 대중들에게 눈에 띌 만큼 부정적인 인상을 주고 사회적으로도 운동장애가 있다는 것을 인식시킨다. 하지만 마비말장애 아동이 구어속도를 느리게 하거나 의도적으로 말을 단락짓는 기법이 전체 말 명료도를 향상시키는 데 도움이 된다는 점을 확신하게 된다면, 이 기법이 효과적인 의사소통자로서의 이미지 형성에 중요한 아이디어임을 인정하게 될 것이다.

심지어 겨우 단어 하나하나를 말하면서 의사소통을 시도할지라도 그 아동에서 한번의 호흡군(breath group)에서 얼마나 많은 말을 할 수 있는지 판단하여 구어산출을 지도해야 한다. 나이가 어리고 장애가 심한 아동의 경우 그들 수준의 말 명료도를 높이기 위해서 다음 절 단어를 말할 때에도 한 번 이상의 호기가 필요할 수도 있다(Hardy, 1983).

임상가가 아동들이 쉽게 집중하고 모방할 수 있는 모델링을 제공한다면 그들은 짧은 구문 나누는 법을 쉽게 배우고 그 구문 단위를 인지할 수 있다. 읽기가 가능하거나 문법적으로 복잡한 내용을 말할 수 있는 언어능력을 갖춘 아동들은 지문을 보면서 의미있는 구문 길이로 나누어서 말할 수 있을 것이다. 지문 읽기가 가능한 아동들은 펜으로 끊어 읽을 구문(어절) 단위를 표시하고 그것을 한번 읽은 다음 다시 끊어 읽기가 표시된 지문을 녹음하거나 청중 앞에서 말하는 것처럼 읽는 연습을 한다면, 그들은 구어 구문 조절하기 법의 훈련 효과를 경험하게 될 것이다. 마비말장애 화자들 스스로가 적절하게 끊어 읽기 방식으로 녹음된 자신들의 발화를 들어보면 그들의 말 명료도가 현저하게 좋아졌음을 깨닫게 될 것이다.

마비말장애 아동들을 대상으로 끊어 읽기식 발화와 구어속도를 늦추

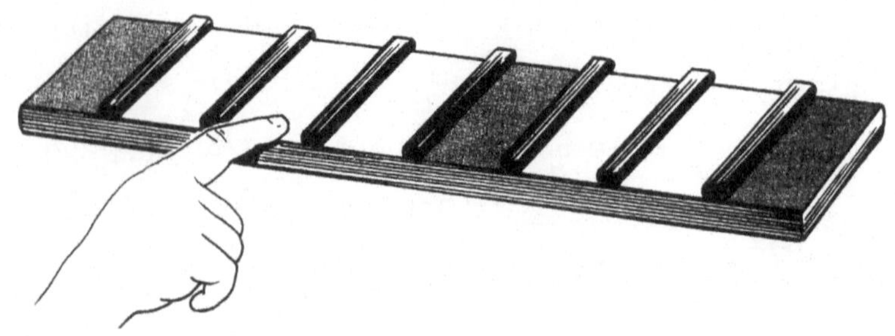

[그림 8-2] 속도 조절판

출처: "Management of palilalia with a pacing board" by N. A. Helm, 1979. *Journal of Speech and Hearing Disorders*, 44, 350-353.

는 방법을 실시하고자 할 때 속도 조절판(pacing board)을 동시적으로 활용할 수 있다. Helm(1979)이 고안한 속도 조절판(〈그림 8-2 참조〉)은 마치 피아노 건반처럼 손으로 누를 수 있는 몇 개의 구분된 판으로 연결되어 있고 그 판들은 각기 다른 색깔로 표시되어 있다. 이 도구를 이용할 때 아동에게 한 개의 건반을 누를 때마다 한 개 단어, 혹은 한 개의 짧은 구문을 말하도록 한다. 이 기술은 발화 길이를 측정하는 동시에 연속되는 발화에서 각 단어와 구문을 구분하는 역할을 한다.

음성장애

과소 및 과다기능 음성장애 증후

신경학적 손상과 연관되는 음성장애 증후들이 자주 언급되지만 이 증상들을 변화시킬 수 있는 체계적인 접근법에 대한 증빙자료들은 부족한 편이다. 그리고 다수의 학자들이 그러한 음성문제 증후가 치료만으로 회복되어질 수 있다는 주장에 대해 매우 조심스러운 입장을 취하고 있다. Aronson(1985)은 성인 마비말장애에 대해 말하기를, "… 신경계 손상에 기인하는 대부분의 음성장애(Laryngeal dysfunction)는 외부적인 변화에 저항한다" (p.153)라고 하였다. Hardy(1983)는 뇌성마비의 성대기능장애(vocal dysfunction)의 정도는 성대 운동 불능상태에서 어느 정도 내전이 되는 정도까지 포함되는데, 뇌성마비 사례에서 빈번하게 관찰되는 성대내전 형태는 신체적인 노력(애씀)이 매우 요구되는 상태 혹은 과기능(hyper-function) 상태를 의미한다. 이런 발성을 보이는 어떤 사례에서는 그들이 발성한 모음들이 전혀 구분되지 않는다. 그리고 과기능적 음성은 매우 긴장되고 쪼여진 듯한 음질이 산출된다. 이러한 중증 사례에 대해 Hardy는 대체로 부정적인 예후를 언급했지만, 그렇다할지라도 어느 정도는 시도 치료할 것을 권면하였다.

청소년기 음성중재

성대내전의 과기능 정도가 심하지 않은 경우 기능적인 음성장애와 다르게 일탈된 발성문제를 보이는데, 이때 일탈된 음도와 강도에 변화를 주는 음성치료를 시도했을 때 놀라운 결과를 얻게 되는 경우도 있었다. 한때 이 치료 프로그램을 뇌성마비로 인한 마비말장애 아동에게 실시하는 과정에서, 사춘기의 소규모 아이들에게 음도와 강도를 조정하는 음성훈련을 소개하였다. 이 음성훈련은 나름대로 성공적이었는데, 그럴 수 있었던 실제적인 이유는 사춘기 아이들이 오랜 시간 동안 지속적으로 언어치료를 받아왔기 때문인데, 반면 그 치료 과정 속에서 직접적인 음성훈련을 받아 본 적이 없었던 것이다. 학령 전기 및 학령기 아동들 대부분은 직접적인 조음 훈련 이전에 구강 근육 훈련을 집중적으로 받아왔다. 조음 훈련은 대체로 음소배치법(phonetic placement)를 강조했다. 이러한 훈련을 통해 아동이 의사소통이라는 관점에서 중등도 수준의 명료도로 향상되었다면 해당 치료의 주요 목적은 달성한 것으로 간주했다. 이 아동들은 자신의 목소리를 녹음해서 직접 듣는다든지 기본적으로 음성 훈련 기법들을 연습할 기회가 거의 없었다. 우리들은 특별히 다양한 음성 유형을 듣고 구분하고 변별하는 청능훈련기법을 적용했는데, 제시되는 음성 유형들은 강도, 음도, 음질 차원에서 각기 다른 소리이다. 이 훈련과정에서는 마비말장애 아동들이 임상가들이 제시하는 다양한 형태의 목소리가 누구의 것인지를 맞추려고 노력할 필요가 없었고, 또한 자신들의 목소리에 집중하거나 녹음기를 이용해서 자신의 목소리를 바꿀 필요가 없었다.

이상의 기존의 음성치료에서 사용되는 청능훈련이 모든 마비말장애 아동들의 음성문제를 개선시킬 수 있다는 것이 아니다. 다만 어느 정도의 노력을 통해 어떤 이들은 보다 편하고 부드럽게 목소리를 산출할 수 있다는 것이다. 그 결과로 그들의 말 명료도는 향상될 수 있고 사회적인 고정관념으로 인식하는 음성의 문제점이 감소될 수 있다. 그러나 사실상 음성훈련을 받는다 할지라도 대부분의 마비말장애 아동의 목소리는 또래 정상음성 아동들과 비교했을 때 음도, 강도, 음질의 유연성이 부족하다. 보완대체 의사소통 도구를 주요 의사소통 수단으로 사용하는 아동의 경우에도 그들의 조음이나 음성이 향상이 된다면 오히려 전체적인 의사소통 상호작용을 원활하게 하는 데 도움이 된다.

강도장애 증후

음성의 강도 차원은 아동 마비말장애의 여러 음성 차원에 비해 보다 쉽게 수정될 수 있다. 하위운동신경원 KMCU 손상으로 인한 근육 약화(muscle weakness)는—물론 상위운동신경원 KMCU 손상 사례에서도 가끔씩 나타나지만—대개 약하고 기식화된 음성과 밀접하다. 이는 성대의 과소내전(hypoadduction)에 의한 것으로 예견된다. 아직 아동들을 대상으로 굴곡후두경(fiberoptic techniques) 검사기법이 보고되진 않았지만, LMN 장애의 경우 성대 자체가 이완되었다는 객관적인 근거가 없다. 하지만 약하고 기식화된 음성은 기본적으로 근육 약화와 상관이 있으며 성대근력 강화 훈련을 통해 개선될 수 있다. 후두 근육 긴장도를 높이기 위해 자주 추천되는 기법은 "밀기접근법" 이다(Froeschels, Kastein, & Weiss, 1955). 막대를 가슴쪽 위치에서 꽉 잡고 혹은 의자의 등받침대 양모서리 부분을 꽉 잡고서 그것을 힘있게 밀도록 한다. 이때 힘주어 미는 동안 발성을 시도하면 근육 수축이 되면서 근긴장도가 높아지게 되고 따라서 후두 근육 긴장도도 함께 높아질 수 있다. 반면 Thompson(1988)은 이 훈련법이 신체 전반적인 약화가 있는 경우에는 비효과적일 수 있다고 지적했다. 그 이유는 신체 전반에 걸친 근력약화로 인해 성대근에 필요한 힘을 만들어내기에 역부족이기 때문이다. 이처럼 후두근력을 충분히 증가시키지 못할 때에는 의사소통 보조기기로 휴대용 음성 보조기(vocal amplifier)의 사용을 고려해야 할 것이다(Yorkston et al., 1986).

Hardy(1983)는 표면상 연인두 기능부전을 개선시킬 목적으로 사용하는 구개거상 보철기(palatal lift prosthesis)가 성도 전체의 막음능력을 향상시킬 수 있다는 점, 즉 이완형 마비말장애 사례에서 성도 내 주요한 막음지점에서 기류 유출을 감소시키고, 강도를 정상화하고 있다는 점을 보고하였다. 경직형 사례에서 나타나는 기류 소모와 약한 음성을 야기하는 연인두 기능부전에 대한 중재는 전체 치료 프로그램 진행에서 항상 뒤로 미뤄진다. 섭식 능력, 구강운동 능력, 아주 기본적인 언어능력이 발달해가는 과정에서 기능적인 조음능력 향상이 치료가 가장 우선시 되는 편이다. 하지만 이때 아동의 발화에서 약하고 기식화된 음성 증후가 나타난다면 연인두 기능 중재에 대한 고려를 해야만 한다. 동시에 주의해야 할 점은 중재의 일환으로 구개거상기 사용하는 것이 강도문제와 결부되는 과다비성(hypernasality)과 기류 소모를 감소시키는 데 있어서 즉각적인 효과를 주는 것은 아니다(Lotz & Netsell, 1989).

음도와 강세 문제

아동기 마비말장애의 음도 일탈(pitch deviations)에 대한 치료는 대개 3개의 주요 목적에 초점을 맞추고 있다: (1) 음도 낮추기 (2) 음도 올리기 (3) 음도의 유연성 증가시키기. 청각 및 시각적 생체역유입을 통해 아동이 자신의 음도를 수정할 수 있도록 모니터링하는 데 도움을 준다. Thompson(1988)은 이에 도움을 줄 수 있는 상업성 기기의 하나로 Visipitch(Kay Elemetrics Corp)를 추천하였다. 이외 녹음기도 음도와 강도 변화를 모니터링하는 도구로써 오랫동안 유용하게 사용되고 있다. 억양 변화 훈련은 음도 유연성을 증가시키기 위한 목적으로 지도되어야 한다. 음절, 단어, 구문 수준에서 상승 및 하강하는 음도 윤곽에 대한 도표화는 몇몇 사례에서는 도움이 되었다.

Yorkston 등(1986)은 마비말장애 화자들이 한 호흡군(breath group) 내에서 언어학적인 강세가 필요한 지점을 이해하는 것과 실제 말을 하면서 적절한 곳에 강세를 주어야 될 지점에 나름 신호를 보내는 법을 익힐 필요가 있음을 강조하였다. 자발적인 구어표현에서 강세 패턴에 주목하는 것과 말표현에 대한 적절한 모니터링은 말소리의 자연스러움을 극대화하는 경향이 있다. 이러한 훈련은 주로 나이 든 아동들에게 더 적절한 편인데 이들의 지각 및 인지능력이 더 발전되어 있기 때문이다. 아직까지 어린 아동을 대상으로 위 훈련 효과에 대해 보고된 바가 거의 없다.

연인두 기능장애

Netsell's의 견해

Netsell(1969)은 신뢰할만한 전문가로서 아동기 마비말장애 분야의 전문가들이 연인두 기능부전이 마비말장애 구어문제의 주요한 부분임을 주목하도록 이끌었다. 뇌성마비의 연인두 기능의 문제가 구어산출에 부정적인 영향을 미치는 방식들에 관해 제시한 Netsell의 보고자료들을 통해 연인두의 역할의 중요성을 보다 구체화하였다(3장 참조). 그가 1969년 세미나에서 발표한 이래로, 아동이나 성인 대상 모두에서 연인두 기능부전의 치료에 관한 연구들이 괄목할만한 성장을 이루어왔다. 마비말장애나 구개파열 아동 모두에게 연인두 기능문제는 비슷한 수준이었기에 안면기형(craniofacial anomalies)의 연인두 기능 치료를 다룬 연구들에서 제시한 방법들을 마비말장애 아동에도 조심스럽게 적용이 가능하다. 위 장애 영역들에서 연인두 기능부전을 다룬 3개의 기본적인 중재전략은 다음과 같다. (1) 구개 훈련(palatal exercise) (2) 구개 보철기(palatal prosthesis(구개거상기 palatal lift 형태)) (3) 인두피판 수술(pharyngeal flap surgery)

구개 훈련

위에서 언급한 3개의 치료 접근법에서 구개 훈련(palatal exercise)이 가장 논쟁이 되고 있다. 아직까지는 구개 훈련이 뇌성마비 아동에게 효과가 있다는 객관적인 근거가 충분히 제시되지 않았다. LMN 손상이 있는 아동들의 과다비성을 개선시키는 데 구개 훈련이 효과가 있었던 것으로 보고된 내용들은 그다지 유용하지 않다.

가장 빈번하게 사용하고 있는 두 개의 훈련양식은 연구개 마사지법과 밀기 훈련법이다. 구개 마사지는 언어치료 전문가가 수술용 장갑(혹은 유사재질의 장갑)을 착용하고 손가락 끝 부분으로 구강 안쪽(뒷부분)에서 연구개를 앞쪽 방향으로 부드럽게 마사지하는 것이다. 이 방법은 감각을 자극하고 근육수축을 활성화시킨다. 이러한 목적으로 미술용 붓을 이용해 근육의 움직임을 자극하는 데 사용할 수 있다(Cole, 1971). 무엇보다 마사지나 감각자극 훈련 동안에 아동이 자신의 연구개 움직임을 육안으로 관찰할 수 있도록 하는 것이 중요한 것 같다. Cole에 의하면 아동은 외부자극이나 마사지에 의해 자발적인 수준에서 구개운동을 계속 반복할 수 있도록 해야 한다.

Froeschels 등(1955)은 앞서 설명한 바와 밀기 접근법이 연구개 마비에 효과적일 수 있음을 언급하였다. 밀기훈련 동안 수많은 근육다발들이 수의적으로 수축됨에 따라 근육 발달 과잉(muscle overflow)이 구개인두근육(palatopharyngeal muscles)에서 발생할 수 있고 이로 인해 연인두의 폐쇄기능을 도울 수 있게 된다.

구개 훈련은 구개파열 아동들을 대상으로 폭넓게 연구되었다(Ruscello, 1982). Ruscello의 문헌 연구에서는 구개 훈련 기법이 구개파열 대상자들이나 정상 그룹 모두에게 그 효과가 일반적이지 않았다는 점을 지적하였다. 그러나 최상의 결과는 대상 아동이 자신의 구개가 어느 정도로 상승되어야 하는지를 지각하는 경우인 것으로 나타났다. 이 훈련은 신경근육마비 혹은 불협응 문제에 적용했을 때 구개파열 아동들에 비해 덜 효과적인 것으로 보였다. 따라서 구개 훈련 기법은 마비말장애 대상에 따라 그 효과가 달라질 수 있음을 충분히 고려해야 한다.

인두피판 수술

구개파열 아동의 과다비성 감소에 가장 효과적인 것으로 보고된 기법은 인두피판 수술(pharyngeal flap surgery)이다. 성형외과 전문의는 후인두벽(posterior pharyngeal wall)의 근육 조직판을 떼내어 연구개 부위에 삽입한다. 연인두 근육 수축시에 삽입된 조직판은 연인두 구멍을 막고 비강공명을 감소시킬 수 있도록 근육 "플러그(plug)"의 역할을 하게 된다. 구개안면 기형 사례에서 위 수술의 효과로 인해 언어치료 전문가는 그 가치를 마비말장애 아동에게서 시험적으로 알아보게 되었다. 1961년도 초창기에 Hardy, Rembolt, Spriesterbach, 그리고 Jaypathy는 세 명의 뇌성마비 아동들을 대상으로 인두피판 수술의 결과를 보고하였다. 10세 이상된

두 명의 아동은 그 수술로 인해 연인두 폐쇄 기능에 효과가 있었고, 나이가 더 어린 아동은 구강 내 호흡 압력 증가 효과가 있었음이 보고되었다. 하지만 1983년에 Hardy는 마비말장애 아동들에게 있어서 인두피판 수술의 결과는 다소 실망적이라는 의견을 피력했으며, 신경학적 손상이 있는 아동들에게는 구개거상 보철기를 추천하였다. 그 외 연구자들은 구개거상 보철기가 뇌성마비 아동에게 맞지 않는 경우에는 인두피판 수술을 제안하였다(Lotz & Netsell, 1989).

저자들의 경험상 성형외과 전문의는 충분히 마비말장애 아동 구개인두 수술을 수행할 수 있었다. 단 그들이 마비된 구개인두근육은 그 수술 결과가 나쁘거나 부분적인 효과만 있을 것이라고 생각하는 편이었다. 현재 인두피판 수술은 아동기 마비말장애 치료에서 차선책으로 남아 있나(Hardy, 1983; Lotz & Netsell, 1989; Salomonson, Kawamoto, & Wilson, 1988).

구개거상 보철기

〈그림 8-3〉에 제시된 바와 같이 구개거상 보철기(palatal lift prosthesis)는 과다비성이 대상 아동의 말 명료도 저하의 주된 원인이 될 때 가장 성공 가능성이 높은 것으로 여겨지는 접근법이다. 구개거상 보철기를 착용했을 때 아동기 마비말장애 대상군에서 그들의 말 명료도를 개선시킬 수 있는 몇 가지 이점들이 있다(Hardy, 1983). 첫째, 대상 아동들의 자음산출이 보다 정상 발화에 가깝도록 충분한 구강 내 기류압력을 발전시키고 유지할 수 있도록 한다. 둘째, 성도의 기류역학적 능력이 향상되어 한 호기 내에 구어를 지속하는 시간이 증가하도록 한다. 이로 인해 발성 산출력이 증가된다. 셋째, 보철기 착용 이후에 모음산출시 혀의 조음 위치가 정상에 가까움이 관찰되었다. 넷째, 구개거상기를 통해 보다 정상적인 연인두 폐쇄 기능이 나타나고, 게다가 말 명료도 저하에 영향을 주는 과다비성이 감소하게 된다.

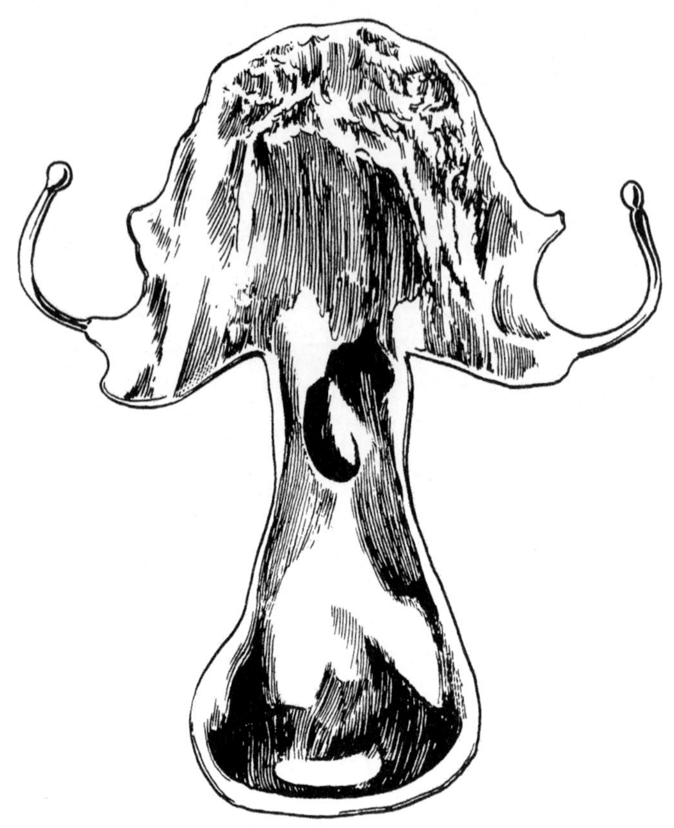

[그림 8-3] 연구개 상승 촉진 위해 고안된 구개거상기의 수평면

출처: "Palatal lift prosthesis for the treatment of palatopharyngeal incompetency" by W. E. LaVelle and J.C. Hardy, 1979, *Journal of Prosthetic Dentistry, 42*, p. 308.

비록 구개거상 보철기가 과다비성 감소를 위한 대책 마련으로 우선시 된다할지라도, Hardy(1983)는 연인두 기능불능이 발성 기제의 기류역학적 측면에 미치는 주된 영향력을 생각해 본다면 과다비성으로 인한 구강내 압력의 감소는 마비말장애 화자의 여러 구어문제 중에서 상대적으로 사소한 문제일 수 있다는 의견이 있었다. 그러나 강도 문제가 개선되었다.

하지만 마비말장애 아동을 대상으로 구개거상기의 사용에 대한 몇 가지 제한이 있다. 첫째, 조음기관 근육들의 운동능력이 매우 심하게 손상된 경우라면 과다비성을 감소시킨다 할지라도 여전히 말소리는 명료하지 않을 것이다. 둘째, UMN 손상이 있거나 과도한 구토 반사(gag reflex)가 있는 경우 구개거상 보철기가 맞지 않고 장시간 동안 그 기구에 적응하는 데 어려움이 있다. 셋째, 신체적으로 손상으로 인해 보철기를 독립적으로 착용하거나 제거하고 청결하게 관리하는 것이 어렵다.

만약 마비말장애 아동이 구개거상 보철기를 처음 착용할 때 잘 참고 적응한다면 거상기의 연구개 부분의 모양새가 잘 갖춰지고 시간이 흐름에 따라 좀더 편안하고 최대의 효과를 제공할 수 있게 된다. 중요한 점은 보철기 착용을 최적화하기 위해서 언어치료 전문가와 보철(의치) 전문가가 상호 긴밀하게 협조해야 한다. 이러한 상호협력 관계에서 언어치료 전문가의 주된 역할은 보철기를 착용함으로써 과다비성이 적절하게 감소되고 있는지를 판단하고, 또는 보철기의 연구개 부위가 과소비성의 요소를 야기하지는 않는지를 분명하게 확인해야 한다. 언어치료 전문가는 아동이 보철기를 착용한 이후에 보철 전문가의 관리가 필요한 시점을 확인하고 의뢰하는데 있어 매우 중요한 역할을 담당한다.

때로는 구개거상 보철기의 착용이 마비말장애 아동에게 맞지 않을 수 있다. 일례로 Lotz와 Netsell(1989)은 12살의 뇌성마비 아동에게 착용을 시도했던 경우를 언급했다. 감각 손실과 불편한 착용감으로 인해 구개거상기를 착용하는 것이 매우 힘들었다. 이러한 사례와 같은 경우 최종 추전할 수 있는 것은 인두피판 수술이었다.

전통적인 공명치료 방법

비강 공명 개선을 위한 보다 전통적인 치료방법은 구개거상 보철기나 인두피판 수술을 고려하지 않아도 되는 경도 수준의 과다비성 사례들에게 적용될 수 있다. 청능 식별훈련은 아동이 자신의 목소리에서 과다비성이 있는지 혹은 없는지를 감지할 수 있도록 돕는다. Hardy(1983)는 콧구멍 아래 치경을 놓고 비성누출을 눈으로 볼 수 있게 한다든지 혹은 기타 비성누출을 시각적으로 보여 줄 수 있는 방법들을 활용할 것을 권면하였다. 새털 종류, 얇은 종이, 기타 매우 가벼운 재질의 재료를 콧구멍 아래 살짝 대고서 사용하면 도움이 된다.

연인두 닫힘 기능 개선을 위한 불기 기법(blowing techniques)이나 콧구멍을 막는 등의 활동은 실제로 구어산출을 개선시키는 데 그다지 긍정적이지 않았는데(McWilliams, Morris, & Shelton, 1990), 불기 활동에서의 구개움직임은 말할 때 사용되는 구개근육 운동과는 다르다. 비강폐쇄는 "구개닫힘(palatal surrender)"을 유도하는 것으로 여겨지는데, 이 상황은 연인두 닫힘 기능이 필요한 상황에서 연구개를 사용하지 않을 수 있음을 의미한다. 이상의 내용들은 아동 마비말장애 사례에서 연인두 기능장애 훈련에 대한 다양한 관점들을 제시하고 있다. 그러므로 언어치료 전문가는 관련 중재법으로 유용할 수 있는 여러 기법들에 대해 분명하게 이해해야 할 필요가 있다.

조음근육 기능장애

반대 접근법

조음치료는 지금까지 아동기 마비말장애 구어치료 프로그램에서 주요한 영역으로 다루어져 왔다. 일반적으로 조음치료 계획에 조음기관운동이 포함되는데, 직접적인 조음치료 전에 사전 준비 단계처럼 입술, 혀, 턱 근육의 힘의 증가, 기민성(agility), 운동범위를 개선시키는 활동들이다. 비구두 활동이 그다지 필요하지 않다고 생각하는 경우에는 조음치료를 직접 실시하기도 한다. 조음기관 운동이나 직접적인 조음치료 모두 마비말장애 아동들의 말 명료도를 개선시키는 데 있어서 중요한 역할을 한다. 구강훈련을 먼저 시행하는 언어치료 전문가들의 경우 구어음을 치료하기 위해 종종 음소배치법(phonetic placement)과 직접 이어지도록 훈련한다. 이러한 훈련을 적용하는 데에는 그들 나름대로의 논리가 있는데, 구강훈련프로그램을 통해 아동들이 운동구어 패턴, 조음 위치에 대한 인식과 구어산출을 위한 근육들의 적절한 힘 조절과 운동범위의 사용력을 향상시킬 수 있다는 점이다.

이에 반해, 구강 훈련이나 음소배치법을 사용하지 않는 전문가들은 모음이나 자음의 오류들을 '적절한 언어학적 구조'에 배열시키고 그런 다음 그러한 여러 오류음들을—아동에게 혼란함을 주지 않고—동시에 교정해야 함을 강조하였다(Hardy, 1983). Hardy는 CV 음절 단위에서 단어나 여러 음절 수준의 구어음 훈련으로 가능한 한 빠르게 연결해 나가면서 조음 훈련할 것을 강조했다. Hardy는 또한 구어음산출에 필요한 시각적 피드백이 어떤 아동들에게는 효과적일 수 있으나 그렇지 않은 경우도 있음을 언급했다. 그는 더불어 사례에 따라 음소배치법에서처럼 특정 조음기관이나 동작에 집중을 하게 되면 수의적인 구어산출이 어려울 수 있다는 점을 강조했다. 위 두 개의 조음치료 접근법이 현재 마비말장애 아동들의 조음 지도에서 많이 활용되고 있으나 앞으로 그 치료의 효과에 대해 지속적으로 연구되어야 할 것이다.

목표 음 선정에 대한 가이드라인

각기 다른 조음치료 접근법들을 충분히 지지할 만한 자료들이 부족할지라도, 치료 프로그램을 계획하는 데 어느 정도 합리적으로 보여지는 가이드라인이 있다(Thompson, 1988). Thompson은 신중한 조음 평가를 통해서 치료 목표 음소를 선정하도록 강조하였다. 이러한 목적에 부합하는 조음 평가 과업들이 몇 가지 있긴 하지만, 개인적으로 〈그림 8-4〉에 제시되어

THE FISHER-LOGEMANN TEST OF ARTICULATION COMPETENCE

Screening ☐ Complete ☐

Record Form for the Picture Test

Name__________ Date__________ Examiner__________

Age__________ Grade (or Occupation)__________ School (or Employer)__________

Birthdate__________ Home Address__________

Native Dialect__________ Foreign Language in home__________

CONSONANT PHONEMES

Place of Articulation

Card #	IPA Phoneme	Common Spelling	Dev. Age	Place of Articulation	Voicing	Manner of Formation																	
						Stop			Fricative			Affricate			Glide			Lateral			Nasal		
						Pre.	Inter.	Post.	Pre.	Inter.	Post.	Pre.	Inter.	Post.	Pre.	Inter.	Post.	Pre.	Inter.	Post.	Pre.	Inter.	Post.
1 2 3 4 5	p b ʍ w m	p b wh w m	3 5 3 3	Bilabial	V̸	/p	/p	/p	/ʍ[1]														
					V	/b	/b	/b							/w	/w					/m	/m	/m
6 7	f v	f v	4 7	Labio-dental	V̸				/f	/f	/f												
					V				/v	/v	/v												
8 9	θ ð	th th	7 8	Tip-dental	V̸				/θ	/θ	/θ												
					V				/ð	/ð	/ð												
10 11 12 13	t d l n	t d l n	6 5 6 3	Tip-alveolar	V̸	/t	/t[2]	/t															
					V	/d	/d	/d										/l	/l	/l	/n	/n	/n
14 15	s z	s z	7 7	Blade-alveolar	V̸				/s	/s̲	/s												
					V				/z	/z	/z												
16 17 18 19	ʃ ʒ tʃ dʒ	sh zh ch j	6 7 6 7	Blade-prepalatal	V̸				/ʃ	/ʃ	/ʃ	/tʃ	/tʃ	/tʃ									
					V					/ʒ	/ʒ[3]	/dʒ	/dʒ	/dʒ									
20	j	y	5	Front-palatal	V̸																		
					V										/j	/j							
21	r	r	6	Central-palatal	V̸																		
					V										/r	/r	/r[4]						
22 23 24	k g ŋ	k g ng	4 4 5	Back-velar	V̸	/k	/k	/k															
					V	/g	/g	/g														/ŋ	/ŋ
25	h	h	3	Glottal	V̸				/h	/h													

SUMMARY OF MISARTICULATION PATTERNS:

MANNER OF FORMATION ERRORS:

PLACE OF ARTICULATION ERRORS:

VOICING ERRORS:

Notes: (These and additional notes are discussed in the Manual under "Dialectal Variations")
1. Either /ʍ/ or /w/
2. Either /t/ or /d/
3. Either /ʒ/ or /dʒ/.
4. Either /r/ or /ɚ/ or lengthening of the preceding vowel.

[그림 8-4] 아동기 마비말장애 음소분석을 위한 테스트 양식

자료: Fisher, H.B., & Logemann, J.A. (1971). *Fisher-Logemann Test of Articulation Competence*. Austin, TX: Pro-ed. Reprinted by permission.

있는 피셔-로그맨 조음 수행력 평가(Fisher-Logemann Test of Articulation Competence, 1971)를 처음에 사용할 것을 권한다. 이 평가양식은 음소의 오류가 나타나는 조음 위치와 방식을 한눈에 파악할 수 있도록 제시하며, 더불어 모음 전, 모음 간, 모음 후에 오는 위치에서 모음 오류에 대해서도 평가할 수 있다.

Thompson은 정밀표기법(narrow transcription)을 사용하여 조음 분석을 세심하게 분석한 다음 치료 목표 음소를 선정하도록 제안했다. 그에 따른 가이드라인은 다음과 같다:

1. 자극력 있는 오류 음소를 그렇지 않은 음소보다 우선 선택한다.
2. 적어도 한 개의 조음 위치에서 정확하게 발음되는 오류 음소를 어느 위치에서도 정확하게 산출되지 않는 음소보다 우선 선택한다.
3. 왜곡 오류를 보이는 음소가 대치나 생략 오류에 비해 먼저 교정되는 경향이 있다.
4. 보다 가시적인 음소를 덜 가시적인 음소보다 우선 선택한다.
5. 발달상 먼저 습득되는 음소를 나중에 발달되는 음소보다 우선 선택한다. 부가적으로, 특정 조음 위치, 조음 방법, 유성음화 목록, 음운 변동 과정 목록을 토대로 목표 음소를 선택할 수 있다.

Crary와 Comeau(1981)는 일반적인 음운 변동 과정 평가에 근거한 마비말장애 구어 패턴을 분석하여 이를 토대로 선천적인 마비말장애 문제를 구분하고 동시에 마비말장애 중재 프로그램을 계획할 것으로 주장하였다. 이러한 맥락에서 접근한 25세의 경직형 뇌성마비 여성을 대상으로 한 치료사례 문헌에서, 그들은 치료 대상자의 구어에서 나타나는 음운 변동 오류 패턴을 중심으로 계획된 훈련 프로그램을 실시한 후에 그녀의 말 명료도가 개선되었음을 보고하였다. 그들이 보고한 사례 연구에서 대상자의 구어 패턴에서 나타난 오류 양상은 군집화(cluster)와 폐쇄 오류가 두드러졌다. 자음군 복잡성 감소에 포함되는 오류 패턴은 마찰음을 동일구조의 폐쇄음으로 대치하기, 종성자음 생략하기, 모음 앞에 오는 무성폐쇄음의 유성음화였다. 그중에서도 가장 빈번하게 발생한 오류는 폐쇄음화였기에, 조음치료의 목표는 폐쇄음화 변동을 수정하는 데 있었다. 중재 결과 폐쇄음화의 발생이 감소하였고, 자발적 구어에서 마찰음의 조음 정확성이 증가하였다.

그러나 마비말장애 아동들을 대상으로 음운 변동 접근법의 치료효과는 지속적으로 연구되어야 한다. Crary와 Comeau의 연구는 아동기 마비말장애를 위한 전통적 조음치료에 대한 대안적인 접근법을 제안하였으나, 아직 그 효과는 사례 연구에 국한되어 있다.

조음 중재 가이드라인

Hardy(1983)는 아동기 마비말장애에 대한 폭넓은 경험에 근거하여 조음 오류 중재를 위한 몇 가지 가이드라인을 제시하였다. 그가 주장하는 절차들은 다음과 같다.

1. 모음 앞에 위치하는 자음을 먼저 정확하게 발음되도록 훈련한다. 모음 앞에서 발음이 먼저 치료가 되면 모음 뒤에 위치하는 오류 음소는 보다 쉽게 치료된다.
2. 조음근육의 운동문제로 인해 목표 조음 위치에 미치지 못하는 왜곡 오류는 집중강화 훈련이 필요하다. 이러한 사례에서 국한된 부위의 조음 접촉 능력은 비교적 좋아지게 된다.
3. 명백한 운동문제로 인해 발생하는 조음 생략과 왜곡은 (오류 음소에 대한 직접적인 조음치료와 더불어) 관련된 훈련이 필요하다. 왜냐하면 조음왜곡이 완전히 바뀌지 않고는 앞서 언급한 오류들이 개선되는 것이 힘들다.
4. 조음 오류 교정 훈련 시에 청각-단일자극보다는 청각 및 시각 자극

의 다양한 감각자극을 활용하도록 한다.

5. 구어속도를 천천히 하고 정확한 무성 음소를 산출하는 데 집중함으로써 유성음 대 무성음의 자질적 차이를 인식할 수 있도록 훈련한다. 다수의 뇌성마비 아동들은 무성 자음을 유성음화하는 경향이 많기 때문에 이 훈련은 매우 중요하다.

조음의 신경학적 증후

기억해야 할 중요한 사실은 마비말장애 아동들의 구강-운동 손상 정도에 따라 오류가 심해지는 음소들이 있다는 것이다. 경험에 의하면, 운동이상형(dyskinetic) 마비말장애 아동들은 적절한 조음 위치를 파악하기 힘든데, 그 이유는 그들에게서 나타나는 불수의적인 운동 패턴이 구강근육운동에 영향을 미칠 수 있기 때문이다. 한편으로 경직형의 경우는 동작을 시작하는 데 어려움이 있는데 주로 조음운동시 협응과 힘 조절에 문제를 보인다. 경직형의 경우 주요 조음 위치를 파악할 수는 있지만 조음운동력이 약하고 협응이 되지 않는다(Platt, Andrews, Young & Quinn, 1980). LMN 근육장애가 있는 사례에서는 종종 근육 약화(muscle weakness)가 나타나는데 주요 조음 지점에 비교적 쉽게 접촉되지만 조음의 힘이 부족하다. 그 결과 경도(mild)에서 중등도(moderate) 수준의 음소 왜곡이 나타난다.

보상 조음

신경생리학적인 문제로 인해 발음하기가 힘든 아동의 경우, 언어치료 전문가에게는 두 개의 선택 방향이 있다. 첫 번째, 비교적 쉽게 치료될 수 있는 목표 음소들이 결정될 때까지 신경생리학적으로 불가능해 보이는 음운치료를 지연할 수 있다. 이런 경우 조음기술이 향상된 후에 아동은 초기에 신경생리학적으로 불가능해 보였던 음에 매우 근접한 소리를 만들어 낼 수 있게 된다.

두 번째, 선택방향은 조음하기 힘든 음소에 대한 보상 조음을 훈련시키는 방법이다. 종종 아동들은 언어치료 전문가의 도움 없이 나름대로 합리적인 형태의 보상 조음을 하게 된다. 이런 경우 언어치료 전문가는 그러한 보상 조음을 최대한 정제하는(refine, 바른 발음양식으로 바꾸는) 일을 해야 한다. 왜냐하면 아동들은 가끔씩 보상 조음으로 특이한(bizarre) 발음을 하기 때문이다. 따라서 언어치료 전문가는 보상 조음 선택을 바른 방향으로 바꾸어 주도록 해야 한다.

기억해야 할 점은 다수의 마비말장애 아동들은 완전한 정상 조음능력을 습득하기가 어렵다는 것이며, 그렇기에 적절한 보상 조음 방식을 익히는 것이 보다 실제적이고 의사소통 측면에서 효율적일 수 있다는 사실이다. 모든 보상 조음 방식이 제거되어야 한다는 입장을 취하는 것은 사실상 다수의 마비말장애 아동들에게는 비현실적인 일이다. 하지만 신체적으로 충분히 습득 가능한 능력을 보이는 경도 수준의 말장애 사례는 끝까지 정상조음 혹은 정상에 근접한 조음능력을 성취하도록 노력하는 것이 의미가 있다. 바꾸어 말하면, 의사소통 상황에서 투사되는 사회적 요구나 기대치가 발화 훈련을 할 때 현실적인 목표를 제시하는 데 도움이 된다.

조음치료시 난관

경험상 마비말장애 아동들의 조음치료는 그리 쉬운 편이 아니며, 여러 가지 난관이 있다. 학령기 연령대의 대상 아동에게는 한두 달 방학을 주어 장시간 조음치료를 받을 수 있는 기회를 제공하면 좋을 것 같다. 집중치료 기간은 아동의 조음능력을 재확립하는 데 도움이 될 것이다. 조음치료는 대상 아동이나 언어치료 전문가 편에서 보면 상당한 노력이 요구되는데, 말 명료도가 조음기술—특히, 혀의 기능—과 매우 밀접하기 때문이다. 뇌손상이 있는 아동들에게 혀 운동-특히 혀끝 상승(tongue-tip elevation)이 매우 어려운 것으로 관찰되기에 이런 경우 조음개선을 위해 집중적인 치료가 필요하다.

마비말장애 아동들과 담당 언어치료 전문가는 종종 조음치료 효과가 저조하여 좌절감에 부딪히게 되는데 이로 인해 그리고 나름대로는 합리적인 여러 이유로 치료를 종결하게 된다. 이것은 나이가 든 청소년기 혹은 성인기에 해당하는 마비말장애 화자들은 언어치료를 다시 시작해야 할 필요성을 느낄 수도 있는데, 그것은 그들의 말 명료도를 개선시키기 위해 좀 더 노력해야 할 뭔가가 있는지를 알고 싶어하기 때문이다. 이는 어느 정도 나이가 들어서 언어치료를 다시 시작하게 되는 경우 치료에 대한 동기부여가 강하고, 개인의 깊어진 사고관으로 잠깐 좌절감을 느낄 수 있겠지만 보다 적극적으로 조음치료에 임할 수 있을 것이다.

마비말장애 정도가 중등도 이상의 심각한 수준일 때에는 거의 일생 동안 언어치료가 필요할 수 있음을 생각해야 할 것이다. 사실상 다수의 마비말장애 아동들은 여러 종류의 치료를 받는다. 언어치료 전문가로서 우리는 아동의 구어장애를 늘 새로운 시각으로 바라봐야 하며 그들의 일생 동안 어느 시점이든지, '회복 과정(refresher course)' 으로 언어치료를 통해 말소리가 어느 정도 나아질 수 있도록 도와주어야 한다.

발달성 구두 실행증 중재

DVD가 의심되는 상황이 있을지라도 보다 적절한 치료를 제공하기 위해서는 DVD 증상을 입증할만한 근거를 제시해야 한다. 이 전문가들은 기능적 조음장애가 있는 아동들에게 적절하다고 여겨지는 치료절차들은 DVD가 의심되는 아동들에게는 부적절한 것으로 주장한다. DVD가 의심되는 아동들에게 적합한 언어치료를 제공하기 위해서는 무엇보다 조기진단을 통해 정확한 진단이 필요하다. 조기진단에 의해 잘못된 중재를 사전에 방지할 수 있으며, 가족 상담의 올바른 방향성을 제시하며, 조음 능숙성(기술성, proficiency)에 대한 기대치를 낮추고, 궁극적으로는 구두의사소통보다 더 나을 수 있는 보완 대체 의사소통 도구를 선택하는 데 도움이 될 수 있다(Jaffe, 1986).

몇몇 중재 접근법들이 여러 문헌에 보고되었는데, 치료 계획 하나에 여러 접근법들이 포함되기도 한다. 어떤 접근법들은 성인 말 실행증에 적용되는 치료 원칙들을 포함하기도 한다. 성인의 신경 기제와 아동 실행증이 동일한지 혹은 유사한지에 대해서는 명확하지 않으며 유사한 치료기법들이 양쪽 모든 그룹에게 효과적인가에 대한 논란이 다소 있다(Jaffe, 1986).

반면, Diedrich(1982)는 성인과 아동 말 실행증 간의 유사점이 거의 없다는 관점을 가지는데 아동기 마비말장애, 말 실행증, 그리고 기능적인 조음 오류는 각각 다른 것 같지만 오히려 비슷한 점이 많다고 생각한다. 이러한 관점은 조음장애에 대한 유사한 접근법들이 위 세 개의 하위 집단에 아마 효과적일 수 있음을 의미하는 것이기도 하다.

이상의 여러 과정에서 시도하는 치료 접근법이 있지만 공통적으로는 DVD에 대한 특별한 접근법들이 필요하다는 것이다. 다수의 조음치료 접근법들은 전통적인 조음치료를 강조하면서 그의 관점들을 덜 중요시하는 경향이 있다. 예를 들어 DVD가 의심되는 아동 사례보고에서, Love와 Fitzgerald(1984)는 청각식별(auditory discrimination) 기술과 규칙 준거(rule-based) 음운론적 접근법들이 덜 강조되고, 반면 조음 자세 잡기(articulatory postures)와 음소배치법, 청각-시각 음 자극, 그리고 운동반복 활동들이 강조되었다. 다른 문헌에서 보고된 접근법들을 살펴보면, Love and Fitzgerald가 제안했던 수정보완된 조음치료법에 비해서는 덜 전통적인 방법임을 주목해야 한다.

DVD 아동들을 다루는 여러 치료 접근법 중의 몇몇은 추후에 논의될 것이지만, 그 전에 기억해야 할 점은 DVD 치료 프로그램의 중재효과는 아직 명확하게 알려져 있지 않다는 것이다(Pannbacker, 1988). DVD 중재 관련 문헌에는 여러 가지 한계점들이 있다. 이들 문헌에서 보고된 대부분의 접근법들은 단일 사례이거나 대상 아동 수가 매우 제한적이라는 것이다. 더군다나 보고된 치료 접근법들의 다수는 그렇게 잘 설명되어 있지 않으며, 만족할 만하게 되풀이 할 수는 없었다. 왜냐하면 어떤 치료 기술은 객관적으로 측정되지 않았거나 적절한 통제집단과의 비교를 통해 그 치료 효과가 통제되지 않은 변수들에 의한 것인지 치료 자체의 효과인지에 대해 명확하게 제시되지 않았다. Pannbacker는 DVD 아동들의 중재에 관한 다수의 보고된 문헌들을 검토하였고 〈표 8-1〉에 그 효과를 정리하여 제시하였다. 이 표를 참고하면 DVD에 대한 중재 효과가 적절하지 않거나 과

〈표 8-1〉 DAS에 대한 유용한 치료 접근법

치료 방법	참고 문헌	일반 효과
단서 적응훈련	Klick(1985)	대체로 비검증
청력계 통합	Chappel(1973)	비검증
Contingencies-Wisconsin test apparatus	Daly et al.(1972)	예비결과-효과 검증
위계화, 운동연속, 계층적 반복기술	Rosenbek et al.(1974)	예비결과-효과 검증
멜로디 억양 치료법	Doszak et al.(1987) Smith and Engel(1984)	대체로 비검증
비구누훈련	Harlan(1984)	대체로 비검증
촉진체계	Chumpelik(1984)	비검증
부호화된 목표음소	Shelton and Graves(1985)	대체로 비검증
총체적 의사소통법	Jaffe(1984)	예비결과-효과 검증
촉각단서 체계	Bashir et al.(1984)	비검증

(역자: 참고로 이 표는 1980년대 연구결과들을 제시하고 있다)
출처: Reprinted by permission of the publisher from "Management strategies for developmental apraxia of speech: A review of the literature," by Mary Pannbacker, *Journal of Communication Disorders, 21*, 363-371. Copyright 1988 by Elsevier Science Publishing Co., Inc.

학적으로(객관적으로) 보고되지 않았다는 것을 발견하게 될 것이다.

아직까지도 치료효과가 명확히 입증된 DVD 중재접근법들이 매우 제한적이라면 아동기 운동구어장애를 공부하는 학생들은 DVD 중재에 관한 문헌들을 과연 어떤 식으로 이해해야 할까? 첫째, 언어치료 전문가들은 기본적으로 다양한 치료 접근법들을 공부해야 하며, 어떤 접근법들이 가장 논리적이고 과학적인 근거가 있는지, 그리고 아동에게 가장 효과가 있을 것 같은 접근법들이 있는지를 판단해야 한다. 둘째, Pannbacker의 관점을 공부한 후에 살펴보면, 언어치료 전문가는 몇몇 접근법들이 DVD 아동에게 어느 정도는 효과가 있을 것으로 예상할 수 있다. 그러나 치료를 선택할 수 있는 분명한 기준은 계속 연구되어야 한다.

전통적 접근

Thompson(1988)에 의하면, 많은 저자들은 구강운동과 구강 감각 훈련을 포함하는 중재 프로그램을 지지하고 있는데, 그 프로그램은 조음 자세 취하기, 연속적인 음 산출훈련, 그리고 리듬, 손, 혹은 몸의 움직임을 이용하여 구어 훈련을 포함하고 있다.

구강운동과 구강 감각훈련 구강운동은 DVD 치료에서 널리 사용되어 왔다(Haynes, 1985; Yoss & Darley, 1974). Yoss와 Darley는 모방과 거울 사용을 통해서 근육운동 범위를 증가시키고, 조음기의 정확한 위치를 촉진시키며 동시에 구강 기제 실행중의 움직임을 제한할 것을 제안한다. Haynes는 모방 뿐만 아니라 구어지시에 의한 혀와 입술의 움직임에 집중된 기술을 주장하였다. 그녀는 음식과 치약을 통해서 목표로 하는 동작 패턴을 유도할 수 있음을 주장한다. 예를 들어, 환자는 치약으로 혀 끝을 움직여서 볼 안쪽으로 움직여서 그것을 닦아내도록 할 수 있다. 또한 혀로 구강 내에 있는 음식물을 닦아내도록 할 수 있으며, 환자는 혀로 혀등에

놓인 소량의 음식물을 구강 내에서 다양한 거리와 각도에서 제거하는 활동을 할 수 있다. 이러한 치료 과업을 하는 동안은 보통 시각적 피드백이 제시된다. 이 치료 과업의 목표는 조음자세에 대한 시지각 능력(visual sensory awareness)을 강화하는 것이다.

Haynes(1985)가 활용한 또 다른 감각 지각 기술은 다감각 자극으로 구강감각 기제에 강한 충격을 주는(bombarding) 것이다. 특별히, 추체로(pyramidal tract의 presumed facilitation) 때문에 촉감각 자극(tactile stimulation)을 강조하였다. 촉감을 이용한 또 다른 자극 기술에는 면이나 사포를 윗입술, 혀, 구개, 안면 주위에 문질러 자극을 준다. 하지만, 위에서 지적한 바와 같이, 구어 기제에서 구강 감각기능의 역할은 애매모호한 점이 있으며, 구강 지각력 촉진 관련 기술들이 정말 효과적인지를 평가하는 자체가 어렵다. 임상 현장에서 필요에 따라 실시하고 있는 구강-감각 촉진 효과에 대해서는 계속적인 연구가 필요하다.

조음자세 감각 발전시키기 여러 치료 프로그램들에서 조음자세 감각을 향상시키는 것이 강조되었다할지라도, Rosenbek, Hansen, Baughman, 그리고 Lemme(1974)와 Jaffe(1986)는 그러한 훈련에 반대하는 입장을 취하고 있다. 그 이유는 DVD 아동들은 언어치료 전문가의 모델링에 따라 조음자세 잡기를 모방하는 것이 매우 어렵다고 느끼기 때문이다. 하지만, Haynes(1985), Blakeley(1983), 그리고 Logue(1978) 모두는 그들의 총체적 프로그램에서 조음제스처의 발달양상의 일면을 활용하고 있다. 예를 들면, 조음자세를 향상시키기 위해서, Blakeley는 거울을 보면서 자신의 입술 모양을 관찰하도록 한 다음, 손으로 아동의 혀나 입술 모양을 그와 같은 모양이 되도록 만져 주면서 아동에게 모음산출 훈련을 위해 '소리를 내도록' 요구한다(p.32 참조). Blakeley는 중성 발성(neutral phonation)이 되더라도 아동의 혀와 입술은 각기 다른 모음의 조음자세를 취할 수 있다고 생각한다(역자 해설: 특정 모음을 산출하는 것이 아니고 구강 내 혀가 어중간한 중간 위치에서 발성되는 상태).

연속적인 음산출 훈련 연속적인 음산출의 어려움은 DVD를 정의하는 용어는 아닐지라도 DVD의 주요한 특징 중의 하나이다. 그렇기에 DVD의 치료는 대개 DVD 구어장애 특성들을 고려하여 이에 초점을 맞춘 방법들이다(Haynes, 1985; Rosenbek et al., 1974; Yoss & Darley, 1974). 대개 훈련 초반에는 의미있는 어휘들을 중심으로 시각적으로 확인할 수 있는 자음들을 골라서 CV, VC, CVC 구조의 음절 단위에서 시작하여 점진적으로 단어나 구문 수준으로 진행해간다. Haynes(1985)는 DVD 아동들이 복합음군(complex sound clusters)을 발음하는 것이 어려울 때는 관입음(intrusive schwa)을 사용할 것을 주장하였다. 하지만 관입음을 사용한 음연속훈련이 얼마나 효과가 있는지를 밝힌 연구는 아직 없다.

리듬, 손, 신체 움직임을 이용한 발화 훈련 Haynes(1985)는 발이나 손가락으로 박자를 맞추는 두드림(tapping)과 같은 비구두 행동들이 DVD 치료에 도움이 될 수 있음을 제안하였다. 이러한 활동들은 조음기의 연속적으로 움직이거나 조음 위치를 변화시킬 수 있도록 강조하는 경향이 있다고 생각했다. 이와 같은 목적을 염두해 두고 총체적인 치료 계획의 관점에서 DVD 치료를 위해 제시되었던 다수의 접근법들을 손이나 역동적인 동작과 함께 사용할 수 있다.

기타 접근법

이상의 기법들 이외에 DVD 중재와 관련하여 보고된 기타 접근법들은 Pannbacker(1988)가 지적한 바와 같이, 그 접근법들의 치료효능에 대해 확증할 만한 유용한 자료가 제시되기까지는 의문의 여지가 다소 남아 있는 상태이다. 다음은 몇 가지 접근법들을 간단히 검토할 것이다.

Klick(1985)은 적응된 단서주기 기법(adapted cueing techniques, ACT)을 사용했는데, 이 기법은 구강 자극을 촉진시키고 보다 더 정확한 조음을 유도하기 위해 청각장애인을 대상으로 사용하는 수화 문자(manual alphabet)로부터 유래된 것이다. Bashir, Grahamjones, 그리고 Bostwick(1984)는 "촉각-단서 방법(touch-cue method)"이라 불리는 촉감각 단서 방법을 개발하였다. Shelton과 Graves(1985)는 5살된 남자아이를 지도하기 위해 부호화된 목표 음소(signed target phonemes)에 대한 미국 수화문자에서 나온 손 모양을 이용하였다. Harlan(1984)은 3살된 실행증 아동을 치료하기 위해 비구두, 영어 수화(signed English), 구강운동을 동시에 사용한 사례를 보고하였는데, 이 보고에서는 조기중재와 대안적 의사소통 기법은 사례 연구를 통해 그 효과가 증명되어야 함을 제안하였다.

Chumpelik(1984)는 촉감각 자극(tactile stimulation)과 음소 배치법(phonetic placement) 절차를 통합한 하나의 체계를 보고하였다. 이 체계는 PROMPTS(Prompts for Restructuring Oral Muscular Phonetic Targets)를 의미하며 관련 연구자들에 의해 그 효과가 제시되었다. Daly, Cantrill, Cantrill, 그리고 Aman(1972)은 정확한 반응에 대한 피드백을 제공하기 위해 위스콘신 평가 도구(Wisconsin Test Apparatus)를 활용하였다. 실행증이 심한 아동은 6개월 정도 치료를 받았고 그 후 긍정적인 변화가 있었던 것으로 보고되었다.

멜로디 억양 치료법(Melodic Intonation Therapy, MIT)은 주로 성인 실어증 환자에게 적용되는 노래하기 기법으로, Dozak, McNeil, 그리고 Jaccosek(1981)이 실행증 아동을 위해 사용하였다. Helfrich-Miller(1984)는 MIT와 총체적인 의사소통법을 결합하여 두 명의 아동 치료에 적용하여 긍정적인 결과를 보고하였다. 마지막으로, 구개거상 보철기기가 DVD가 의심되는 사례에서 과다비성을 중재하기 위해 적용되기도 하였다(Hall, Hardy, & LaVelle, 1990).

DVD 연구 실행증 아동을 위한 유용한 사례 연구들은 제한적인 편이다. 그렇기에, 이 장에서는 DVD가 의심되는 몇 안 되는 사례 연구들 중 하나를 정리하여 제시함으로써 마무리하는 것이 적절할 것으로 여겨진다. 보다 중요한 사실은 추후 연구에서 DVD 치료 효과를 둘러싸고 있는 여러 쟁점들을 해결하기 위해 과학적인 연구설계가 반드시 뒷받침되어야 할 것이다(역자: 본 서 이후에 발달성 말 실행증에 다양한 치료 연구들이 소개되어오고 있다).

Young과 Thompson(1987) 그리고 Thompson(1988)의 연구에서는 DVD가 의심되는 사례 치료를 다룬 통제된 연구를 제시하였다. 연구 대상자는 2명의 성인이었고, 두 명 모두 아동기 때 DVD로 진단받았다. 이 연구에서는 단일 사례에 대한 중다기초선 설계(multiple baseline design)를 적용하였다. 대상자들은 단어 초성에 마찰음이나 유음, 폐쇄음이 연결된 자음군이 위치하는 단어나 자음(군)이 양 음절에 걸쳐있거나 자음이 인접해 있는 이중 음절 단어를 발음하는 훈련을 하였다. 이 음소들과 음소군은 DVD 아동에게 특히 어려운 것으로 보고되었다.

이 연구에서 목표 단어들은 리버스 단서 훈련(rebus-cued training) 절차에 따라 훈련되었다. 이 기술은 후향 추론 방법(backward chaining)을 통해 목표 어휘(명사)의 색깔 그림카드를 이용해서 훈련한다. 예를 들어, 'magnet(자석)' 의 명사 어휘에 해당하는 그림카드와 '리버스 net' 의 그림카드를 먼저 리버스(rebus)와 함께 제시하고 그런 다음에 전체 단어를 제시한다. 연속되는 단계별 훈련을 통해 계속 모방함으로써 나중에는 리버스가 없이도 목표 어휘를 말할 수 있게 된다. 그 결과 대상자 모두가 이중 음절 단어 내 인접하는 자음이나 초성 자음을 정확하게 산출하는 능력이 향상되었다. 비훈련 음소(untrained sounds)에도 일반화 효과가 나타났으며, 단 한 명의 피험자가 다른 한 사람에 비해서 일반화 효과가 크게 나타났다. 이 사례 연구에서는 자발적 구어에 대한 일반화는 연구되지 않았다.

이러한 맥락에서 이 연구는 추후 연구들이 DVD 치료 절차들의 타당성을 제시할 수 있는 모델을 보여 주고 있다. 특별히, 단일 피험자 중다기초선 설계는 제한된 수의 피험자—정말로 실행증일 수 있는—를 대상으로 한 연구가 활성화되는 데 도움이 된다. 두 명 이상의 피험자를 대상으로 하는 중다기초선 설계는 DVD 치료 프로그램의 효과를 보고한 사례 연구에 비해서 훨씬 더 통제된 비교 자료가 제시되고 그 효과를 일반화할 수 있다. 엄연히 더 많은 단일 피험자 설계 연구는 DVD 중재의 수수께끼를 푸는 데 필요하다.

본 서의 첫 번째 편집 이후, '발달성 구두 실행증 아동을 위한 역동적인 중재전략' (Velleman & Strand, 1998)이란 제목의 세미나가 미국 언어병리학협회에 의해 개최되었다. 이 세미나에서는 음운전략적 관점(phonotaxic perspective)을 주장하였고, DVD 아동의 경우 조기 문법적 능력을 향상시키는 데 초점을 둔 치료 프로그램을 제안하였다. 지금 논의되는 학습 개념은 DVD 아동들에게서 발견되는 읽기와 쓰기 결함에 대한 기본 정보를 제공하고 있다. 이 세미나는 비디오 녹화자료와 함께 90페이지 분량의 매뉴얼이 제공되며, 이 매뉴얼에는 훈련자료들과 자기 주도학습 프로그램을 포함하고 있으며, 이 모두가 미국 언어병리학협회 교육프로그램의 교육과정의 일부로 그 시간을 인증받고 있다. 세미나 비디오자료와 동반되는 훈련 매뉴얼은 1992년 이후 작성된 이래로 DVD 관련 임상문헌에 지대한 영향력을 주었다.

요약 Summary

이 장에서는 대부분 마비말장애 아동의 치료계획과 중재를 위한 구어산출 하위 체계별 접근에 대해 설명하고 있다. 이는 신경학적인 손상이 있는 경우 구어산출의 각 하위 체계의 정상적 및 비정상적 기능에 대한 분석이 구어치료 방법을 결정하고 어느 시점부터 중재를 시작해야 할지에 대한 정보를 제공하는 것으로 가정하고 있다. 구어산출 하위 체계 분석은 대개 아동이 구강인두근육 운동패턴을 향상시키기 위한 구어 전(prespeech) 섭식 프로그램을 다 마친 후에 시작된다. 발성 놀이(vocal play)를 자극하고 강화하기 위한 동반 프로그램은 구어 전 섭식 프로그램과 통합된다(7장 참조).

정식으로 구어 훈련을 시작할 때 일반적으로 다루게 되는 첫 영역은 호흡 기능장애에 대한 중재이다. 호흡 훈련 초기단계에서는 발화에 적절한 자세잡기(positioning)와 신체적 지지(physical support)이다. 머리 균형(head balance), 목의 정상적 신장(neck extension), 머리의 지속적인 지탱, 그리고 착석 자세에서 앞으로 살짝 굽은 상태의 어깨와 몸통의 바른 일직선 유지 등, 이 모두가 구어산출에 적합한 호흡지지력을 발전시키는 데 도움을 준다.

구어산출을 위한 생리적 지지력(physiologic support)을 향상시키려는 시도는 좋으나, (근본적으로) 호흡근육의 손상 정도에 따라 구어 호흡 수행력에 한계가 있을 수 있다는 점을 기억해야 한다. 그러나 손상 정도에도 불구하고, 아동은 자신의 호흡체계의 생리학적 한계 내에서 말하는 법을 배워야 한다. 흡기량(air intake) 증가를 위한 목적아래 모음 연장 발성하기 그리고 비교적 높은 폐용량(lung volumes)에서 말하기 훈련은 의미있는 활동이다. 대체로 지속적인 불기 활동은 금하고 있는데 그 이유는 불기 조절과 구어산출은 서로 다른 차원이기 때문이다. 하지만, 1회 호흡량

(tidal air flow)의 한계 내에서 의식적으로 구어 구문 조절하기(speech phrasing) 훈련은 구어 전체 명료도를 향상시키는 데 도움이 된다. 그리고 속도 조절판(pacing board)의 활용을 통해 구어조절력을 개선시키고 느린 속도로 말하는 것을 보다 용이하게 만들 수 있다.

과소발성이나 과다발성 증상 모두가 마비말장애 아동에게서 나타난다. 어떤 전문가들은 시도치료(trial of therapy)를 제안했으나 그들은 아동들의 심각한 음성문제를 개선시킨다는 것에 대해서는 비관적이었다. 뇌성마비 청소년을 대상으로 한 음성치료는 가끔 효과가 있긴 한데 이는 그들의 초기 구어치료가 음성치료보다는 조음치료에 집중되었기 때문이다. 이 대상자들에게 전통적인 음성치료 방법의 하나로 음성문제에 대한 인식, 청각적 분별(auditory discrimination) 그리고 발성 산출에 대한 청각 및 비디오 모니터링을 실시했을 때, 종종 놀라운 효과가 나타났다.

이완형 마비말장애(flaccid dysarthria)의 후두근육의 이완은 기존의 "밀기 접근법"을 통해서 정상적으로 회복되기는 어려운 편이다. 그런 경우 휴대용 음성 확성기(portable voice amplifiers)와 같은 대체 도구 사용을 고려해야 할 것이다. Visipitch(Kay Elemetrics)와 같은 기기는 음도 변화에 도움이 된다. 음도의 상승 및 하강 훈련을 위한 단순한 그래프 사용 또한 발화의 자연스러움을 개선시키는 데 유용하다. 언어학적인 목표 강세의 구분은 운율 문제를 개선시키는 데 도움이 된다.

연인두 기능장애는 마비말장애 아동에게서 종종 관찰되는 문제이며, 뇌성마비 아동들에게는 특별 관심 영역이기도 하다. 이 문제를 해결하기 위한 세 개의 기본적인 접근 방법—구개훈련, 구개거상 보철기 착용, 구개수술—중 구개거상 보철기 착용은 심각한 과다비성이 있거나 구강인두 조절력이 부족한 사례에게 가장 효과적인 것으로 나타났다. 만약 구개거상기가 맞지 않는다면 다음 선택으로는 인두피판 수술을 고려해 볼 수 있다.

조음치료—특별히 음소 배치 오류를 교정하는 경우—는 언어재활 프로그램에서 높은 우선순위에 있다. 조음훈련이 구강 저항력 훈련(oral resistance exercises) 계획에서 우선 실시되어야 한다는 점은 아직 쟁점이긴 하지만, 집중적인 조음훈련은 근력 운동과 병행하든 그렇지 않든 간에 나름대로의 효과가 있다. 저항력 훈련은 근육 약화를 보이는 몇몇 사례에 도움이 될 수 있다. 또한 다소 제한된 마비말장애 아동 사례이긴 해도 음운 변동 평가와 중재 계획은 그들의 조음치료에서 유용한 것으로 나타났다. 마비말장애 아동들은 복잡한 조음운동이 요구되는 음소들에서 오류를 더 많이 보이고, 이는 뇌 손상으로 인한 조음장애의 주요 특징을 나타내는 것이다. 신경학적 손상이 매우 심할 때에는 보상적 조음 방법을 지도해야 한다. 손상이 심한 아동에게 있어서 집중적인 조음치료가 때로는 좌절감을 줄 수 있는데, 조음치료가 성공적이라면, 이런 경우 일정 기간의 치료 휴지기간을 통해 좌절감을 없앨 수 있는 준비 시간이 필요할 수 있다. 그러나 치료 후에도 계속 말소리가 불명료하다면, 보완 의사소통 기술이 필요하다.

DVD 중재는 아직 논란의 여지가 있다. 다수의 언어치료 전문가들은 전통적인 치료 접근법이 맞지 않는 이 특이한 조음장애에 대해 나름대로의 특성화된 접근법들이 필요함을 주장하였다. DVD 중재에서 전통적으로 사용되는 접근법들은 조음 모양을 모방하거나 음소 배치법을 강조하고 있다. 또한 이 접근법들은 청각 식별과 규칙 준거-음운론적 치료는 덜 강조하는 편이다. 구강-감각 자극과 훈련은 연속적인 음산출법과 함께 강조되었다. 전통적인 접근법의 발화 훈련은 손과 신체의 역동적인 움직임과 함께 수행된다.

이외의 관련 문헌들을 살펴보면, 새로운 기술이나 여러 기술을 결합한 접근법들을 강조하고 있는데, 이 접근법들에는 다양한 형태의 단서 제시, 수화 문자 사용, 영어 수화, 대체 의사소통, 멜로디 억양치료법, 총체적 의사소통 지도, 그리고 구개거상 보철기 등이 포함된다. 비록 아직 입증되진 않았지만, 보고된 여러 사례 연구에 의하면 그 치료 접근법들의 효과 정도가 차이가 나타난다고 하지만 그중 몇몇은 나름대로 인증할 만하다. 그러나 중요한 것은 추후 연구에서 특정 치료 기술의 타당성을 확증하기 위해 선행연구와는 다른 DVD 사례에서도 그 효과가 재증명되어야 한다. 유감스러운 점은 1992년에 이 책이 처음 편집된 이후로는 DVD로 추정되는 아동들의 치료에서 활용된 보다 신뢰할만한 임상 연구들을 통해 치료 기술의 효능을 확인하기 위한 노력이 문헌에서 거의 나타나지 않았다는 점이다.

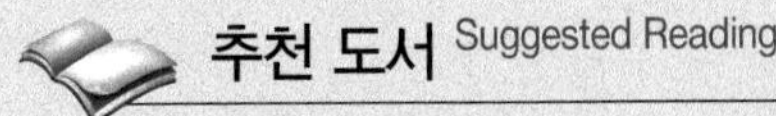

추천 도서 Suggested Reading

Netsell, R., Lotz, W. K., & Barlow, S. M.(1989). A speech physiology examination for individuals with dysarthria. In. K. M. Yorkston & D. R. Beukelman (Eds.), Recent advances in clinical dysarthria (pp.3-37). Boston: Little, Brown.

Thompson, C. K. (1988). Articulation disorders in the child with neurogenic pathology. In N. J. Lass, L. V. McReynolds, J. L. Northern, and D. E. Yoder(Eds.), Handbook of Speech-Language pathology and audiology (pp. 548-591). Toronto: B. C. Decker.

참고 문헌 References

Aronson, A. (1985). Clinical voice disorders (2nd ed.). New York: Thieme-Stratton.

Barlow, S. M. (1989). A high-speed data acquisition system for clinical speech physiology In K. M. Yorkston & D. R. Beukelman (Eds.), Recent advances in clinical dysarthria (pp. 39-52). Boston: Little, Brown.

Barlow, S., & Farley, C. R. (1989). Neurophysiology of speech. In D. P. Kuehn, M. L. Lemme, & J. M. Baumgartner (Eds.), Neural bases of speech, hearing and language (pp. 146-200). Boston: Little, Brown.

Bashir, A. S., Grahamjones, F., & Bostwick, R.Y. (1984). A touch-cue method of therapy for developmental apraxia of speech. Seminars in Speech and Language, 5, 127-137.

Blakeley, R. W. (1983). Treatment of developmental apraxia of speech. In W. H. Perkins (Ed.), Dysarthria and apraxia (pp. 25-33). New York: Thieme-Stratton.

Canter, C. (1965). Speech characteristics of patients with Parkinson's disease: II. Physiologic support for speech. Journal of Speech and Hearing Disorders, 30, 217-224.

Chumpelik, D. (1984). The prompt system of therapy: Theoretical framework and applications for developmental apraxia of speech. Seminars in Speech and Language, 5, 139-155.

Cole, R. M. (1971). Direct muscle training for the improvement of velopharyngeal function. In W. C. Grabb, S. W. Rosenstein, & K. R. Bzoch (Eds.), Cleft lip and palate (pp. 328-340). Boston: Little, Brown.

Crary, M. A., & Comeau, S. (1981). Phonologically based assessment and intervention in spastic cerebral palsy: A case analysis. South African Journal of Communication Disorders, 28, 29-37.

Daly, D. A., Cantrill, R. P., Cantrill, M. L., & Aman, L. A. (1972). Structuring speech therapy contingencies with an oral apraxic child. Journal of Speech and Hearing Disorders, 37, 22-32.

Darley, F. L., Aronson, A. F., & Brown, J. R. (1975). Motor speech disorders. Philadelphia: W. B. Saunders.

Diedrich, W. (1982). Toward an understanding of conxmttnication disorders. In N. Lass, L. McReynolds, J. Northern, & D. Yoder (Eds.), Speech, language, hearing. Volume II: Pathologies of speech and language. Philadelphia: W. B. Saunders.

Dozak, A., McNeil, M., & Jaccosek, F. (1981). Efficacy of melodic intonation therapy with developmental apraxia of speech. Paper presented at the annual convention of the American Speech-Language-Hearing Association, Los Angeles.

Fisher, H. B., & Logemann, J. A. (1971). The Fisher-Logemann Test of Articulation Competence. Boston: Houghton Mifflin.

Froeschels, E. (1952). Dysarthric speech. Magnolia, MA: Expression.

Froeschels, E., Kastein, S., & Weiss, D. A. (1955). A method of therapy for paralytic conditions of the mechanisms of phonation, respiration, and glutination. Journal of Speech and Hearing Disorders, 20, 356-370.

Hall, P K., Hardy, J. C., & LaVelle, W. F. (1990). A child with signs of developmental apraxia of speech with whom a palatal lift prosthesis was used to manage palatal dysfunction. Journal of Speech and Hearing Disorders, 55, 454-460.

Hardy, J. C. (1964). Lung function of athetoid and spastic quadriplegic children. Developinental Medicine and Child Neurology, 6, 378-388.

Hardy, J. C. (1983). Cerebral palsy. Englewood Cliffs, NJ: Prentice Hall.

Hardy, J. C., & Edmonds, T. D. (1968). Electronic integrator for measurement of partitions of the lung volume. Journal of Speech and Hearing Research, 11, 777-786.

Hardy J. C., Rembolt, R., Spriesterbach, D., & Jaypathy, B. (1961). Surgical management of palatal paresis and speech problems in cerebral palsy: A preliminary report. Journal of Speech and Hearing Disorders, 26, 320-325.

Harlan, N. T. (1984). Treatment approaches for a young child evidencing developmental verbal apraxia. Australian Journal of Human Communication Disorders, 12, 121-127.

Haynes, S. (1985). Developmental apraxia of speech: Symptoms and treatment. In D. F. Johns (Ed.), Clinical management of neurogenic communication disorders (2nd ed., pp. 259-266). Boston: Little, Brown.

Helfrich-Miller, K. (1984). Melodic intonation therapy with developmentally apraxic children. Seminars in Speech and Language, 5, 119-126.

Helm, N. A. (1979). Management of palilalia with a pacing board. Journal of Speech and Hearing Disorders, 44, 350-353.

Hixon, T., Hawley, J., & Wilson, J. (1982). An around-the-house device for the clinical determination of respiratory driving pressure: A note on making simple even simpler. Journal of Speech and Hearing Disorders, 47, 413.

Jaffe, M. B. (1986). Neurologic impairment of speech production: Assessment and treatment. In A. Holland & J. M. Costello (Eds.), Handbook of speech and language disorders (pp. 157-186). San Diego: College Hill Press.

Klick, S. (1985). Adapted cueing technique for use in treatment of dyspraxia. Language, Speech, and Hearing Services in Schools, 16, 256-259.

LaVelle, W. F., & Hardy J. C. (1979). Palatal lift prosthesis for the treatment of palatopharyngeal incompetence. Journal of Prosthetic Dentistry, 42, 308-315.

Logue, R. D. (1978). Disorders of motor-speech planning in children: Evaluation and treatment. Communication disorders: An audio-journal for continuing education, 3. New York: Grune & Stratton.

Lotz, W. K., & Netsell, R. (1989). Velopharyngeal management for a child with dysarthria and cerebral palsy In K. M. Yorkston & D. R. Beukelman (Eds.), Recent advances in clinical dysarthria (pp. 139-143). Boston: Little, Brown.

Love, R. J., & Fitzgerald, M. (1984). Is the diagnosis of developmental apraxia of speech valid? Australian Journal of Human Communication Disorders, 12, 170-178.

McDonald, E. T., & Chance, B., Jr. (1964). Cerebral palsy. Englewood Cliffs, NJ: Prentice Hall.

McWilliams, B. J., Morris, H. L., & Shelton, R. (1990). Cleft palate speech (2nd ed). Ontario: B. C. Decker.

Musselwhite, C. R., & St. Louis, K. W. (1988). Communication programming for persons with severe handicaps: Vocal and augmentative strategies (2nd ed.). Boston: Little, Brown.

Netsell, R. (1969). Evaluation of velopharyngeal function in dysarthria. Journal of Speech & Hearing Disorders, 34, 113-122.

Netsell, R., & Daniel, B. (1979). Dysarthria in adults: Physiologic approach to rehabilitation. Archives of Physical Medicine & Rehabilitation, 60, 502-508.

Netsell, R., Lotz, W. K., & Barlow, S. M. (1989). A speech physiology examination for individuals with dysarthria. In K. M. Yorkston & D. R. Beukelman (Fds.), Recent advances in clinical dysarthria (pp. 3-37). Boston: Little, Brown.

Pannbacker, M. (1988). Management strategies for developmental apraxia of speech: A review of the literature. Journal of Communication Disorders, 21, 367-371.

Platt, L., Andrews, C., Young, M., & Quinn, P (1980). Dysarthria of adult cerebral palsy: II. Phonemic analysis of articulatory errors. Journal of

Speech and Hearing Research, 23, 41-55.

Porter, P. B., Wurth, B., & Stowers, S. (1988). Seating and positioning for communicalion. In D. F. Yoder & R. D. Kent (Eds.), Decision making in speech-language pathology. Toronto: B. C. Decker.

Putnam, A., & Hixon, T. J. (1984). Respiratory kinematics in speakers with motor neuron disease. In M. McNeil, J. Rosenbek, & A. Aronson (Eds.), The dysarthrias. San Diego, CA: College Hill Press.

Rosenbek, J., Hansen, R., Baughman, C. H., & Lemme, M. (1974). Treatment of developmental apraxia of speech: A case study. Language, Speech, and Hearing Services in Schools, 5, 13-22.

Rosenbek, J. C., & LaPointe, L. L. (1985). The dysarthrias: Description, diagnosis and treatment. In D. F. Johns (Ed.), Clinical management of neurogenic communicative disorders (2nd ed., pp. 97-152). Boston: Little, Brown.

Ruscello, D. (1982). A selected review of palatal training procedures. Cleft Palate Journal, 19, 181-194.

Salomonson, J., Kawamoto, H., & Wilson, L. (1988). Velopharyngeal incompetence as the presenting symptom of myotonic dystrophy. Cleft Palate Journal, 25, 296-300.

Shelton, M., & Graves, M. (1985). Use of visual techniques in therapy for developmental apraxia of speech. Language, Speech, and Hearing Services in Schools, 16, 129-131.

Strand, K. E., & Velleman, S. L. (1998). Seminar: Dynamic remediation strategies for children with developmental verbal dyspraxia. Pittsburgh, PA: Rehab Training Network and the American Speech-Language-Hearing Association.

Thompson, C. K. (1988). Articulation disorders in the child with neurogenic pathology. In N. J. Lass, L. V. McReynolds, J. L. Northern, & D. F. Yoder (Eds.), Handbook of speech-language pathology and audiology (pp. 548-591). Toronto: B. C. Decker.

Westlake, H., & Rutherford, D. (1961). Speech therapy for the cerebral palsied. Chicago: National Society for Crippled Children and Adults.

Yorkston, K. M., Beukelman, D. R., & Bell, K. R. (1986). Clinical management of dysarthric speakers. Boston: Little, Brown.

Yoss, K. A., & Darley, F. L. (1974). Therapy in developmental apraxia of speech. Language, Speech, and Hearing Services in Schools, 5, 23-31.

Young, F. C., & Thompson, C. K. (1987). An experimental analysis of treatment effects on consonant clusters and ambisyllabic consonants in two adults with developmental phonological problems. Journal of Communication Disorders, 20, 137-149.

찾아보기

Childhood Motor Speech Disability

| ㅈ |

| 역자 소개 |

이옥분

대구대학교 언어치료학과 학사
대구대학교 재활과학대학원 언어치료전공 석사
대구대학교 일반대학원 언어치료전공 박사
전, Wisconsin-Madison University, Waisman Center(post-doc. 연구원)
현, 대구사이버대학교 언어치료학과 교수

〈주요 저역서 및 논문〉
음성과 음성치료(2014, 시그마프레스)
뇌성마비 화자의 말명료도 매개변수 간의 상관성 연구(2012, 한국언어치료학회)
마비말장애 심각도에 따른 음절단위 말명료도와 모음공간(2010, 한국음성학회)
oblee@dcu.ac.kr

김선희

대구대학교 언어치료학과 학사
대구대학교 재활과학대학원 언어치료전공 석사
대구대학교 일반대학원 언어치료전공 박사
현, 계명문화대학교 보건학부 언어재활전공 교수

〈주요 저역서 및 논문〉
언어치료 임상방법(2014, 도서출판 물과길)
전래동화와 함께 하는 언어놀이프로그램 1, 2(2013, 굳에듀)
sunnyday98@daum.net

김선우

대구대학교 언어치료학과 학사
연세대학교 언어병리학협동과정 석사
연세대학교 언어병리학협동과정 박사수료
현, 대림대학교 언어재활과 교수

〈주요 저역서 및 논문〉
말 산출에서 피질하 구조의 역할(2012, 대한신경과학회)
노인성 퇴행성 신경질환의 마비말장애 특성(2009, 한국언어청각임상학회)
swkim@daelim.ac.kr

아동기 운동구어장애, 2판

Childhood Motor Speech Disability, Second Edition

발 행 일 | 2014년 4월 10일 초판 1쇄 발행
저 자 | Russell J. Love
역 자 | 이옥분 · 김선희 · 김선우
발 행 인 | 구본하
발 행 처 | 도서출판 박학사
주 소 | 서울시 마포구 월드컵북로5길 33 동아빌딩 2층
전 화 | (02)3142-3764~5
팩 스 | (02)3142-3766
웹사이트 | www.pakhaksa.co.kr
등록번호 | 제10-2230호

정가 16,000원 ISBN 978-89-98521-24-0